TEMPO

MÚSICA-I

eso

J. Colomé, J. Giró, M. Á. Maestro

Encontrarás los recursos digitales en www.ecasals.net/alumnos/musica1eso
y en el CD incluido en este libro.

Casals

índice

	ítems Competencia comunicativa. Competencia para aprender a aprender	**CD** Competencia para aprender a aprender	**DVD** Competencia para aprender a aprender	**interpreta** Competencia social y ciudadana. Autonomía e iniciativa personal	**manipula** Tratamiento de la información y competencia digital	**música y...** Conocimiento e interacción con el mundo físico
unidad **1** página 5	El sonido y el ruido. El silencio. Los géneros musicales: música popular, culta, religiosa, profana, descriptiva y pura.	«Trashin' the Camp», de *Tarzan*, de P. Collins.	*Ionisation*, de E. Varèse.	«Trashin' the Camp», de *Tarzan*, de P. Collins (adaptación).	Creación y manipulación de ondas con el programa Audacity.	**...naturaleza**: *Sinfonía alpina*, de R. Strauss.
unidad **2** página 17	La altura. El pentagrama y las notas musicales. Los instrumentos musicales. La voz: clasificación, transformación y tipos.	«Coral», de la *Cantata núm. 147*, de J. S. Bach.	*Rambo*, de C. Basie, interpretado por The Manhattan Transfer.	Tema de la película *Titanic*, de J. Horner (adaptación).	Modificación del registro de archivos de voz con efectos del programa Audacity.	**...religión:** *Panis angelicus*, de C. Franck.
unidad **3** página 31	La duración. Las figuras musicales. Los instrumentos cordófonos: cuerdas frotada, pulsada y percutida.	Tema de la película *Carros de fuego*, de Vangelis.	*Fantasía Carmen*, de Pablo de Sarasate.	Tema de la película *Carros de fuego*, de Vangelis (adaptación).	Creación de ritmos y silencios equivalentes a una, dos, tres y cuatro pulsaciones, con el programa MuseScore.	**...tiempo:** Andante de la *Sinfonía núm. 101*, «El reloj», de F. J. Haydn.
unidad **4** página 43	La intensidad. Las indicaciones de dinámica. Los instrumentos membranófonos: sonidos determinado e indeterminado.	*Así habló Zaratustra*, de R. Strauss.	*Bohemian Rhapsody*, de Queen.	Tema de la película *El rey león*, de H. Zimmer y E. John (adaptación).	Creación de una partitura con el programa MuseScore y experimentación con las diferentes dinámicas.	**...magia:** *El aprendiz de brujo*, de P. Dukas.
unidad **5** página 55	El timbre. La instrumentación. Los instrumentos idiófonos: madera, metal y otros materiales.	Preludio de la ópera *Carmen*, de G. Bizet.	*El fantasma de la ópera*, de A. L. Webber.	Fragmento del preludio de la ópera *Carmen*, de G. Bizet (adaptación).	Variación del timbre de una partitura interpretada por diferentes instrumentos con el programa MuseScore.	**...transportes:** *O trenzinho da Caipira* (El trenecito de Caipira), de H. Villa-Lobos.
unidad **6** página 67	Elementos musicales (I). La melodía: las escalas, los intervalos, los acordes, el compás. Los instrumentos aerófonos: embocadura de bisel, de caña o lengüeta, metálica y sin embocadura.	*In the Mood* (En forma), de G. Miller.	«Promenade», de *Cuadros de una exposición*, de M. Mussorgski.	Fragmentos del tema de la película *La guerra de las galaxias*, de J. Williams (adaptación).	Asociación de conceptos de la unidad con uno de los ejemplos escritos que se encuentra en los archivos del programa MuseScore.	**...fuego:** «La danza del fuego», de *El amor brujo*, de M. de Falla.
unidad **7** página 79	El movimiento: el metrónomo, las indicaciones de movimiento, el carácter. Los instrumentos electrófonos.	*Johnny B. Goode*, de C. Berry.	*Muntanyes del Canigó*, de N. Yepes.	Tema de la película *Memorias de África*, de J. Barry (adaptación).	Modificación del *tempo* del tema principal de *Memorias de África* con el programa MuseScore.	**...tecnología:** *We Are the Robots*, de Kraftwerk.
unidad **8** página 91	La música tradicional o folclórica. La música étnica. Las formas musicales: forma binaria, forma ternaria.	*La camisa negra*, de Juanes.	«Jota», de *Siete canciones populares españolas*, de M. de Falla.	Música étnica.	Creación de un *lied* ternario, con la forma A-B-A, con el programa MuseScore.	**...viajes:** *Rumores de la caleta*, de I. Albéniz.
unidad **9** página 103	La creatividad: tipos de género, instrumentos, voces y forma; serie de notas musicales; serie de figuras rítmicas; serie de indicadores de dinámica; serie de acordes.	«Danza del furor, para las siete trompetas», del *Cuarteto para el fin de los tiempos*, de O. Messiaen.	*I Fall in Love Too Easily*, de M. Davis.	Interpretación de la partitura creada: *Ring-ring-ring*.	Escribir en archivo la partitura creada en la unidad, asignación de los instrumentos a cada parte con el programa MuseScore.	**...música:** *Fantasía para un gentilhombre*, de J. Rodrigo.

de contenidos

	ítems Competencia comunicativa. Competencia para aprender a aprender	CD Competencia para aprender a aprender	DVD Competencia para aprender a aprender	interpreta Competencia social y ciudadana. Autonomía e iniciativa personal	manipula Tratamiento de la información y competencia digital	música y... Conocimiento e interacción con el mundo físico
unidad **10** página 117	Elementos musicales (II). Las escalas. Los grados. Los intervalos. Los acordes. La tonalidad. Las agrupaciones orquestales.	«On the trail», de *Grand Canyon Suite*, de F. Grofé.	Tema de la película *Piratas del Caribe: La maldición de la Perla Negra*, de K. Badelt.	*¡Oh, Susana!*, popular norteamericana.	Aplicación de conceptos de la unidad a un tema musical con el programa MuseScore.	**...historia:** *Obertura 1812*, de P. I. Chaikovsky.
unidad **11** página 129	El ritmo: compases simples y compuestos, síncopa y contratiempo. Grupos de cámara: duetos, tríos, cuartetos, quintetos...	«Scherzo», del *Quinteto op. 30*, de L. Farrenc.	*Eleanor Rigby* y *Help*, de The Beatles.	*Yellow Submarine*, de The Beatles (adaptación).	Añadir un ritmo de percusión a una canción a partir de una frase en compás compuesto y otra en compás simple.	**...sentimientos:** *Sentimentale*, de C. Bolling.
unidad **12** página 141	El folclore: agrupaciones populares, instrumentos, danza. La textura musical. Los instrumentos antiguos.	*La danza de Zorba*, de la película *Zorba el griego*, de M. Theodorakis.	«Gavota I y II», de la *Suite núm. 3 en Re Mayor BWV 1068*, de J. S. Bach.	*Koko leo ko*, popular del Senegal.	Combinación de diferentes archivos para obtener texturas con los programas MuseScore y Audacity.	**...derechos humanos:** *We are the World*, de M. Jackson y L. Richie.
unidad **13** página 153	La música y los medios de comunicación. Formas musicales (I): rondó, tema con variaciones.	Selección de temas de *El señor de los anillos*, de H. Shore.	*Rondó en Re Mayor para piano y orquesta K 382*, de W. A. Mozart.	*Rondó chino*, de F. Vila.	Construcción de un rondó, de cinco o siete secciones, con el programa Audacity.	**...la vida de los autores:** *Río Ancho*, de P. de Lucía.
unidad **14** página 165	La música y la publicidad. Formas musicales (II): forma fuga, forma sonata.	*Sinfonía núm. 5*, de L. V. Beethoven.	*If You Leave Me Now*, de Chicago Transit Authority.	*Come Softly to Me*, de A. Franklin.	Escribir las voces de un audio en pentagramas para escucharlas con diferente timbre con el programa MuseScore.	**...estaciones:** *Primavera porteña*, de A. Piazzolla.
unidad **15** página 177	Música y tecnología: grabación y reproducción del sonido, música electrónica, evolución de la informática musical, el MIDI. La música escénica: ópera, zarzuela y teatro musical, ballet.	«Coro de gitanos», de la ópera *Il Trovatore*, de G. Verdi.	«Jellicle Songs for Jellicle Cats», del musical *Cats*, de A. L. Webber.	«Va pensiero», de la ópera *Nabucco*, de G. Verdi.	Combinación de la grabación de la propia voz con archivos de efectos de sonido y audios musicales para que suenen simultáneamente con el programa Audacity.	**...fiestas:** Preludio de *La verbena de la Paloma*, de T. Bretón.
unidad **16** página 189	El origen de la música moderna: el final del s. XIX y la década de 1910: el espiritual negro, el *ragtime*, el *blues* y el estilo Nueva Orleans. Las décadas de 1920, 1930 y 1940: la *big band*.	*Jam with Sam*, de D. Ellington.	Primer movimiento de «La primavera», de *Las cuatro estaciones*, de A. Vivaldi.	*When the Saints Go Marching In*, popular americana.	Completar los compases vacíos de un fragmento musical con el acorde que corresponde en la versión original escuchada.	**...industria:** *La fundición de acero*, de A. Mossolov.
unidad **17** página 203	Las décadas de 1950 y 1960. La década de 1970. La década de 1980. La década de 1990. La década de los años 2000.	*Viva la vida*, de Coldplay.	Fragmento de la ópera *La Bohème*, de G. Puccini.	*Blowin' in the wind*, de B. Dylan.	Acompañamiento rítmico de la batería de *Satisfaction*, de los Rolling Stones con el programa MuseScore.	**...ciudades:** *Funkytown*, de Lipps Inc.
unidad **18** página 217	La creatividad.	*Music for Pieces of Wood*, de S. Reich.	*Song to John*, de S. Clarke.	Composición de partituras.	Escribir en un archivo la obra creada y asignación de los instrumentos con el programa MuseScore.	**...noche:** *Música de la noche*, de B. Bartók.

1

Ceremonia inaugural del Mundial de fútbol 2010 de Sudáfrica.
La música siempre está presente en las celebraciones.

ESCUCHARÁS ENTRE OTROS...

Trashin' the Camp, de P. Collins

Ionisation, de E. Varèse

Sinfonía alpina, de R. Strauss

ORQUESTA TUS COMPETENCIAS...

Cultural y artística: conocimiento de músicas de distintos géneros.

Interacción con el mundo físico: inclusión de sonidos y ruidos en la música.

Interacción con el mundo físico: representación de la naturaleza en la música.

Varèse
Phil Collins
R. Strauss

1. El sonido y el ruido

El mundo está lleno de **sonidos** y **ruidos**. Aunque no asociemos la música con el ruido, hay compositores que han usado ruidos en sus obras. De hecho, el ruido de las máquinas ha inspirado determinadas obras musicales. Desde el inicio del siglo XX, con la irrupción de las vanguardias artísticas, se acepta que determinados ruidos se integren en la música o que la substituyan, incluso.

De todos modos, hoy en día, especialmente en las ciudades, el ruido se ha convertido en un problema de convivencia y salud. Los motores y los cláxones de coches y motos, o el volumen alto de los equipos de música son ruidos que producen contaminación acústica y que pueden causar problemas auditivos y de estrés.

Tanto el sonido como el ruido se producen por la **vibración** de un cuerpo. Al vibrar, el cuerpo emite **ondas** que se transmiten por el aire del mismo modo que se propagan las ondas cuando una piedra cae en el agua.

audio

Escucha un fragmento de la obra *An American in Paris* («Un americano en París»), de G. Gershwin.

Podrás distinguir los cláxones de los coches por encima de la melodía.

clip

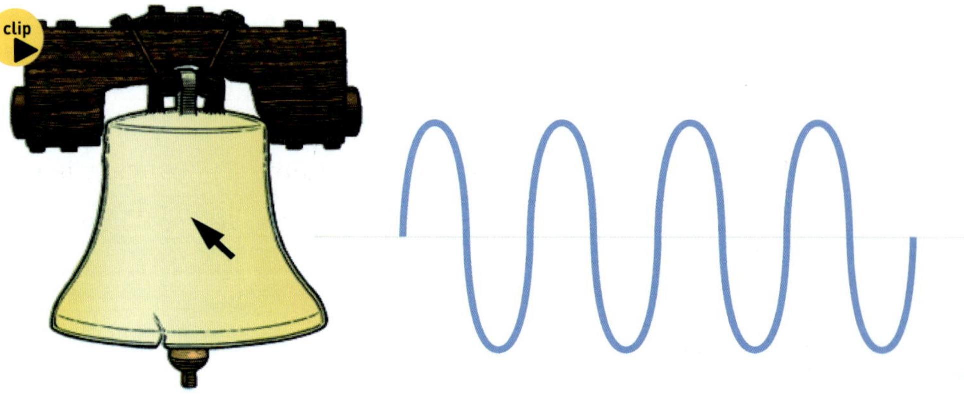

El sonido y el ruido se emiten desde un cuerpo o sujeto, el **emisor**, que es susceptible de vibrar. Se transmiten por el aire, el **canal**, en forma de ondas y llegan a otro sujeto, el **receptor**.

clip

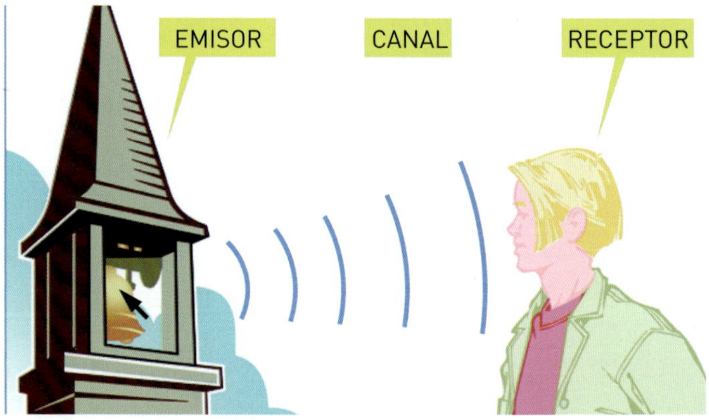

Para escuchar un sonido hacen falta **tres elementos**:
- un emisor,
- un canal de transmisión, que normalmente es el aire, y
- un receptor.

Todos podemos ser emisores de sonidos gracias al aparato fonador, y también receptores, gracias al oído.

Las vibraciones pueden ser **ordenadas** y **regulares** (sonido) o **desordenadas** e **irregulares** (ruido).

Aunque no podemos ver las ondas del sonido, podemos representar su forma en un gráfico. ¿Qué es lo que distingue las ondas de un sonido de las del ruido? Las primeras son ordenadas y regulares, y las segundas, desordenadas e irregulares.

En las unidades siguientes estudiaremos las cualidades del sonido. Veremos qué distingue los sonidos entre sí, y qué hace que reconozcamos fácilmente un piano o una guitarra eléctrica, y nos cueste más diferenciar entre un clarinete y un saxófono soprano. También veremos qué provoca que un sonido sea grave o agudo, y fuerte o débil.

Sonido, ruido y silencio.

2. El silencio

Ya hemos dicho que el mundo está lleno de sonidos y ruidos, no sólo en la ciudad: también el campo está lleno. Pero en algunos sitios y momentos, también es posible darse cuenta del **silencio**.

> El silencio es la **ausencia de sonido o ruido**; es decir, es lo que hay antes de que comience una onda, o cuando ésta acaba, o cuando no hay ningún tipo de vibración.

La música, como todas las actividades humanas, combina sonidos y silencios. Sin silencio no podríamos vivir, y tampoco existiría la música. Por eso es tan importante que valoremos y adquiramos conciencia de los momentos de silencio, previos y posteriores al sonido, así como los contrastes entre sonido y silencio.

actividades

1. Nombra dos ejemplos de ruido y dos ejemplos de sonido. Explica por qué los has escogido.

2. ¿Cómo crees que sonará esta onda?

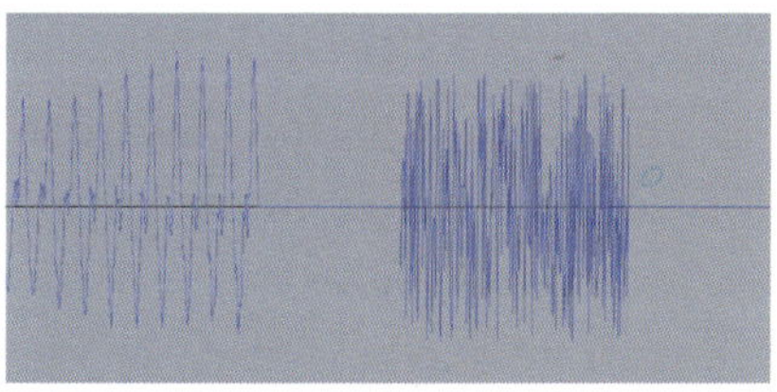

audio

3. Estas ondas pertenecen a tres grabaciones hechas con Audacity, un programa de edición musical. Escúchalas y contesta cómo crees que están ordenadas. Escoge la opción correcta.

- ☐ sonido–ruido–silencio
- ☐ ruido–silencio–sonido
- ☐ sonido–silencio–ruido

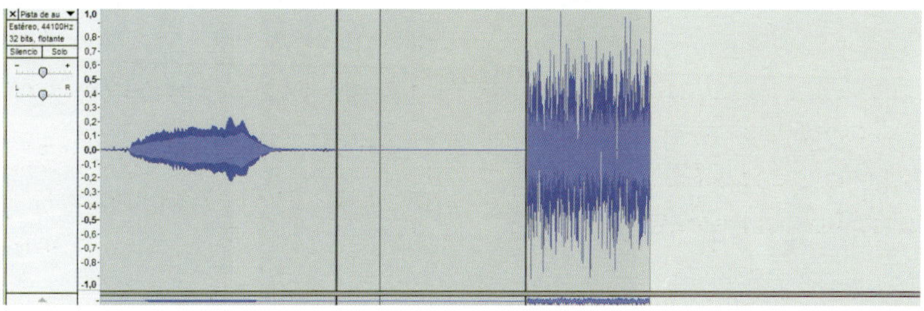

3. Los géneros musicales

En las bibliotecas, para facilitar la localización de los libros, éstos se clasifican según unos criterios de orden. Se colocan por separado las novelas, los libros de poesía, los diccionarios y la prensa. También podemos organizar la música según el género al que pertenece. La clasificación más habitual distingue entre **popular** y **culta**, **religiosa** y **profana**, **descriptiva** y **pura**.

audio Escucha unos fragmentos de música popular y de música culta.

3.1 Música popular y música culta

Cuando hablamos de **música popular**, palabra derivada de «pueblo», nos referimos a las canciones y danzas tradicionales con las que la gente se ha expresado a lo largo del tiempo y que, antiguamente, se transmitían de forma oral. Nos referimos a piezas con una estructura sencilla y, generalmente, de poca duración. También podemos usar la palabra *popular* para referirnos al folk y al pop que, a pesar de ser música de autor conocido, se difunde por canales parecidos.

La música étnica también es música popular. Recibe este nombre, habitualmente, la expresión musical de culturas lejanas y exóticas, pero debemos tener presente que su origen es el mismo de la música popular occidental.

La **música culta**, en cambio, es un género más sofisticado. Sus obras pueden ser muy extensas y adquirir estructuras complejas. Ha sido necesario establecer un sistema de codificación –las notas musicales– para facilitar su transmisión y se caracteriza por el hecho de que su creación es debida al trabajo de un compositor. Es también conocida como *música clásica*.

audio Escucha unos fragmentos de música religiosa y de música profana.

3.2 Música religiosa y música profana

A lo largo de la historia, la religión ha sido un fenómeno muy presente en la vida de las personas. La **música religiosa** acompaña la liturgia, y suele estar inspirada en hechos religiosos.

Por otra parte, tenemos la **música profana**, que no tiene ninguna relación con la religión. Suele ser más cercana a la vida cotidiana y a las celebraciones no religiosas. Los trovadores y los juglares fueron los primeros divulgadores de la música profana.

De izquierda a derecha: **1** Las danzas tradicionales se acompañan con música popular. **2** Chopin compuso obras de música culta. **3** Organista interpretando una pieza religiosa. **4** La música profana acompaña los actos no religiosos.

3.3 Música descriptiva y música pura

La **música descriptiva** se inspira en elementos ajenos a la música, tales como paisajes, cuadros o narraciones. Así, estas obras utilizan un referente extramusical como base.

La **música pura**, en cambio, no remite a ninguna idea más allá de la propia música.

audio ▶ Escucha unos fragmentos de música descriptiva y de música pura.

Primera imagen: Fotografía del paisaje que inspiró a R. Strauss para componer su *Sinfonía alpina*.
Segunda imagen: La única imagen que puede representar a la música pura es su partitura.

Las obras musicales pueden ser interpretadas con la voz (**vocales**), sólo con instrumentos (**instrumentales**), o con voz e instrumentos a la vez (**vocales-instrumentales**).

> La música, según el **género**, puede ser: popular o culta, religiosa o profana, descriptiva o pura.
>
> Según su **interpretación** puede ser:
>
> vocal vídeo ▶, instrumental vídeo ▶ o vocal-instrumental vídeo ▶.

actividades

4. A continuación escucharás fragmentos de audiciones que corresponden a los géneros anteriores. En cada grupo de respuestas encontrarás una que es falsa. Descubre cuál es.

audio ▶ *Novena sinfonía*, L. V. Beethoven
- ☐ música pura
- ☐ música instrumental
- ☐ música vocal

audio ▶ *El aprendiz de brujo*, P. Dukas
- ☐ música religiosa
- ☐ música profana
- ☐ música culta

audio ▶ «El toreador» de *Carmen*, G. Bizet
- ☐ música culta
- ☐ música vocal-instrumental
- ☐ música pura

audio ▶ *Trashin' the Camp*, P. Collins
- ☐ música culta
- ☐ música religiosa
- ☐ música vocal-instrumental

audio ▶ «Kirie» del *Réquiem*, W. A. Mozart
- ☐ música religiosa
- ☐ música vocal-instrumental
- ☐ música pura

audio ▶ *Ionisation*, E. Varèse
- ☐ música vocal-instrumental
- ☐ música culta
- ☐ música pura

Trashin' the Camp, de Phil Collins

Obra

La película de animación *Tarzán*, basada en el personaje creado por el escritor americano Edgar Rice Burroughs, nos explica la historia de un niño que, a causa de la muerte de sus padres, se queda solo en la selva africana y es adoptado por una comunidad de gorilas. En una de las escenas, los gorilas llegan a un campamento de exploradores.

Mientras curiosean entre lo que encuentran –máquinas de escribir, botellas de cristal, tenedores, quinqués...–, descubren nuevos sonidos y se divierten jugando con ellos.

Fíjate bien en que algunos de estos ruidos pueden llegar a ser muy musicales, dependiendo de la manera en que se combinen.

Lee *El tablón* de la página siguiente y descubrirás las peripecias que vivió Phil Collins para crear esta canción.

Compositor

Phil Collins, músico inglés nacido en 1951, es uno de los artistas más completos de su generación.

En 1970 se integró como batería en el recién creado conjunto de *rock* Genesis. Posteriormente, con la marcha de Peter Gabriel del grupo, pasó a ser el vocalista hasta el año 1996. En ese momento, cuando el grupo ya formaba parte de las bandas legendarias de la historia del *rock*, Phil Collins decidió dar un giro para continuar su carrera en solitario.

En su producción también destacan trabajos para el cine, entre los cuales se cuentan las cinco canciones de la película *Tarzán*. Una de éstas fue premiada con el Óscar a la mejor canción del año 1999.

Otro músico inglés, Elton John, había recibido el mismo galardón cinco años antes por la banda sonora de la película *El rey león*.

actividades audio

1. Si escuchas atentamente esta canción, te darás cuenta de que se combinan fragmentos cantados con otros exclusivamente instrumentales. Escribe dentro de los recuadros «I» para las secciones instrumentales y «V-I» para las vocales-instrumentales.

0'01''	*0'32''*	*1'11''*	*1'36''*

2. Toca con la flauta la melodía que reproducimos a continuación. Pertenece a la canción que hemos escuchado.

3. Ahora observa esta partitura: a cada sílaba del texto le corresponden tres notas. Por lo tanto, para tocarla con la flauta, tendremos que hacer tres grupos. Un grupo tocará la nota más alta, otro la intermedia y el tercer grupo la nota más baja.

4. Como ya sabemos dos partes de la canción, vamos a ver en qué orden aparecen. Llamaremos *A* a la primera parte y *B* a la segunda. Rellena los recuadros con «A» o «B», según corresponda.

A

El tablón

opiniones, curiosidades...

«Durante una de las sesiones de grabación enviamos a una persona a una tienda de la localidad para que comprase unas cuantas ollas para poder hacer ruidos que representasen a los simios paseando por el campamento.

Yo caminaba por el estudio, golpeándolo todo con las manos y con palos. En esta búsqueda, llegué incluso a golpearme la frente con los puños cerrados. Sólo hicimos dos tomas, pero al día siguiente todavía tenía roja la frente. A pesar de eso, fue realmente divertido crear esta canción.» Phil Collins

vídeo

Ionisation, de Edgar Varèse

A pesar de que no estemos acostumbrados a ello, hay obras musicales en las que el umbral del sonido y del ruido no queda del todo definido. Esto pasa con la música moderna, pero también con la clásica. Los ruidos de *Trashin' the Camp* y la mezcla de timbres con instrumentos de percusión y otros aparatos en *Ionisation* del compositor Edgar Varèse (1883-1965) son dos ejemplos de combinaciones posibles entre sonido y ruido.

actividades

vídeo **1.** Algunas de estas afirmaciones son ciertas, di cuáles:

- ☐ Intervienen muchos instrumentos melódicos.
- ☐ La métrica es siempre irregular.
- ☐ El volumen de la obra es siempre fuerte.
- ☐ Es difícil recordar la fórmulas rítmicas empleadas.
- ☐ La melodía es rica y variada.

2. ¿A qué género pertenece *Ionisation* de Edgar Varèse?

☐ música popular	☐ música culta	☐ música religiosa
☐ música profana	☐ música instrumental	☐ música vocal

3. A lo largo de toda la obra, se ven y se oyen diferentes instrumentos, entre los cuales hay unas campanas tubulares, una sirena y un piano como los de las fotografías siguientes. Escribe el orden en que aparecen.

☐ 

☐ 

☐ 

4. ¿Qué tienen en común la audición *Trashin' the Camp* e *Ionisation*?

- ☐ Sirven de soporte a una imagen.
- ☐ Mezclan música y ruido.
- ☐ Transmiten una sensación de tranquilidad al oyente.

Trashin' the Camp, de Phil Collins (adaptación)

A continuación tienes una adaptación de la canción que has escuchado en esta unidad y un obstinado rítmico para acompañarla.

Obstinado rítmico

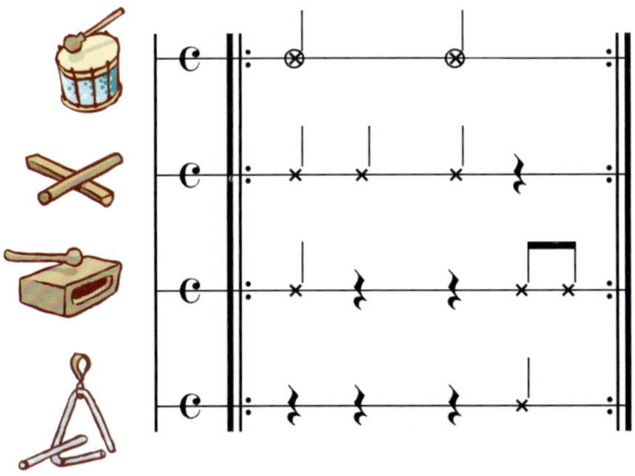

actividad

1. **Dividíos** en cuatro grupos y cantad o tocad la canción con el obstinado rítmico propuesto sobre la grabación.

manipula

Crea distintos tipos de onda, sinusoidal, cuadrada, en forma de sierra; modifica la longitud, amplitud y forma de la onda con el programa Audacity. Experimenta con los cambios de tiempo, tono y timbre de los sonidos. Crea una onda con el ruido. Observa y manipula cada uno de los ciclos de las ondas que has creado.

La **vibración** de un cuerpo produce **ondas sonoras** que podemos oír.

El sonido	El silencio	El ruido
Vibración regular	Ausencia de vibración	Vibración irregular

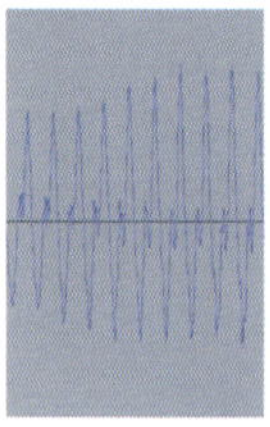

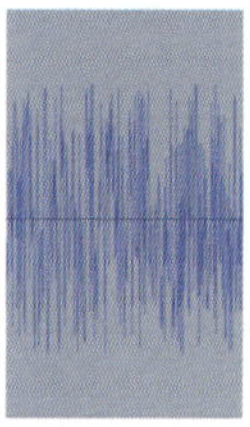

El **sonido** es producido por ondas regulares, y el **ruido**, por ondas de vibración irregular. El **silencio** se produce cuando no hay vibraciones.

Podemos clasificar los distintos tipos de música a partir de los **géneros musicales**.

Los géneros musicales

audio

- **Música popular**: Tiene su origen en la tradición oral.
- **Música culta**: Ha sido creada por un compositor usando la notación musical.

audio

- **Música religiosa**: Está vinculada a la liturgia y a los rituales eclesiásticos.
- **Música profana**: Está relacionada con la vida cotidiana y las celebraciones laicas.

audio

- **Música descriptiva**: Está inspirada en un motivo extramusical.
- **Música pura**: Tiene un referente estrictamente musical.

test

	C	F
1 El sonido es una condición indispensable para la música.		
2 En la música nunca se usan ruidos.		
3 El sonido o el ruido se emiten desde el sujeto receptor.		
4 El aparato fonador hace que todo el mundo pueda ser emisor.		
5 El silencio es la ausencia de sonido.		
6 Las vibraciones irregulares suelen ir asociadas al ruido.		
7 Las vibraciones regulares suelen ir asociadas al sonido.		
8 El silencio es la ausencia de vibraciones regulares.		
9 Los géneros musicales se organizan según las épocas en que está escrita la música.		
10 La música profana es la música que escucha la gente profana.		
11 La terminología de música popular también se usa para la música folk y pop.		
12 Se llama *música pura* a la música que no tiene imperfecciones.		
13 Las obras vocales-instrumentales son aquellas en las que interviene una orquesta y un narrador.		
14 Las obras vocales-instrumentales son aquellas que se pueden interpretar con la voz o con un instrumento.		
15 Los trovadores fueron los primeros divulgadores de la música profana.		
16 La música de un réquiem (misa de difuntos) se considera música descriptiva.		
17 La música de *El aprendiz de brujo* está inspirada en unos versos medievales.		
18 La música religiosa sólo puede ser interpretada en un acto religioso.		
19 La música culta suele tener una estructura sencilla y generalmente de poca duración.		
20 Una composición musical puede ser considerada como género religioso y profano.		
21 Edgar Varèse es un compositor polaco.		
22 *Ionisation* es una obra escrita principalmente para instrumentos de percusión.		
23 En las composiciones de Edgar Varèse encontramos a menudo aparatos y máquinas electrónicas.		
24 Edgar Varèse siempre utilizaba instrumentos convencionales para su música.		
25 El personaje de Tarzán fue creado por un escritor americano.		
26 Tarzán es un gorila que vive en África.		
27 Peter Gabriel substituyó a Phil Collins como vocalista de Genesis.		
28 Phil Collins compuso la canción *Trashin' the Camp.*		
29 El grupo Genesis compuso dos de las cinco canciones de la película *Tarzán*.		
30 Phil Collins y Elton John fueron los fundadores del grupo Genesis.		
31 Phil Collins es compositor, cantante y batería.		
32 Los ruidos de *Trashin' the Camp* fueron creados con un ordenador.		

música... y naturaleza

A veces, los músicos componen obras inspiradas en algún elemento extramusical. Ahora ya sabes que estas obras pertenecen al género de la **música descriptiva**. De hecho, cualquier artista puede tomar ideas del mundo que le rodea para su trabajo. Para comenzar, te presentamos una de las fuentes de inspiración más recurrentes a lo largo del tiempo: la naturaleza.

audio *Sinfonía alpina*, de R. Strauss

El compositor alemán Richard Strauss tenía una casa en Garmisch, en los Alpes. El año 1914, inspirándose en aquel paisaje, compuso la *Sinfonía Alpina*. La obra está dividida en veintidós cuadros, con títulos tan significativos como «La salida del sol», «Los prados floridos», «Entrando en el bosque»... Uno de los momentos más impresionantes es la descripción de una tempestad de alta montaña. A Strauss debió de sorprenderle más de un temporal en pleno bosque. Si no has vivido nunca algo así, escuchar esta obra puede darte una idea de cómo es.

1. Lee el guión de los cinco recuadros del musicograma. Después, escucha la obra y observa cómo cambia la música en cada etapa. clip

La montaña está en calma; los animales, no obstante, están inquietos. Se oye el canto de un pájaro.

De lejos llega el sonido de unos truenos que indican que se acerca la tormenta.

El viento comienza a soplar cada vez con más fuerza, y caen las primeras gotas.

Se desata una violenta tormenta con truenos y relámpagos.

La fuerza del viento y la lluvia comienzan a disminuir. El sonido de los truenos se aleja.

2. ¿Cuántos truenos se oyen antes de que el viento comience a sonar?

NATURALEZA... Y LITERATURA

El *locus amoenus* es un tópico literario, un lugar idílico para el encuentro amoroso y para recuperar la serenidad después del sufrimiento que comporta el amor no correspondido: árboles, sombra, arroyo, brisa...

NATURALEZA... Y ESCULTURA

León de la isla de Delos. Dieciséis leones en fila conducen al templo del dios Apolo. Son guardianes que recuerdan el poder de esta deidad. Sólo se conservan cinco leones enteros.

{2}

El grupo de música El canto del loco recibió en el 2008 cinco premios 40 Principales: mejor grupo, mejor disco, mejor gira/concierto, mejor canción y mejor videoclip.

ESCUCHARÁS ENTRE OTROS...

«Coral», de la *Cantata núm. 147*, de J. S. Bach

Tema de la película *Titanic*, de J. Horner

Panis angelicus, de C. Franck

ORQUESTA TUS COMPETENCIAS...

Lingüística: expresión mediante la voz y los instrumentos.

Autonomía e iniciativa personal: trabajo colaborativo y habilidad para planificar y gestionar la interpretación.

Cultural y artística: relación de la religión con la música, la arquitectura y la escultura.

J. S. Bach
C. Franck
J. Horner

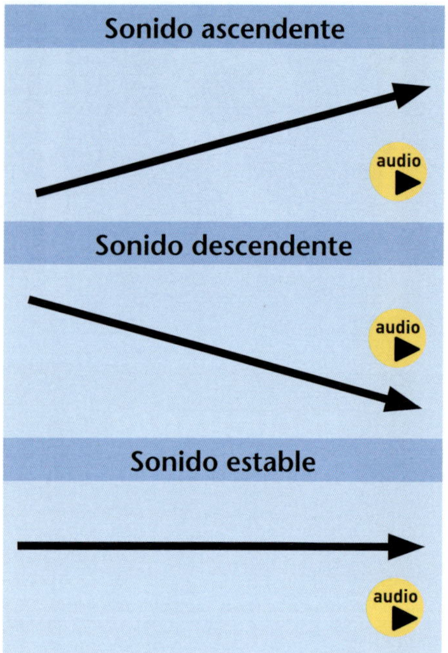

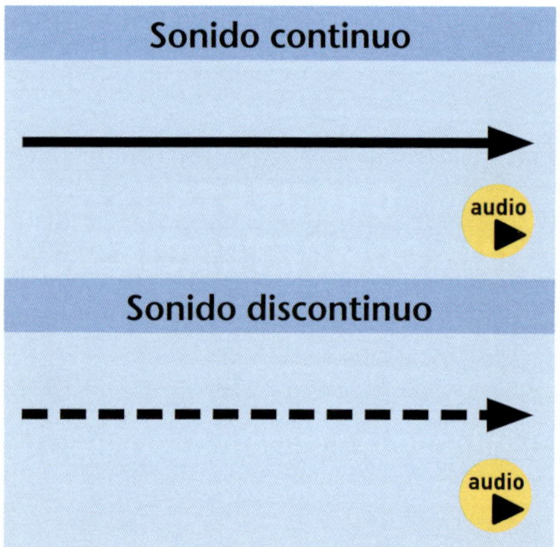

1. La altura

En la unidad anterior vimos cómo se origina el sonido. Ahora repasaremos sus cualidades y veremos que basta cambiar una de ellas para que el resultado sea totalmente diferente. Estas cualidades son: la altura, la duración, la intensidad y el timbre. En esta unidad estudiaremos la **altura**.

Seguro que te has dado cuenta de que la voz de una niña siempre es más aguda que la de su padre. Si comparamos ambas voces, veremos que tienen alturas diferentes.

La altura nos indica si el tono de un sonido es **grave** o **agudo.**

Un mismo sonido puede comenzar siendo grave y dirigirse hacia regiones más agudas, como por ejemplo, el sonido de una sirena anunciando el fin de la hora del patio. Cuando esto pasa, decimos que el sonido tiene una **direccionalidad ascendente**. En el caso contrario, cuando un sonido comienza siendo agudo y avanza hacia el grave, decimos que tiene **direccionalidad descendente**. Si se mantiene, si la altura del sonido no varía, decimos que es un sonido **estable**.

Además de ascendente, descendente o estable, un sonido puede ser **continuo** o **discontinuo**.

1.1 El pentagrama y las notas musicales

En la antigüedad, y hasta la invención de la escritura musical en el pentagrama, las canciones y melodías se transmitían oralmente. Dada la dificultad de memorizar melodías cada vez más complejas, surgió la necesidad de escribir la música. Así podía pasar de unos a otros sin sufrir modificaciones. Para esto se inventaron unos signos que han evolucionado hasta convertirse en las notas musicales que hoy día conocemos.

Para escribir una melodía debemos colocar las notas en una pauta de cinco líneas llamada **pentagrama**. La posición de las notas en el pentagrama y la **clave**, el símbolo que se escribe al principio, nos permiten identificarlas. La clave de sol se usa para las melodías agudas, y la de fa, para las graves. Cuando queremos cantar o tocar notas muy agudas o muy graves, debemos añadir unas líneas cortas en el pentagrama llamadas *líneas adicionales*.

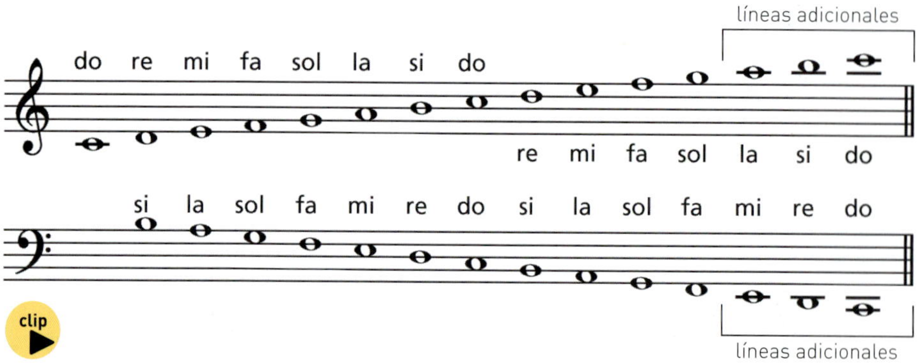

Mozart (1756-1791) fue un compositor austríaco que a los cuatro años ya interpretaba melodías sencillas y componía piezas breves.

La música escrita también usa **alteraciones**, unos signos que indican que el sonido de las notas sube o baja un semitono. Se llaman ***sostenidos*** (♯), ***bemoles*** (♭) y ***becuadros*** (♮). El sostenido sube la nota a la que acompaña en un semitono, el bemol la baja en un semitono, y el becuadro anula una alteración anterior.

Representamos la altura de los sonidos con las notas en el pentagrama. El **sostenido** sube la nota un semitono. El **bemol** la baja un semitono. El **becuadro** anula una alteración anterior.

audio

Escucha la melodía del tema principal de la película *La guerra de las galaxias*.

Ahora, escucha el clip. Fíjate en que hay una nota que cambia. ¿Qué alteración se debe aplicar para que el tema suene bien?

actividades

1. Escucha los sonidos y ordénalos de grave a agudo. Completa la pirámide de la derecha.

2. Numera los sonidos que escuches según sus cualidades.

ascendente continuo	
descendente continuo	
estable discontinuo	
descendente continuo	

3. Éstas son las melodías de las bandas sonoras de tres películas muy conocidas. De entrada, lee el nombre de las notas, después escucha la grabación y relaciona el número de la melodía con la letra que corresponde a cada película.

1 *Gladiator*

2 *Misión imposible*

3 *Titanic*

Caja de resonancia de la guitarra.

2. Los instrumentos musicales

Los actores y las actrices necesitan herramientas para trabajar: disfraces, maquillaje, luces... Los escritores y los poetas necesitan un ordenador y un procesador de textos, diccionarios, papel y bolígrafos. Las personas que se dedican a la investigación científica suelen hacerlo en un laboratorio equipado con aparatos técnicos para poder realizar su trabajo. De la misma manera, los compositores y los músicos usan los instrumentos musicales para componer e interpretar la música.

Además de la voz humana, son instrumentos musicales los objetos que se utilizan para producir sonidos musicales. Todos los instrumentos, ya sean sofisticados como el piano o sencillos como el triángulo, deben cumplir dos condiciones: emitir sonidos y poseer algún elemento **amplificador**. En muchos instrumentos, esta amplificación la da **la caja de resonancia**.

La clasificación de instrumentos más frecuente se basa en el componente que produce el sonido (cuerdas, membranas, placas...). Según este criterio, los instrumentos se clasifican en cinco grupos:

Cordófonos

Los instrumentos cordófonos tienen cuerdas y caja de resonancia. El sonido que emiten se produce por la vibración de una o más cuerdas.

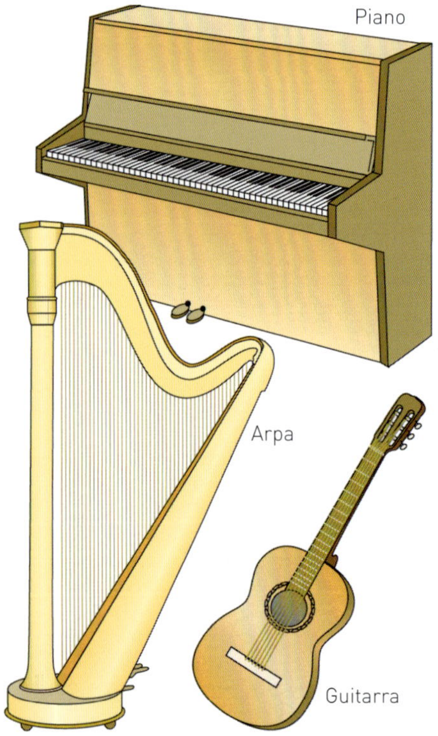

audio Escucha unos fragmentos interpretados por una guitarra, un piano y un arpa.

Membranófonos

Los instrumentos membranófonos tienen una o dos membranas de piel o de plástico sujetas al cuerpo del instrumento que, a la vez, funciona como caja de resonancia. El sonido que emiten se produce por la vibración de una o más membranas.

audio Escucha unos fragmentos interpretados por un bombo, una caja y unas congas.

Idiófonos

Los instrumentos idiófonos hacen de caja de resonancia. El sonido que emiten se produce por el cuerpo del propio instrumento.

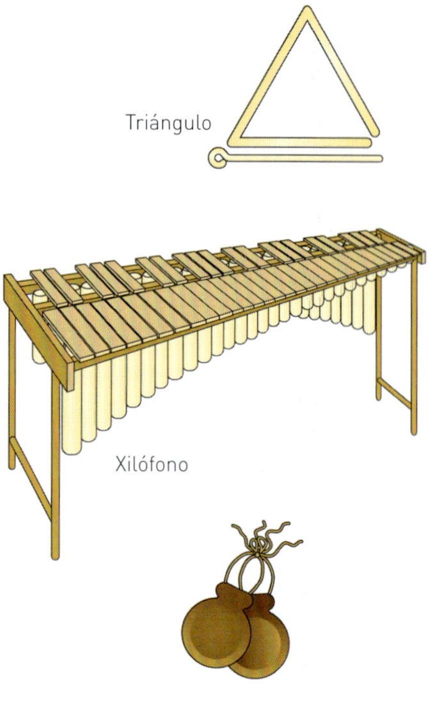

audio Escucha unos fragmentos interpretados por un triángulo, un xilófono y unas castañuelas.

Aerófonos

Los instrumentos aerófonos tienen un tubo que ejerce de caja de resonancia. El sonido se produce por la vibración de la columna de aire que se forma en el cuerpo del instrumento. En algunos, el aire se insufla soplando y en otros, mecánicamente.

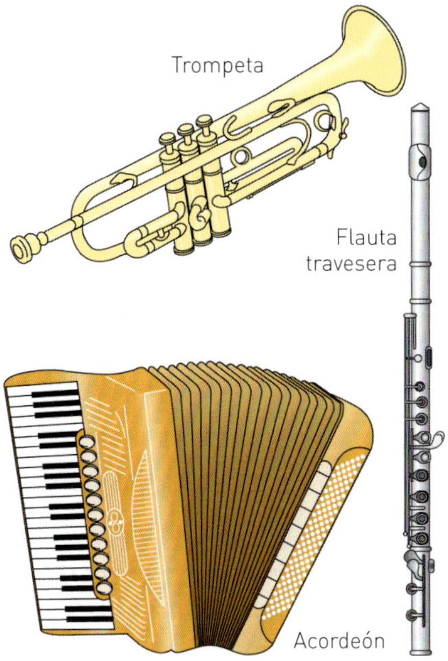

audio Escucha unos fragmentos interpretados por una trompeta, una flauta travesera y un acordeón.

Electrófonos

Los instrumentos electrófonos necesitan un elemento amplificador y unos altavoces. El sonido que emiten se produce por la vibración de una señal eléctrica.

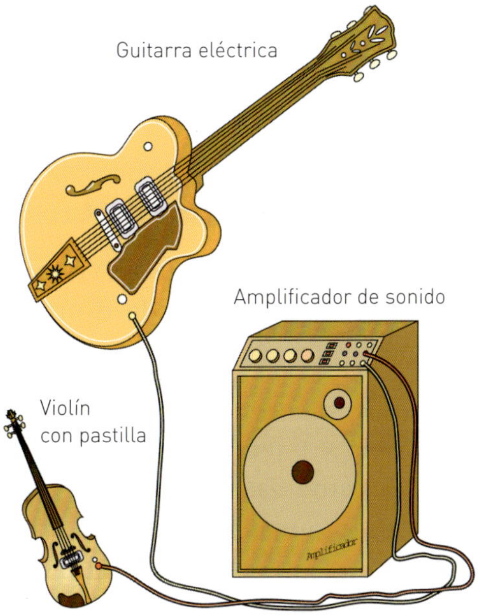

audio Escucha unos fragmentos interpretados por una guitarra eléctrica y un violín con pastilla.

Según el componente que produce el sonido, los instrumentos se clasifican en : **cordófonos, membranófonos, idiófonos, aerófonos** o **electrófonos.**

actividades

4. Escucha los siguientes fragmentos musicales. Señala la respuesta correcta según los instrumentos que aparecen en ellos.

audio *Start me up,* The Rolling Stones
- ☐ aerófonos, idiófonos y electrófonos
- ☐ electrófonos, idiófonos y membranófonos
- ☐ cordófonos, aerófonos e idiófonos

audio *Ionisation,* Edgar Varèse
- ☐ aerófonos, idiófonos y membranófonos
- ☐ cordófonos, electrófonos y aerófonos
- ☐ electrófonos, idiófonos y membranófonos

audio *Cantata núm. 147,* J. S. Bach
- ☐ aerófonos
- ☐ cordófonos
- ☐ electrófonos

audio *Relojería,* popular
- ☐ aerófonos y electrófonos
- ☐ idiófonos y membranófonos
- ☐ cordófonos y electrófonos

3. La voz

El canto es el ejercicio de creatividad y la expresión artística más universal. Para producir el sonido sólo necesitamos los pulmones, nuestro cuerpo como caja de resonancia y las cuerdas vocales.

La voz se diferencia del resto de instrumentos por el hecho de que forma parte de nosotros. Por eso es importante que la cuidemos. Fue el primer instrumento musical y el referente para la creación y el desarrollo de otros instrumentos.

3.1 Clasificación de las voces

Las voces se dividen en dos grandes grupos: femeninas y masculinas. Esta clasificación corresponde al principio natural de voces agudas y graves, respectivamente. También existen las voces infantiles, llamadas *voces blancas*.

Una voz se puede clasificar de acuerdo con la altura y la potencia con que puede cantar las notas. El abanico de notas que puede emitir un cantante, desde la más grave hasta la más aguda, es el **registro**. En general, las voces masculinas, las femeninas y las blancas se dividen en tres registros: agudo, intermedio y grave:

audio Escucha unos fragmentos cantados por un bajo, un barítono y un tenor.

audio Escucha unos fragmentos cantados por una contralto, una *mezzosoprano* y una soprano.

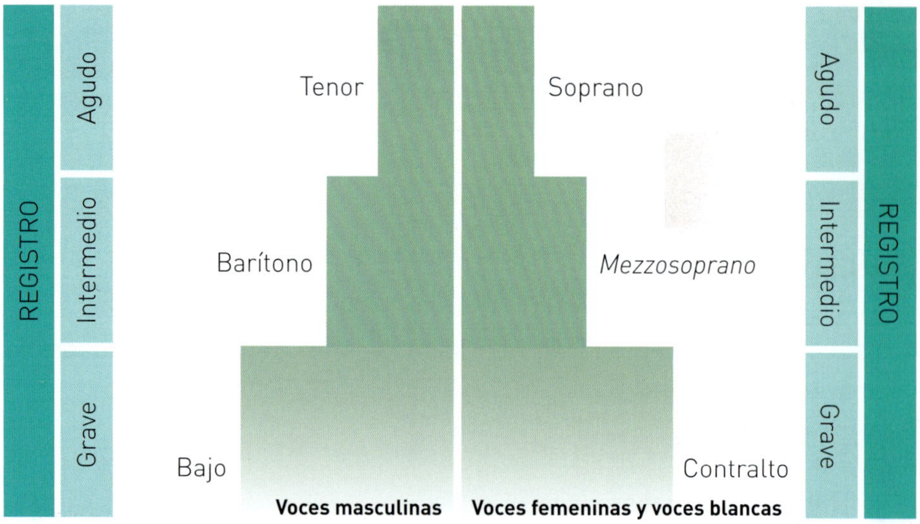

Las voces pueden ser, de graves a agudas:

- femeninas: contralto, *mezzosoprano* y soprano.
- masculinas: bajo, barítono y tenor.

Las voces infantiles son llamadas *voces blancas*.

3.2 La transformación de la voz

A partir de la pubertad, la voz va cambiando de registro. Por una cuestión hormonal, la laringe crece y las cuerdas vocales se alargan, lo cual da más gravedad a la voz. Esto es especialmente notable en los chicos, aunque a las chicas también les pasa. A la edad madura, la voz sigue cambiando. En algunos casos se enronquece. Los resfriados también afectan a la voz y pueden llegar a producir afonías. Con tal de mantener la voz en buen estado, los especialistas aconsejan no tomar bebidas muy frías, evitar los sitios con mucho humo e intentar no forzar la voz, sobre todo en entornos ruidosos.

3.3 Tipos de voces

La voz de un cantante, además de caracterizarse por su registro grave, intermedio o agudo, tiene otras particularidades que la hacen más o menos apropiada para la interpretación de piezas vocales o vocales-instrumentales. Por eso, para interpretar un aria de ópera, un *lied*, una canción *rock*, un estándar de *jazz* o un *hip-hop*, son necesarias determinadas características vocales.

Por ejemplo, para cantar ópera, la voz tiene que estar bien dotada por naturaleza, y hay que tener una técnica depurada. Esta técnica consiste en proyectar la voz correctamente a partir de una buena impostación. En cambio, para cantar *jazz* no hay que tener un registro excesivamente grave o agudo, pero es necesario saber improvisar. En otros tipos de música, los cantantes potencian o personalizan su voz de formal nasal, gutural, impostada...

Cada **tipo de voz** es adecuado para interpretar un estilo de música diferente.

Escucha fragmentos de ópera, *jazz*, *rock*, *hip-hop* y *lied*. Fíjate en los diferentes tipos de voz.

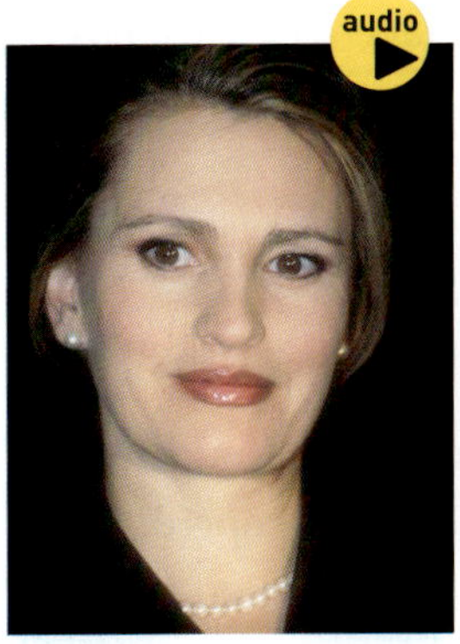

Ainhoa Arteta, soprano.

Bryn Terfel, barítono.

Falsalarma, grupo de *hip-hop*.

Avril Lavigne, *rock* actual.

Flora Purim, cantante de *jazz*.

actividades

5. Escucha los siguientes fragmentos. Escribe en la libreta el tipo de música de que se trata (ópera, *lied*, *jazz*, *hip-hop* o *rock*) y el registro del intérprete (agudo, intermedio o grave).

	tipo de música	registro
audio		
audio		
audio		
audio		
audio		

«Coral», de la *Cantata núm. 147*, de J. S. Bach

Obra

Cada domingo, los habitantes de Leipzig asistían a misa. Se acercaba la Navidad, con lo que la celebración debía ser alegre, para conmemorar el nacimiento de Jesús.

En un momento de la celebración se cantó una obra que el maestro Bach había compuesto para aquel día. Esta obra se llamaba *Jesús, alegría de los hombres*. Quienes acudieron ese domingo a misa no sabían que estaban presenciando el estreno mundial de una de las obras más importantes de música religiosa. Estos acontecimientos sucedieron hace casi trescientos años en la Thomaskirche (Iglesia de Santo Tomás, en la imagen), en Leipzig.

Compositor

En Alemania es muy habitual tener uno o más músicos en la familia. Los Bach fueron un caso excepcional, ya que entre abuelos, padres, tíos, hijos y nietos, había más de cincuenta músicos.

Johann Sebastian Bach (1685-1750) fue el mejor compositor de su familia, y uno de los compositores más destacados de toda la historia de la música, además de un magnífico organista.

Su creación musical es inmensa, y comprende casi todas las formas musicales. En lo que respecta a la música instrumental podemos destacar sus seis conciertos de Brandemburgo, los cuarenta y ocho preludios de *El clave bien temperado* o las *Variaciones Goldberg*, mientras que en la vocal, principalmente religiosa, destacan las misas, las pasiones y las más de doscientas cantatas que compuso.

La *Cantata núm. 147*, que dura más de media hora, está formada por diez piezas, entre las cuales se encuentra el coral que escucharás a continuación.

actividades audio

1. En este coral se distinguen partes en que la voz tiene acompañamiento instrumental, y otras en las que sólo intervienen instrumentos. Completa los recuadros de esta manera: cuando aparezca una sección instrumental, escribe una «I», y cuando sea vocal e instrumental a la vez, escribe «V-I».

Casa museo de J. S. Bach en Eisenach (Turingia, Alemania).

2. Escucha unos fragmentos de los dos temas y sigue la partitura. Di en cuál de los temas el sonido asciende y desciende más bruscamente. Traza un círculo sobre las notas más agudas y sobre las más graves.

3. Recuerda la clasificación de los instrumentos y los diferentes tipos de voces masculinas y femeninas. Busca en la sopa de letras los dos grupos de instrumentos y los cuatro tipos de voz que Bach usa en este coral.

D	E	C	O	R	D	O	F	O	N	O	S	N	P	E	C	P	D
G	S	I	L	A	F	G	O	T	I	E	F	D	T	C	R	M	X
I	C	X	N	T	E	N	A	D	B	I	H	B	O	O	L	U	L
T	V	G	U	S	E	R	I	F	A	H	O	A	L	N	Q	G	R
S	L	O	P	B	O	R	O	S	J	V	N	E	M	C	O	Y	C
N	X	D	R	E	I	O	T	F	O	T	X	S	E	O	L	D	L
Y	V	C	M	S	O	E	T	E	O	E	H	M	R	N	Q	B	E
E	S	O	P	R	A	N	O	I	C	N	A	P	C	T	R	T	G
V	N	X	R	H	J	T	I	B	S	O	O	U	B	R	L	P	Q
U	L	I	L	N	I	O	P	T	E	T	O	S	N	A	E	A	T
K	E	U	T	V	S	Q	R	I	R	E	S	F	R	L	Y	M	P
A	O	D	L	K	S	A	Z	I	B	N	O	P	O	T	L	R	U
Q	G	P	D	L	P	R	X	Q	J	O	R	T	M	O	Q	B	E
W	L	C	M	C	X	Z	U	U	I	R	R	O	C	N	D	O	N

El tablón

opiniones, curiosidades...

Durante el romanticismo, se discutía sobre quiénes eran los mejores músicos de la historia. Una de las opiniones más generalizadas era el criterio de las tres «B»: la primera B era la de Bach, y las otras dos, de Beethoven y Brahms.

«He oído tocar el órgano en varias ocasiones a este gran hombre [refiriéndose a Bach]. No me explico cómo se pueden cruzar tan rápidamente manos y pies sin errar ni siquiera un sonido.»

J. Scheibe (crítico inglés)

Rambo, de Count Basie, interpretado por The Manhattan Transfer

En esta unidad has visto que hay diferentes estilos y tipos de voz. El coral de Bach te ha presentado un coro de voces a cuatro alturas diferentes, dos femeninas y dos masculinas. En la audición que te proponemos a continuación oirás otro estilo: el *jazz* vocal, en el cual se usan también cuatro voces, cada una con un registro diferente.

actividades

Antes de ver el DVD, analizaremos el tema que Count Basie grabó con su *big band*. Fíjate bien, porque muchas de sus características aparecen adaptadas a la versión de The Manhattan Transfer.

audio

1. Escucha el tema de Count Basie y completa los espacios con los instrumentos que corresponda. Hay que tener en cuenta que cuando decimos *tutti* nos referimos a la intervención de la orquesta entera.

Intro	*Tutti*	Solo de	Solo de		Solo de		Solo de	
		....	....	....	....	....	....	....
0'01''	0'10''	1'10''	1'30''	2'10''	2'17''	2'28''	2'48''	2'59''

vídeo

2. En el fragmento de DVD que te proponemos verás que cuando intervienen los cuatro cantantes a la vez, ponemos la palabra inglesa *chorus*. ¿A qué partes de la audición de Count Basie corresponden, al *tutti* o al solo?

3. Los cantantes y las cantantes hacen unos solos (indicados como solo 1, solo 2...) que substituyen los instrumentos de la *big band* de Count Basie. Escribe el nombre del instrumento que corresponde al solo que hace cada cantante: Janis Siegel, Alan Paul, Cheryl Bentyne y las dos chicas.

4. En esta unidad has visto la clasificación de las voces según las alturas. En The Manhattan Transfer una chica es soprano y la otra es contralto, un hombre es tenor y el otro, bajo. Anota el registro de cada uno después de escuchar el fragmento del DVD: Janis Siegel, Tim Hauser, Alan Paul y Cheryl Bentyne.

5. Un grupo de *jazz* de cuatro instrumentos acompaña al cuarteto vocal. Además de escucharlos, podremos verles en el DVD. Completa este cuadro con el nombre de dichos instrumentos:

1		2	
3		4	

6. Di cuáles de las siguientes afirmaciones son correctas. Las tres son sobre el coral de Bach y *Rambo*, de The Manhattan Transfer.

a El estilo es similar, dado que ambas obras son para cuatro voces.

b Ambas son de género vocal-instrumental.

c En las dos hay instrumentos de la familia de los cordófonos.

interpreta

audio

Tema de la película *Titanic*, de J. Horner (adaptación)

A continuación te presentamos la partitura del tema de la película *Titanic*, que has escuchado en esta unidad.

Obstinado rítmico

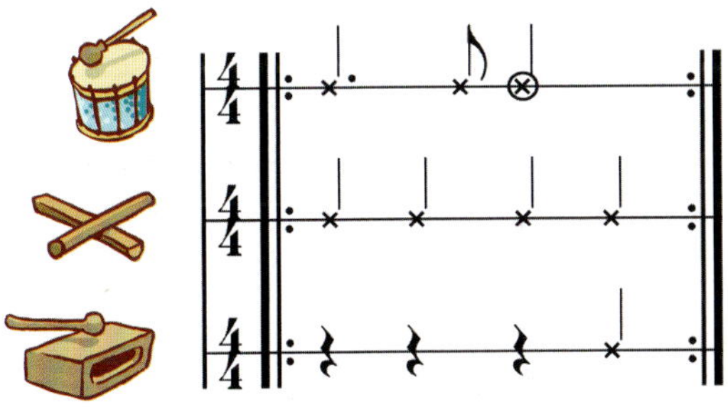

actividad

1. Interpretad la partitura. Formad pequeños grupos y tocad el obstinado rítmico solo o sobre la audición.

La instrumentación puede variar según los instrumentos de los que dispongáis en el aula. El profesor o profesora os ayudará a escoger la mejor opción. La melodía principal, es decir, la del primer pentagrama, debe sonar más aguda que el resto de voces. Las barras de repetición que aparecen indican que se debe repetir el fragmento que delimitan.

manipula

doc

Escucha archivos de voces y modifica el registro, de soprano a bajo y de bajo a soprano, etc.

Graba y manipula tu propia voz con los efectos del programa Audacity. Manipula los archivos propuestos, reproduciéndolos en dirección contraria; monta un canon partiendo de una grabación monódica multiplicando una pista, cambiando de velocidad sin variar el tono, etc.

La altura

es la cualidad que nos indica si el sonido es grave o agudo.

- La **direccionalidad** del sonido puede ser ascendente, descendente o estable. El sonido también puede ser continuo o discontinuo.
- El **pentagrama** y las **notas** musicales sirven para representar la altura de los sonidos.
- Las **alteraciones** sirven para subir o bajar un semitono la nota. El becuadro devuelve la nota a su estado natural.

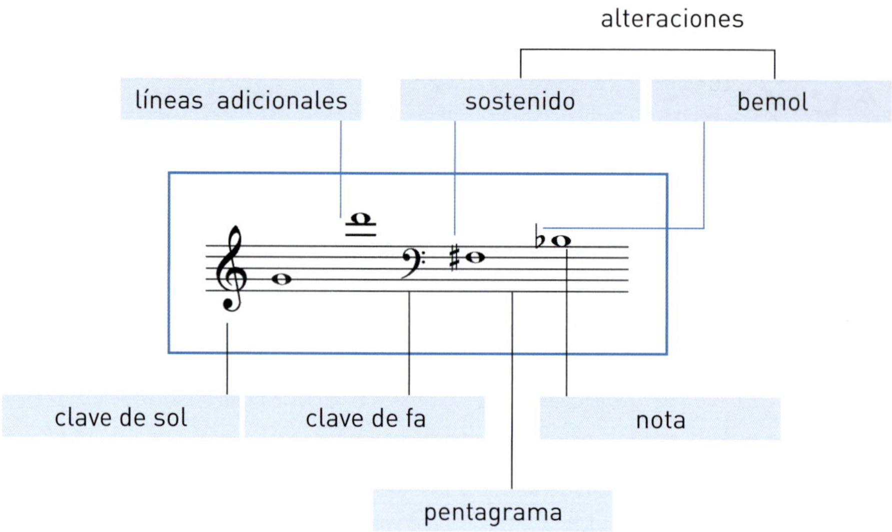

Los instrumentos musicales

son un medio para producir sonidos.
Según el elemento que produce el sonido, se clasifican en cinco grupos:

- audio cordófonos
- audio membranófonos
- audio idiófonos
- audio aerófonos
- audio electrófonos

La voz

se distingue del resto de instrumentos por el hecho de que forma parte de nuestro cuerpo.

Clasificación: se hace de acuerdo con el registro, que puede ser agudo, intermedio o grave.

- audio **Femeninas**: contralto, *mezzosoprano*, soprano
- audio **Masculinas**: bajo, barítono, tenor

El **registro** es el abanico de notas que puede entonar un cantante.

Tipos de voz: hacen que algunos cantantes encajen mejor en determinados tipos de música.

- nasal
- gutural
- impostada
- ...

		C	F
1	La altura es la cualidad del sonido referente al sonido y al silencio.		
2	La altura sirve para poder cantar melodías muy agudas.		
3	Todo sonido tiene una altura determinada.		
4	El sonido continuo puede ser ascendente o descendente.		
5	La pauta en que se escribe una melodía es el pentagrama.		
6	La clave de sol se usa generalmente para las notas agudas.		
7	Las líneas adicionales están fuera del pentagrama.		
8	En música, la altura de un sonido se representa con las notas.		
9	El sostenido sube medio tono la nota.		
10	El bemol sube la nota medio tono.		
11	Los instrumentos idiófonos suenan de una manera ideal.		
12	Los instrumentos membranófonos son los que forman parte de una orquesta.		
13	Los instrumentos que suenan por la vibración de una o más cuerdas se llaman *cordófonos*.		
14	Los instrumentos electrófonos no necesitan ningún amplificador.		
15	El altavoz es un elemento indispensable para oír los instrumentos aerófonos.		
16	La voz de contralto corresponde a una voz masculina.		
17	La voz de barítono es una voz del registro grave.		
18	La voz de bajo es una voz que suena débilmente.		
19	Los cantantes de ópera no necesitan una técnica vocal elaborada.		
20	Las voces blancas son las voces que no tienen ninguna imperfección.		
21	A partir de los veinte años la voz ya no sufre ninguna transformación.		
22	Para enriquecer la voz es aconsejable tomar bebidas frías y gritar mucho en entornos ruidosos.		
23	The Manhattan Transfer es un cuarteto vocal neoyorkino.		
24	The Manhattan Transfer cantan a cuatro voces.		
25	El coral *Jesús, alegría de los hombres* fue compuesto para ser interpretado en Semana Santa.		
26	*La Cantata 147* de Bach se interpretó en la iglesia de San Juan de Leipzig.		
27	J. S. Bach fue reconocido en su época por su habilidad como organista.		
28	J. S. Bach compuso más de doscientas cantatas.		
29	La familia de Bach era de origen inglés.		
30	*La Cantata 147* de Bach también es conocida como *Coral*.		
31	Los conciertos de Brandemburgo son un ejemplo de música instrumental.		
32	La familia de Bach contaba con más de cincuenta músicos conocidos como el grupo de las «B».		

Desde las primeras civilizaciones, el ser humano ha incorporado creencias y prácticas que han estado presentes en todos y cada uno de los momentos importantes de la vida, comenzando por el nacimiento y hasta la muerte.

audio *Panis angelicus,* de C. Franck.

En el siglo XIII Santo Tomás de Aquino escribió el texto de la oración *Panis angelicus*, un himno destinado a la fiesta sagrada del Corpus. Desde entonces, muchos músicos han escrito melodías para cantar este texto. Una de las más bonitas es la que hizo, en el siglo XIX, el compositor belga César Franck.

clip **1.** Escucha la obra y sigue, mediante los recuadros de color naranja del musicograma, las intervenciones del solista. Después indica a cuál de los recuadros numerados corresponden los textos indicados debajo.

☐ *Panis angelicus* ☐ *O res mirabilis* ☐ *Servus et humilis* ☐ *Fit panis hominum* ☐ *Manducat dominum*

2. Ahora fíjate en los colores de los recuadros. El naranja corresponde a la voz solista, interpretada por un tenor. Indica a qué corresponde el resto de colores completando en la libreta las siguientes líneas de puntos con las palabras *órgano*, *arpa*, *violoncelo* y *coro*.

Tenor ....

RELIGIÓN... Y ARQUITECTURA

Mezquita de Córdoba, basílica que durante mucho tiempo fue compartida por cristianos y musulmanes.

RELIGIÓN... Y ESCULTURA

Zeus, en la plaza del Campidoglio, en Roma. En la mitología romana recibe el nombre de Júpiter.

3

Cuarteto de cuerda acompañado por la pianista Martha Argerich en Bolonia (Italia), mayo de 2010.

ESCUCHARÁS ENTRE OTROS...

Tema de la película *Carros de fuego*, de Vangelis

Fantasía Carmen, de P. de Sarasate

Andante de la *Sinfonía núm. 101*, «El reloj», de F. J. Haydn

ORQUESTA TUS COMPETENCIAS...

Comunicativa: representación de la duración del sonido mediante notas musicales.

Cultural y artística: comunicación de sentimientos y emociones en las bandas sonoras de las películas.

Interacción con el mundo físico: representación de la naturaleza en la música.

Vangelis
F. J. Haydn
P. de Sarasate

El sonido de una campanilla tiene una duración corta, mientras que el de una sirena es de duración larga.

audio Escucha el tema de la película *La amenaza fantasma*, de J. Williams. Intenta marcar la pulsación.

1. La duración

En la unidad anterior vimos la altura, que es una de las cuatro cualidades del sonido. En esta unidad estudiaremos la **duración**.

Con el reloj medimos el tiempo y sabemos que un minuto dura sesenta segundos, y que media hora son treinta minutos. En la música, la duración es la cualidad que nos permite distinguir entre un sonido largo y uno corto. Pero, ¿qué medida nos indica si una nota dura mucho o poco?

Así como los segundos, los días o los años miden el tiempo cronológico, la unidad con que medimos la música es la **pulsación** o el pulso. Es como el latido del corazón de la música, que varía según la obra que escuchemos.

> La cualidad que determina si un sonido es largo o corto es la **duración**.
>
> La unidad que mide la distancia es la **pulsación** o el **pulso**.

2. Las figuras musicales

Para representar la altura del sonido colocamos las **notas** musicales en el pentagrama. Ahora veremos que la duración se representa mediante las **figuras musicales**. Cuando una obra tiene unos instantes de ausencia de sonido, es decir, de silencio, es preciso transcribirlo de alguna forma. Por esto, a cada figura musical le corresponde un **silencio** de su misma duración. Aunque ya debes conocerlas, te recordamos cuáles son las figuras y los silencios correspondientes, ordenados de mayor a menor duración.

	Redonda	Blanca	Negra	Corchea	Semicorchea
Figuras	𝅝	𝅗𝅥	♩	♪	𝅘𝅥𝅯
Silencios	𝄻	𝄼	𝄽	𝄾	𝄿

Ahora compararemos la duración de estas figuras con la pulsación. En el cuadro de la página siguiente hemos incluido las fórmulas rítmicas más habituales, de una a cuatro pulsaciones de duración. Si atribuimos a cada pulsación el valor de una negra, unas veces caben varias figuras en una sola pulsación y otras, una figura puede durar varias pulsaciones.

> La duración de los sonidos se representa mediante **figuras rítmicas**.
>
> Señalamos la duración de la ausencia de sonido con los **silencios**.

Duración	Grafía	Nombre
Cuatro pulsaciones	𝅝	audio Redonda
Tres pulsaciones	𝅗𝅥.	audio Blanca con punto
Dos pulsaciones	𝅗𝅥 ♩. ♪	audio Blanca audio Negra con punto y corchea
Una pulsación	♩ ♫ 3 	audio Negra audio Dos corcheas audio Tresillo de corcheas audio Cuatro semicorcheas audio Corchea y dos semicorcheas audio Corchea con punto y semicorchea

actividades

1. Escucha los fragmentos de tres bandas sonoras de películas muy conocidas y marca su pulsación:

En busca del arca perdida audio | *La amenaza fantasma* audio | *Los chicos del coro* audio

2. Identifica en las siguientes partituras el ritmo que propone la melodía de cada banda sonora.

audio **a** 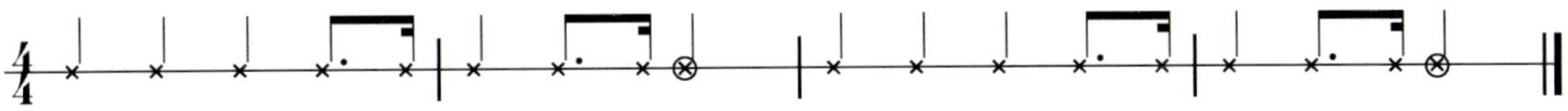

audio **b** 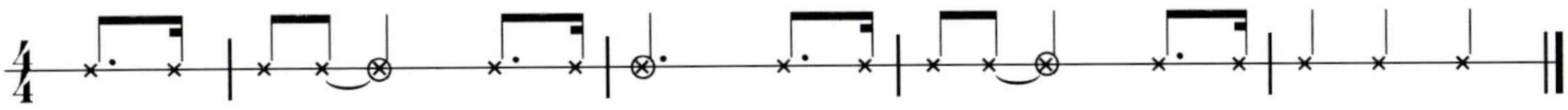

audio **c** 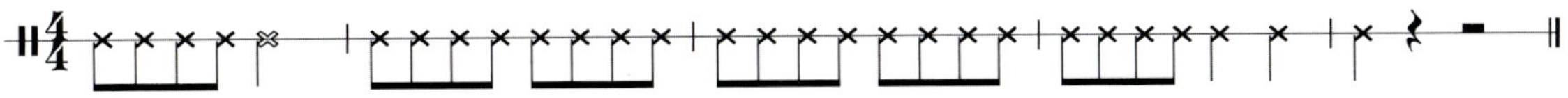

3. Escribe las figuras musicales que te proponemos en el orden en que las escuches.

audio 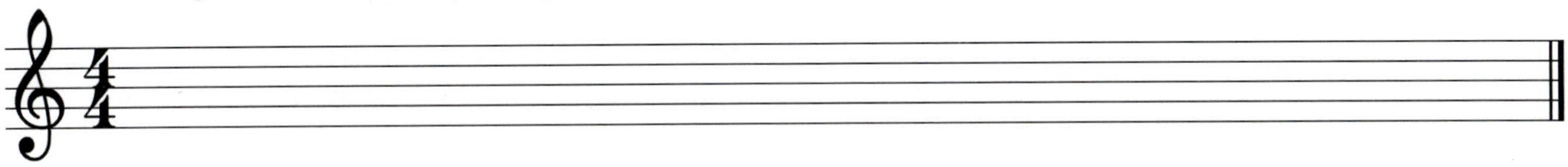

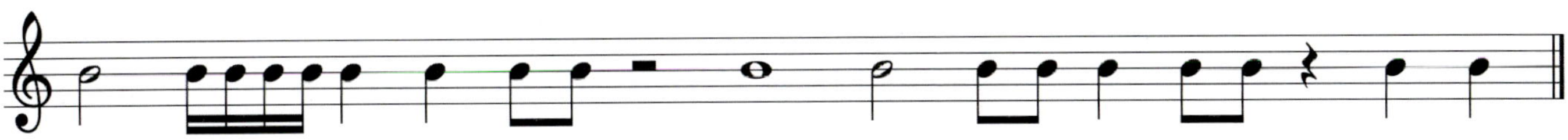

En los **instrumentos cordófonos**, el sonido es producido por la vibración de una o más cuerdas. Según cómo se genera la vibración, se clasifican en:
- instrumentos de cuerda frotada,
- instrumentos de cuerda pulsada,
- instrumentos de cuerda percutida.

3. Los instrumentos cordófonos

En la unidad anterior vimos que los instrumentos cordófonos emiten el sonido gracias a la vibración de una o más cuerdas. Según cómo se hagan vibrar, se clasifican en: instrumentos de cuerda frotada, pulsada o percutida.

3.1 Cuerda frotada

La fricción del arco con las cuerdas produce la vibración de éstas. El arco es una varilla de madera que sujeta unas cerdas que suelen ser de crin de caballo.

Dentro de este grupo están el violín, la viola, el violoncelo y el contrabajo. Son los cuatro instrumentos con mayor presencia en las orquestas actuales.

Arcos

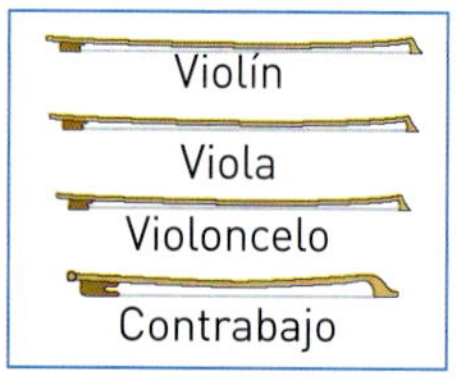

Violín

Viola Violoncelo

Contrabajo

audio Escucha unos fragmentos de violín, viola, violoncelo y contrabajo.

audio Escucha unos fragmentos de arpa, guitarra, laúd y clavicémbalo.

3.2 Cuerda pulsada

Los dedos pellizcan las cuerdas y producen la vibración que las hace sonar. Los instrumentos más representativos son el arpa, la guitarra y varios tipos de laúd.

En los instrumentos de tecla, como el clavicémbalo, la vibración de las cuerdas procede del pellizco de un mecanismo de palancas que se acciona al pulsar las teclas.

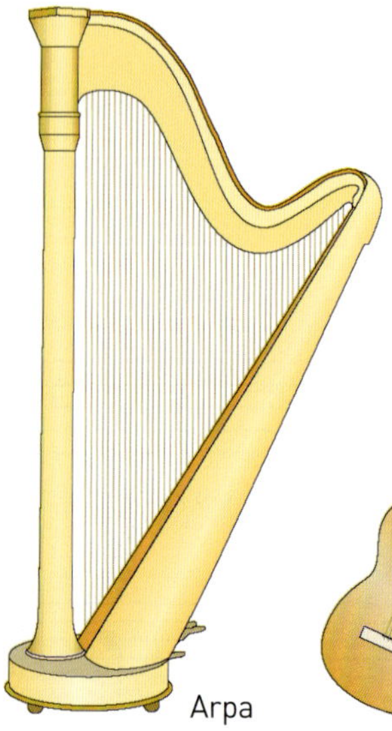

Arpa

Guitarra

Laúd

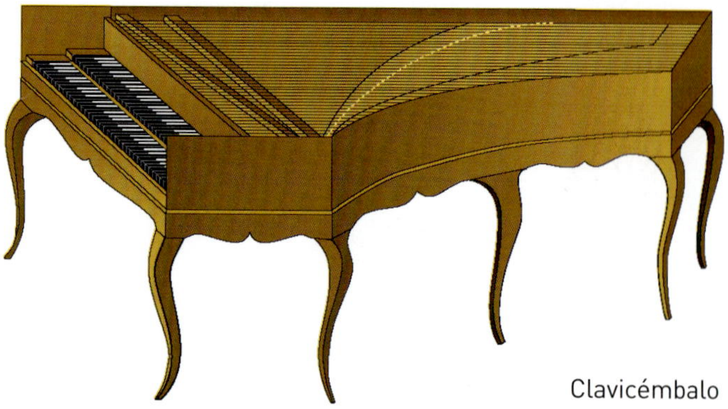

Clavicémbalo

3.3 Cuerda percutida

Cada tecla está conectada a un martillo de madera o de felpa que, cuando se acciona, percute las cuerdas y las hace vibrar.

Los instrumentos más conocidos de esta clasificación son el piano y el clavicordio.

audio Escucha unos fragmentos de piano y clavicordio.

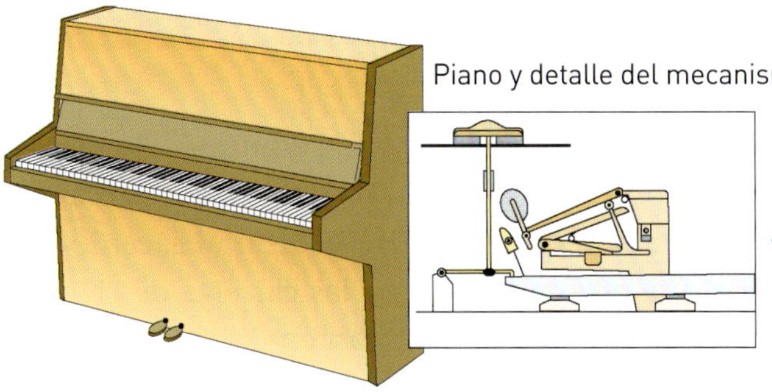
Piano y detalle del mecanismo de una de sus teclas.

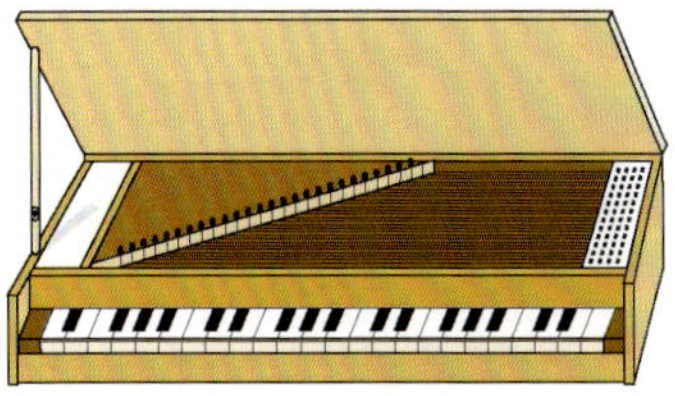
Clavicordio

actividades

4. Escucha los siguientes fragmentos musicales y escribe el orden en que aparecen los diferentes cordófonos.

☐ cuerda frotada ☐ cuerda pulsada ☐ cuerda percutida

5. Escucha y relaciona los instrumentos de cuerda frotada con su registro.

violoncelo	agudo
contrabajo	intermedio
viola	grave
violín	muy gave

6. Busca el instrumento que no es de cuerda pulsada y escribe el grupo al que pertenece.

a clavicémbalo **b** arpa **c** laúd **d** guitarra **e** banjo **f** violín

7. Escucha los fragmentos musicales y relaciona a cada músico con su instrumento.

Tema de la película *Carros de fuego*, de Vangelis

Obra

A principios de la década de 1920, el equipo inglés de atletismo se prepara para los Juegos Olímpicos de París. Lidell, un atleta que se quiere dedicar al sacerdocio, decide que no participará en las carreras de cien metros y relevos porque se celebran en domingo.

Cuando Vangelis, el año 1981, compuso la música para esta escena, imaginó a los corredores luchando contra el cronómetro, sintiendo el latido de sus corazones, con la gloria olímpica en mente. Escucha la audición y podrás percibir cómo late el pulso de la música.

Compositor

Evangelos Papathanassiou nació en Grecia. En el mundo de la música es conocido como Vangelis.

Creció en un ambiente artístico, ya que su padre era pintor y su madre, cantante. Fue uno de los primeros artistas griegos que formó un grupo de *rock*.

Una de las habilidades de Vangelis es saber mezclar instrumentos acústicos y electrónicos con maestría.

Además de *Carros de fuego*, Vangelis ha compuesto otras muchas bandas sonoras, como la del film *Blade Runner*, un clásico de la ciencia ficción.

El tablón

opiniones, curiosidades...

Cuando escuches la audición te darás cuenta de que la pulsación es bastante lenta. Esto puede parecer extraño, ya que una carrera implica velocidad.

En realidad, Vangelis se limitó a ser fiel a la dinámica de la película, ya que el director de *Carros de fuego* decidió filmar las carreras más importantes a cámara lenta.

actividades audio

1. Escucha el tema de la película *Carros de fuego* y marca la pulsación. Después lee el texto de *El tablón.*

2. Escucha de manera aislada cuatro fragmentos melódicos de *Carros de fuego* y relaciónalos con la partitura correspondiente. Numera cada una de las partituras según el orden en que hayas oído los fragmentos.

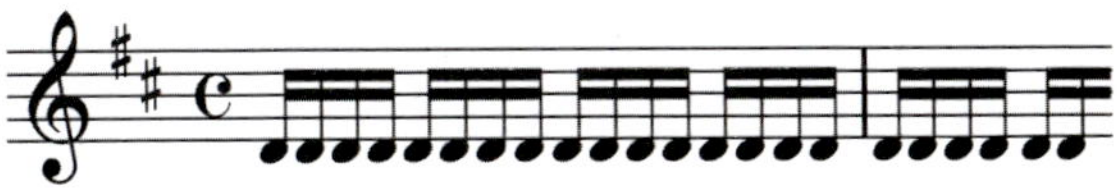

3. Recuerda el cuadro de las fórmulas rítmicas de la página 33 y completa los recuadros con las grafías que aparecen en la partitura de *Carros de fuego*.

𝅝				𝅘𝅥𝅮. 𝅘𝅥𝅯		

4. Aunque Vangelis usó fundamentalmente instrumentos electrófonos, reservó la melodía principal para un cordófono. ¿Cuál es? ¿A qué grupo de cordófonos pertenece?

Fantasía Carmen, de Pablo de Sarasate

Antes del siglo XIX las posibilidades de escuchar música más allá del entorno doméstico o de las fiestas consistían principalmente en asistir al salón de algún palacio, a una iglesia o un teatro de ópera. El Romanticismo trajo dos novedades importantes: los conciertos públicos, a los que la gente podía asistir tras pagar una entrada, y los instrumentistas virtuosos, cuya técnica deslumbraba al público entusiasta. Dos instrumentos cordófonos fueron los más habituales: el piano y el violín.

actividades

1. Escucha la primera parte de la audición (habanera) y escribe si las siguientes afirmaciones son ciertas (c) o falsas (f):

- **a** En la parte A el violín siempre ejecuta la misma melodía.
- **b** En la parte B el violín ejecuta la melodía y la orquesta sólo acompaña.
- **c** Gil Shaham interpreta la variación de A más rápida que el tema A.
- **d** En general en las variaciones hay más notas que en los temas originales.

2. Escucha la segunda parte de la audición (seguidilla) y escribe si las siguientes afirmaciones son ciertas (c) o falsas (f):

- **a** En la introducción destaca la melodía de un instrumento cordófono.
- **b** La parte A tiene un solo tema, y la parte B presenta melodías diferentes.
- **c** Las dos secciones marcadas como enlace (e) repiten el mismo motivo.

3. ¿Qué le pasa a la pulsación en el momento en que aparece el signo «*»?

a acelera **b** se detiene **c** frena

4. Indica 1 o 2 en el recuadro de cada partitura, según corresponda al ritmo de la habanera o al de la seguidilla. Si crees que no corresponde a ninguna de las dos indica 0.

a 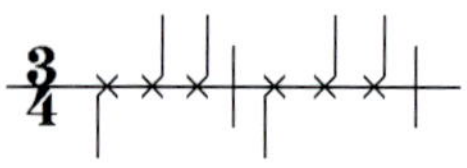
b 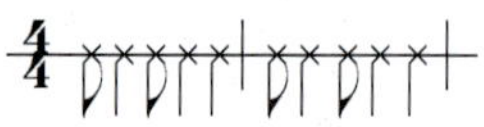
c 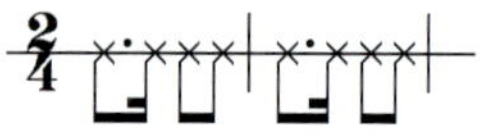

5. ¿Qué tienen en común *Carros de Fuego* y la *Fantasía Carmen*?

- **a** Las dos piezas están basadas en una ópera.
- **b** Su instrumento principal es cordófono.
- **c** Ambas tienen pulsación.

audio

Tema de la película *Carros de fuego*, de Vangelis (adaptación)

Te presentamos un fragmento de la banda sonora de la película *Carros de fuego* y te proponemos un arreglo. Consta de una melodía principal, un acompañamiento de acordes y un bajo. También hay un obstinado rítmico para que podáis tocar juntos o encima de la grabación.

Obstinado rítmico

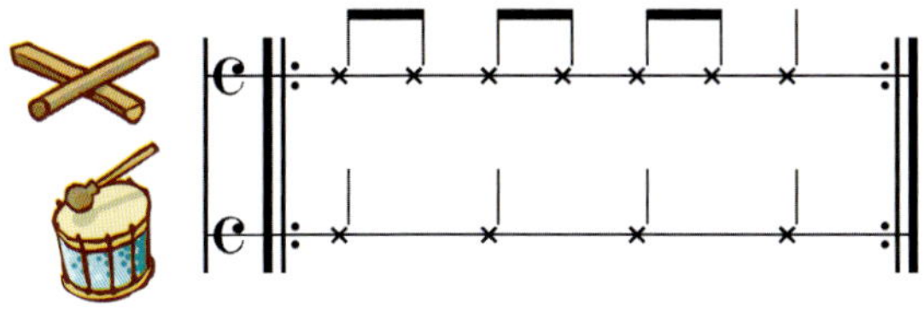

actividad

1. Interpretad la partitura. Las repeticiones son parecidas a las de la unidad anterior, sólo hemos añadido los recuadros 1 y 2. Tras la repetición del primer recuadro, saltaremos del compás que hay antes del recuadro 2, y seguiremos hasta el final.

manipula

doc

Escribe ritmos y silencios equivalentes a una, dos, tres y cuatro pulsaciones, con el programa MuseScore. Escribe también obstinados para usarlos como base rítmica en músicas grabadas. Haz un intercambio de fichas entre los programas Audacity y MuseScore. Escucha el resultado.

La duración

es la cualidad que nos indica si el sonido es largo o corto.

La **pulsación** o el pulso es el latido de la música.
La usamos para establecer la duración de cada figura rítmica.

Las **figuras musicales** y sus **silencios** correspondientes son las grafías que usamos para representar la duración de las notas y la de los silencios.

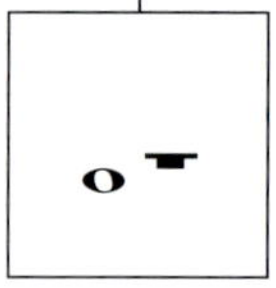
redonda

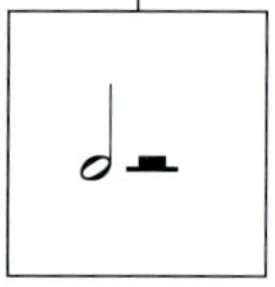
blanca

negra

corchea

semicorchea

Los instrumentos cordófonos

emiten el sonido gracias a la vibración de una o más cuerdas.
Se clasifican en:

audio

Cuerda frotada,
la fricción del arco contra las cuerdas produce la vibración de éstas.

violín

viola

violoncelo

contrabajo

audio

Cuerda pulsada,
los dedos pellizcan las cuerdas y producen la vibración que las hace sonar.

laúd

arpa

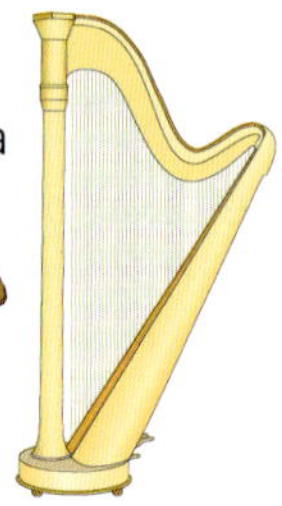

guitarra

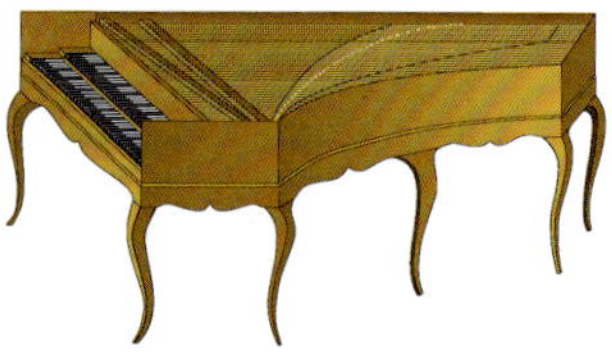
clavicémbalo

audio

Cuerda percutida,
las cuerdas vibran por la acción de un martillo.

piano

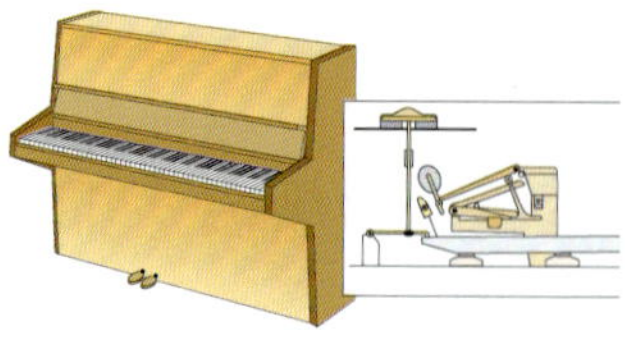

clavicordio

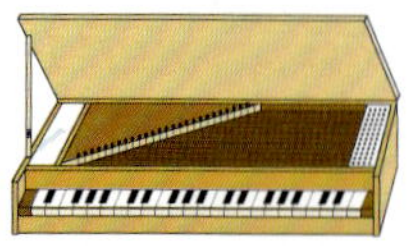

test

		C	F
1	La duración es una de las cuatro cualidades del sonido.		
2	La duración nos permite distinguir entre un sonido grave y otro agudo.		
3	La pulsación es la unidad de medida de una obra musical.		
4	La blanca tiene dos pulsaciones en compás 4/4.		
5	Una redonda equivale a dos blancas.		
6	A cada figura musical le corresponde otra grafía que indica un silencio de la misma duración.		
7	En una pulsación podemos poner una corchea con punto y una semicorchea en compás 4/4.		
8	Independientemente del compás, siempre hay pulsación.		
9	Los instrumentos cordófonos son los que se pueden tocar con los dedos.		
10	Los instrumentos cordófonos sólo vibran cuando los frotamos con un arco.		
11	El arpa es un instrumento cordófono de cuerda frotada.		
12	El piano es un instrumento de cuerda percutida.		
13	Instrumentos de cuerda pulsada son aquellos en los que los dedos pellizcan las cuerdas.		
14	El clavicordio es un instrumento de cuerda pulsada mecánicamente.		
15	En los instrumentos de cuerda frotada la vibración es producida por la fricción entre el arco y las cuerdas.		
16	Los instrumentos de cuerda con arco también se llaman de *cuerda arqueada*.		
17	La viola es un instrumento de cuerda pulsada.		
18	El violoncelo es un instrumento de cuerda frotada y registro grave.		
19	Hay instrumentos electrófonos que también son cordófonos.		
20	La voz es un instrumento cordófono y aerófono por la manera en que vibran las cuerdas.		
21	La música de *Carros de fuego* fue compuesta en la década de 1920.		
22	El argumento de la película *Carros de fuego* está relacionado con el atletismo.		
23	En *Carros de fuego* el pulso de la música representa los latidos del corazón de los atletas.		
24	El nombre real de Vangelis es Evangelos Papathanassiou.		
25	El compositor griego Vangelis formó parte de un grupo de *rock*.		
26	Entre las bandas sonoras compuestas por Vangelis también están *Blade Runner* y *La guerra de las galaxias*.		
27	Vangelis no usa instrumentos acústicos en sus composiciones.		
28	La pulsación de *Carros de fuego* es lenta porque acompaña escenas en cámara lenta.		
29	Pablo de Sarasate fue un violinista español.		
30	En la producción de Sarasate destaca su obra sinfónica.		
31	*Zapateado* y *Romanza cordobesa* son dos obras de Sarasate.		
32	Igual que otros virtuosos, Sarasate compuso fantasías sobre temas de óperas.		

No podemos controlar el tiempo. Desde que los chinos, hacia el 2600 a.C., comenzaron a calcularlo hasta los relojes actuales, se han hecho muchos progresos, pero sólo para medirlo con precisión. Nuestra relación con el tiempo es un tema fascinante. Por eso, tantos artistas lo han usado en sus obras.

audio Andante de la *Sinfonía núm. 101*, «El reloj», de F. J. Haydn

Franz Joseph Haydn, compositor austríaco del siglo XVIII, solía incluir elementos descriptivos en sus obras. Muchas tienen títulos como *La mañana*, *La gallina*, *El oso*, *Los adioses*... La *Sinfonía 101* también recibe el nombre de «El reloj», por la manera en la que Haydn acompaña la melodía principal del segundo movimiento, imitando el tic-tac de un reloj.

1. Escucha la obra y sigue el musicograma. Las figuras musicales indican el tic-tac del reloj, y los colores de los recuadros indican los diferentes elementos melódicos de la obra.

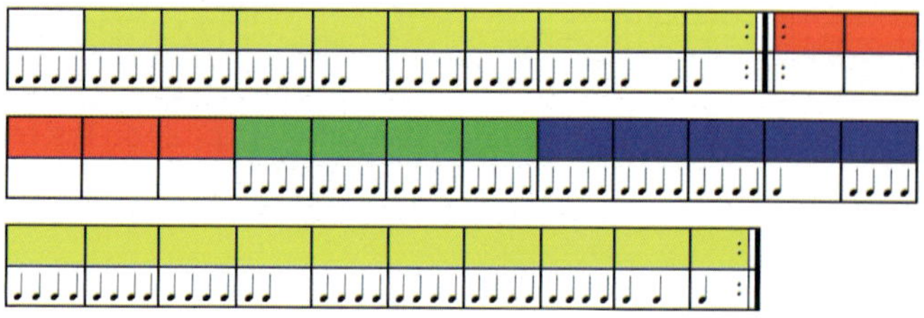

clip

2. Adivina a qué elemento melódico del musicograma (amarillo, rojo, verde o azul) corresponde cada una de estas partituras.

clip

TIEMPO... Y PINTURA

Reloj marcando las doce (1913), de R. Lapayese. Este pintor (1924-1994) es expresionista: deforma la realidad de manera subjetiva. Aquí el autor centra su atención en el tiempo a través de un reloj.

TIEMPO... Y CINE

Déjà vu (2006), dirigida por Tony Scott y protagonizada por Denzel Washington, es una película que trata el tema del tiempo y las posibilidades ficticias de poder manipularlo.

Queen, grupo británico. Algunas de sus canciones se han convertido en himnos del *rock*.

4

ESCUCHARÁS ENTRE OTROS...

Así habló Zaratustra, de R. Strauss

Bohemian Rhapsody, de Queen

El aprendiz de brujo, de P. Dukas

ORQUESTA TUS COMPETENCIAS...

Conocimiento e interacción con el mundo físico: adecuación de la intensidad del sonido a las diferentes situaciones comunicativas.

Comunicativa: expresión de ideas y sentimientos mediante la voz y los instrumentos.

Cultural y artística: representación del mundo de la magia en la música.

R. Strauss
H. Zimmer
P. Dukas

Se debe tener cuidado con el volumen de los reproductores de música. Con una intensidad superior a 120 decibelios, entra en el umbral del dolor y puede provocar lesiones irreversibles en el oído. Según los expertos, el sonido de un reproductor de música a todo volumen es comparable al de un avión en la pista a punto de despegar (150 decibelios).

1. La intensidad

Hasta ahora hemos visto dos de las cualidades del sonido: la altura y la duración. En esta unidad estudiaremos la intensidad.

Cuando hablamos, lo hacemos a un volumen determinado, según lo que queramos transmitir o bien según la distancia que nos separa del interlocutor. Por ejemplo, para dirigirnos a alguien en un lugar que requiera silencio, hablaremos en voz baja. Por el contrario, si tenemos que avisar a alguien que está lejos, alzaremos la voz o gritaremos.

Con la música ocurre lo mismo: podemos variar el sonido y cantar o tocar con una intensidad mayor o menor. La **intensidad** es, por tanto, la cualidad del sonido que nos indica si éste es fuerte o flojo. Está relacionada con la amplitud de onda que produce el sonido. Cuanto mayor es la amplitud de onda, mayor es la intensidad del sonido. Si la amplitud de onda es menor, también lo será la intensidad del sonido. Hay una gran variedad de matices, desde el sonido más fuerte hasta el que es casi inaudible. También debemos pensar que la intensidad es relativa. Siempre depende de con qué la comparemos. Un grito en un campo de fútbol no tendrá la misma intensidad que un grito en un auditorio de música.

La música que escuchamos puede ser representada gráficamente en un musicograma. Un musicograma es un esquema escrito que resume visualmente lo que hemos escuchado. Podemos indicar las intensidades, las diferentes melodías de una canción, las variaciones de ritmo o velocidad…

audio

Escucha un fragmento de la canción «This land», de la película *El rey león*. Fíjate en las diferentes intensidades que aparecen a lo largo del tema. Te indicamos la secuencia en minutos y segundos. Completa el musicograma con las palabras *débil*, *medio fuerte* o *fuerte*.

1''	17''	29'	1'12''	1'35''	2'16''	2'35''

1.1 Las indicaciones de dinámica

Para medir el grado de intensidad de un sonido usamos los indicadores de dinámica que, como la altura y la duración, se pueden representar en la partitura. Cada indicación tiene su abreviatura, formada por una o dos letras. Gracias a las indicaciones de dinámica, el intérprete sabe qué pide el compositor de la pieza. En el cuadro de la siguiente página encontrarás las indicaciones más habituales, la abreviatura y el significado.

La **intensidad** es la cualidad del sonido que nos indica si éste es fuerte o débil.

pianissimo	*pp*	muy débil
piano	*p*	débil
mezzopiano	*mp*	medio débil
mezzoforte	*mf*	medio fuerte
forte	*f*	fuerte
fortissimo	*ff*	muy fuerte

En música, marcamos la intensidad con las **indicaciones de dinámica**. Las más habituales son *pianissimo, piano, mezzopiano, mezzoforte, forte* y *fortissimo*.

A veces es necesario indicar un aumento o una disminución gradual de la intensidad. En estos casos usamos las palabras *crescendo* o *decrescendo*, o unos signos llamados **reguladores**.

crescendo		Aumento gradual de la intensidad.
decrescendo		Disminución gradual de la intensidad.

actividades

1. «Circle of life» es otra canción de *El rey león*. Formad dos grupos de cuatro miembros y seguid los obstinados con diferentes instrumentos de percusión. Atended a las dinámicas propuestas en el musicograma siguiente:

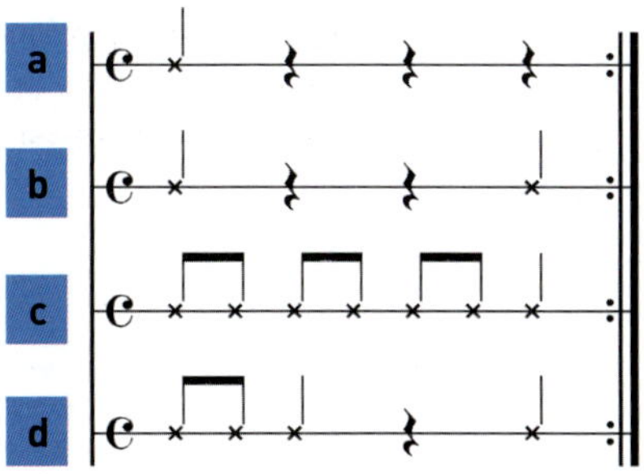

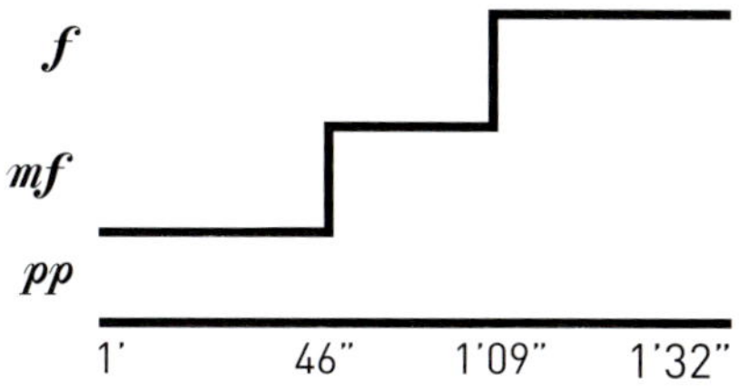

2. Escucha «En la gruta del rey de la montaña» siguiendo el musicograma que te presentamos. Es un movimiento de la *Suite Peer Gynt* del compositor noruego Edvard Grieg.

	Instrumentos agudos de la orquesta	Todos los instrumentos de la orquesta
Instrumentos graves de la orquesta		
0'00'' – 0'45''	0'45'' – 1'21''	1'21'' – 1'49''

CODA: diálogo entre percusión y el resto de la orquesta
1'49'' – 2'04''

a ¿Qué dinámicas escuchamos en las tres primeras partes?

b En la tercera parte, cuando toca toda la orquesta, podemos escuchar también un cambio de ritmo. ¿Puedes explicar qué es lo que pasa exactamente?

c En la coda puedes notar que hay reguladores. ¿Son *crescendo* o *decrescendo*?

2. Los instrumentos membranófonos

Recuerda que los instrumentos membranófonos tienen una o dos membranas sujetas al cuerpo del instrumento que, a la vez, actúa como caja de resonancia. El sonido es producido por la vibración de las membranas.

Todos los instrumentos que pertenecen a este grupo son de percusión. Algunos se golpean con las manos y otros, con unas varas de madera llamadas ***baquetas***. Hay diversos tipos de baquetas que varían según el instrumento o el tipo de sonido que se quiera producir. Hay baquetas de madera para los sonidos más contundentes, baquetas forradas de felpa para los sonidos más suaves...

Según el sonido que emiten, los instrumentos de este grupo se clasifican en membranófonos de sonido **determinado** o de **sonido indeterminado**.

2.1 Membranófonos de sonido determinado

audio Escucha un fragmento tocado por unos timbales.

audio Escucha un fragmento con congas y bongos.

Los sonidos que emiten los instrumentos membranófonos de sonido determinado se pueden asociar a alguna nota de la escala musical. Los más representativos son los **timbales**.

Para obtener la afinación deseada, la membrana se puede tensar más o menos. El instrumentista usa unas baquetas, normalmente de felpa, para producir el sonido. Los timbales son el instrumento de percusión por excelencia en la orquesta sinfónica.

Otros ejemplos de instrumentos de sonido más o menos determinado son las **congas** y los **bongos**. Éstos son instrumentos más propios de ritmos caribeños que de música culta, y se tocan golpeando las membranas con las manos.

Timbales y baquetas forradas de felpa

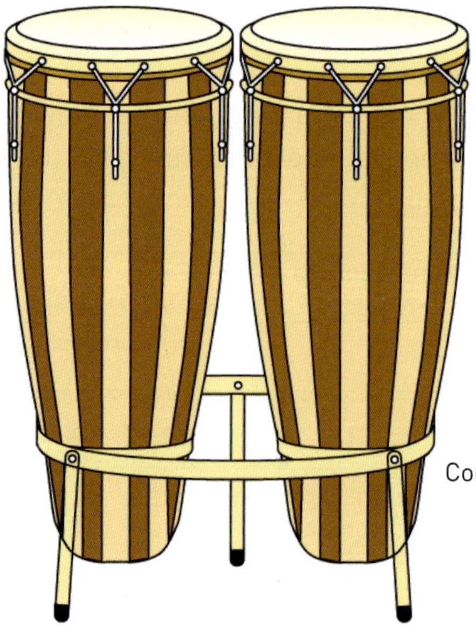
Congas

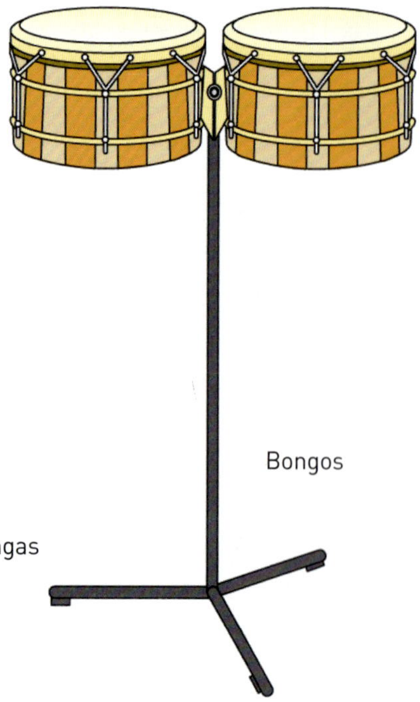
Bongos

2.2 Membranófonos de sonido indeterminado

La altura de los sonidos que emiten estos instrumentos no se puede asociar a ninguna nota de la escala musical. Los más representativos son el **pandero**, el **bombo**, la **caja** y el **tambor**.

Se suelen tocar con una o dos baquetas, y forman parte de agrupaciones musicales que acostumbran a tocar al aire libre y, a veces, desfilando.

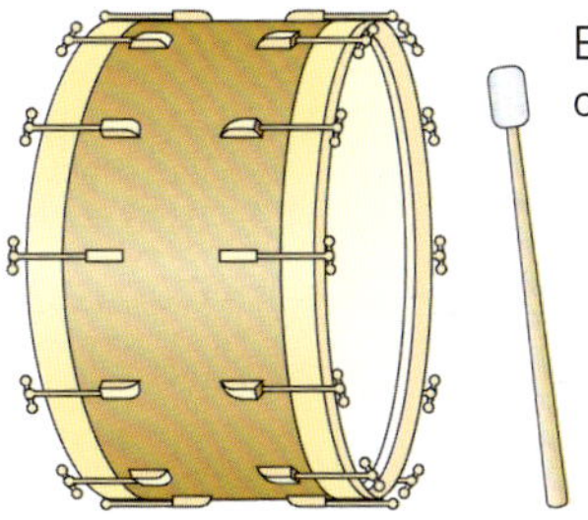

Bombo y baqueta con felpa

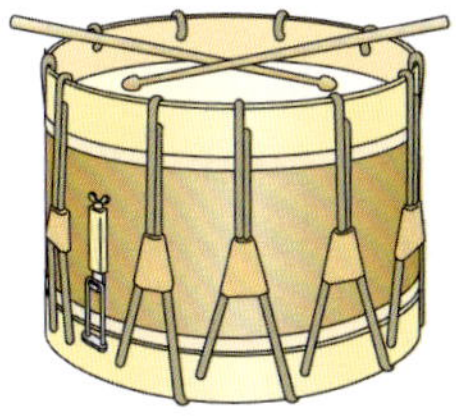

Tambor y baquetas de madera

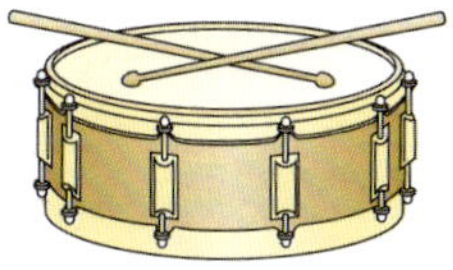

Caja y baquetas de madera

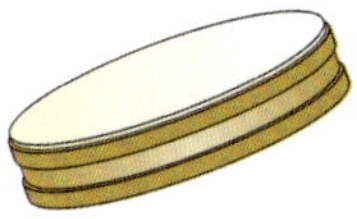

Pandero

El sonido de los instrumentos membranófonos lo produce la vibración de una o varias membranas que se golpean con las manos o con unas **baquetas** de madera o forradas con felpa. Pueden ser de **sonido determinado** o **indeterminado**.

audio Escucha fragmentos tocados por pandero, bombo, caja y tambor.

actividades

audio **3.** Escucha los siguientes instrumentos y escribe el orden en que intervienen.

caja congas timbales

audio **4.** Escucha los instrumentos membranófonos propuestos y di qué registro (agudo, intermedio o grave) corresponde a cada instrumento.

bombo caja timbales congas

audio **5.** Escucha y encuentra el instrumento ajeno a la serie. Escribe si es de sonido determinado o indeterminado.

pandero tambor bombo timbales caja

audio **6.** Escucha los fragmentos musicales siguientes y relaciona a los músicos con su instrumento.

Así habló Zaratustra, de Richard Strauss

Obra

El nombre de Zaratustra procede de un personaje profético de la antigua Persia que dio origen a una religión. Siglos más tarde, uno de los grandes filósofos de la modernidad, Friedrich Nietzsche, se inspiró en la vida de aquel sacerdote y escribió un libro: *Así habló Zaratustra*. Pocos años después, Richard Strauss, a su vez, se inspiró en el libro de Nietzsche para componer la obra que ahora te presentamos.

Stanley Kubrick, un reconocido director de cine, escogió esta pieza musical de Richard Strauss para la banda sonora de su famosa película *2001: Una odisea del espacio*.

Compositor

Seguro que has oído hablar de los valses de Strauss, pero ¡cuidado! Es fácil confundir el autor. Los compositores de estos valses pertenecían a una familia austríaca del siglo XIX. En cambio, nuestro autor, Richard Strauss (1864-1949), fue un músico alemán del siglo XX. Richard Strauss no sólo destacó como compositor, sino que también fue un gran director de orquesta.

En su producción destacan los poemas sinfónicos, piezas orquestales de género descriptivo basadas en un texto literario, como *Don Quijote*, *Don Juan* o *Así habló Zaratustra*.

Lee el texto de *El tablón* y verás la gran facilidad que tenía Richard Strauss para inspirarse en cualquier tema y componer una obra.

actividades audio

1. En esta obra se combinan fragmentos de timbales solos y fragmentos en que suenan varios instrumentos de la orquesta. Completa las casillas siguientes. Indica con una «T» el solo de timbales y con una «O» las intervenciones orquestales.

0'01''	0'15''	0'20''	0'35''	0'40''

2. En *Así habló Zaratustra*, el uso de las dinámicas es un recurso muy importante. Vuelve a escuchar la obra mientras sigues esta partitura. De las nueve indicaciones de dinámica, sólo hay dos erróneas. Rodéalas con un círculo y escribe la dinámica correcta encima.

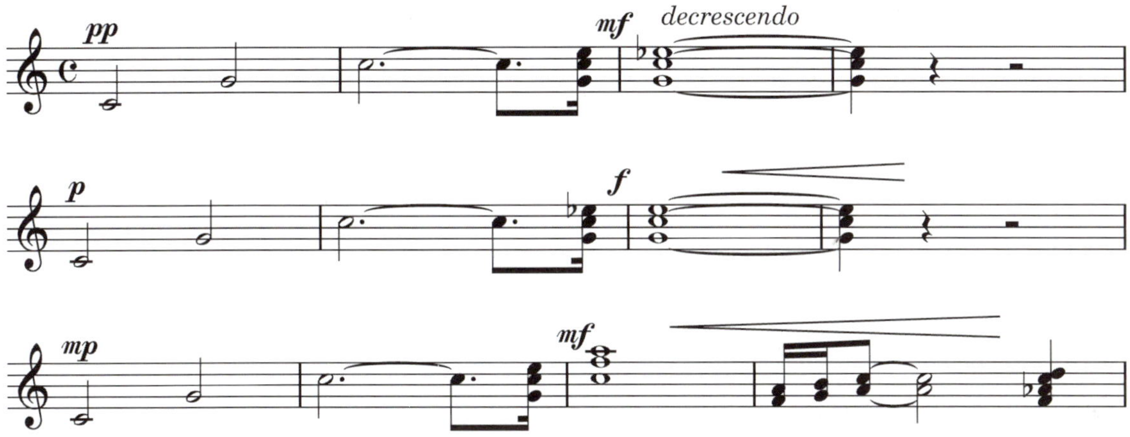

3. Los compases 4 y 8 de la partitura anterior corresponden al solo de timbales. Cuenta los golpes de timbal que hay en cada compás y di cuál de las siguientes posibilidades es la correcta:

a 

b 

c 

El tablón

opiniones, curiosidades...

En la ***Sinfonía doméstica***, otra de las composiciones de Richard Strauss, usó su vida cotidiana como fuente de inspiración. Cuando le preguntaron qué le había movido a componerla, respondió: «No me encuentro menos interesante que Napoleón o Alejandro el Grande».

«El libro de recetas *La cocinera burguesa* comienza con una recomendación para preparar gallo al vino: "Escoja un gallo...". Richard Strauss compone siguiendo este procedimiento: para componer un poema sinfónico, escoja cualquier idea...»

Claude Debussy (músico francés)

vídeo

Bohemian Rhapsody, de Queen

¿Os imagináis a una persona que hablase siempre gritando? ¿O susurrando? Os imagináis una obra que mantuviese siempre la misma intensidad? Sería demasiado monótona. Esto no pasa ni en la música culta ni en la música pop o *rock*. Richard Strauss, en *Así habló Zaratustra* y Queen, en *Bohemian Rhapsody*, explotan al máximo las posibilidades dinámicas para dar riqueza a la expresión de sus obras.

actividades

vídeo El fragmento que te proponemos muestra toda una serie de símbolos referentes a dinámicas, instrumentos y músicos, partes del tema, compás... Lee las preguntas y respóndelas una vez hayas visto el DVD.

1. Completa esta tabla con el nombre de cada músico y el instrumento que toca.

nombre del músico				
instrumento				

2. Traza un círculo sobre la dinámica que corresponde a los momentos indicados:

1'19'' ***p* / *ff***   1'56'' ***p* / *f***   3'24'' ***mf* / *ff***

3. En un momento del fragmento aparece un metrónomo. Sabiendo que el fragmento tiene ocho compases, cuenta las pulsaciones y di qué compás sigue, si el ternario o el cuaternario.

4. Hemos dividido el fragmento en cinco partes, de acuerdo a unas características determinadas. Léelas y escribe A, B, C, D o E, según el orden en que aparecen.

- **a** Pasaje operístico con un gran dominio de las voces. Se alternan un fragmento cantado por una voz sola y otro cantado en grupo. Además de la percusión, hay poco acompañamiento instrumental. ☐
- **b** Cuatro voces y entrada posterior del piano. ☐
- **c** Cantante solista que expone el tema principal acompañado por tres instrumentos. ☐
- **d** Fragmento *rock*, muy rítmico. Diálogo entre el cantante solista y los instrumentos. Lleno de fuerza y con un poco de distorsión. ☐
- **e** Repetición de un fragmento anterior con más instrumentos y alguna pequeña variación. ☐

5. ¿Qué afirmaciones son comunes a *Así habló Zaratustra*, de R. Strauss, y a *Bohemian Rhapsody*, de Queen?

- ☐ En ambas piezas se utilizan instrumentos de la familia de los membranófonos.
- ☐ Ambas son del género vocal-instrumental.
- ☐ En las dos aparecen instrumentos de cuerda frotada.

Tema de la película *El rey león*, de H. Zimmer y E. John (adaptación)

Te presentamos un fragmento de la banda sonora de la película *El rey león*.

Obstinado rítmico

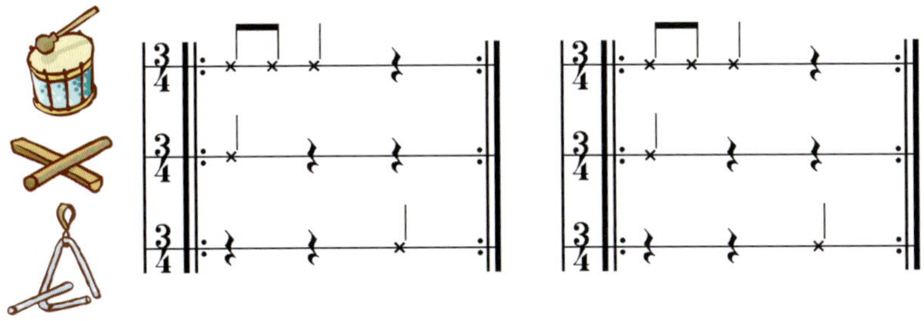

actividad

1. Interpreta la partitura teniendo en cuenta que las opciones de instrumentación variarán según los instrumentos que escojas. Puedes tocar la melodía o el obstinado rítmico sobre la grabación.

manipula

Crea una partitura con MuseScore y aplica y experimenta con las diferentes dinámicas (***fff***, ***ppp***, ***mf***, ***mp***, ***pp***, ***p*** y reguladores). Experimenta cambiando las dinámicas que figuren en partituras que ya estén hechas.

La intensidad

es la cualidad que nos indica si el sonido es fuerte o débil.

Un **musicograma** es la representación de una obra musical mediante un esquema visual.
La **dinámica** es la gradación de la intensidad del sonido en una obra musical.

Indicaciones de dinámica

pianissimo	*piano*	*mezzopiano*	**reguladores**	*mezzoforte*	*forte*	*fortissimo*
pp	***p***	***mp***		***mf***	***f***	***ff***

reguladores: Son indicadores de dinámica que marcan un aumento o una disminución de la intensidad.

Los instrumentos membranófonos

producen el sonido mediante la vibración de una o más membranas.

Sonido determinado
emiten sonidos que pueden asociarse a alguna nota de la escala musical.

audio Timbales

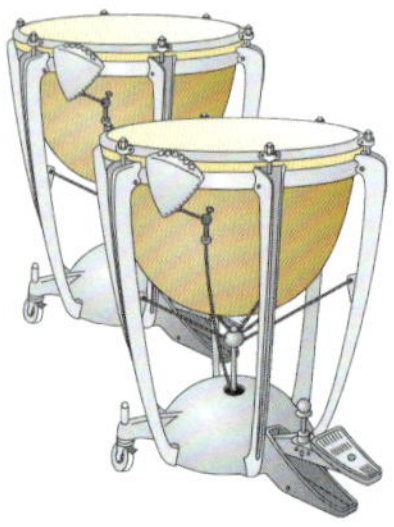

Congas

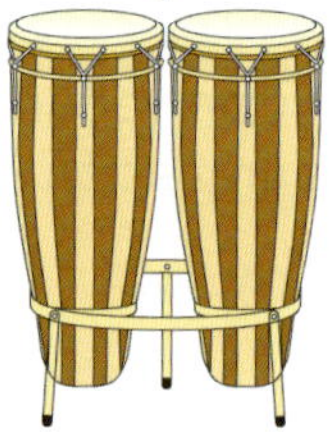

audio Bongos

Sonido indeterminado
emiten sonidos que no pueden asociarse a ninguna nota de la escala musical.

audio Bombo

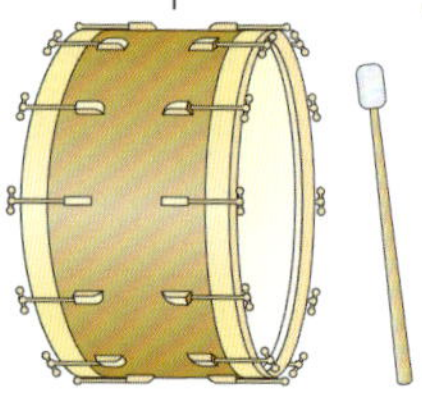

Tambor

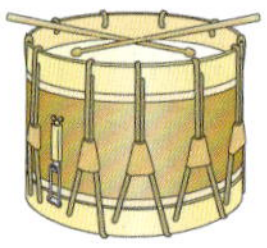

Caja

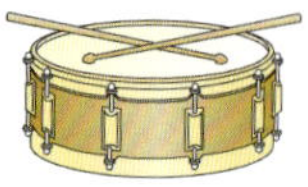

Pandero

Las membranas de los instrumentos membranófonos son percutidas con las manos o bien con unas varas de madera que se llaman ***baquetas***.

test

		C	F
1	La intensidad no es una cualidad del sonido.		
2	Mediante la intensidad podemos saber si un sonido es fuerte o débil.		
3	La intensidad es relativa.		
4	Cuando queremos que un sonido sea débil usamos la *f*.		
5	La intensidad depende de la amplitud de la onda.		
6	Cuanto mayor sea la amplitud de onda, más fuerte será el sonido.		
7	Un musicograma es un esquema gráfico de una pieza.		
8	Para aumentar gradualmente el sonido usamos el *crescendo*.		
9	Para disminuir gradualmente el sonido usamos el *decrescendo*.		
10	Los instrumentos membranófonos no forman parte de la orquesta.		
11	Los instrumentos membranófonos producen el sonido mediante una o más membranas.		
12	Según el sonido que emiten se clasifican en sonido determinado, indeterminado y neutro.		
13	Los instrumentos de sonido determinado son los que emiten un solo sonido.		
14	Los instrumentos de sonido indeterminado son los que emiten sonidos que no se pueden asociar a ninguna nota de la escala musical.		
15	Los timbales son un instrumento de sonido determinado.		
16	El bombo es un instrumento de sonido indeterminado.		
17	El sonido de los instrumentos membranófonos se produce por la vibración de las membranas.		
18	Hay diferentes tipos de baquetas: de madera, forradas de felpa, etc.		
19	Los timbales son el instrumento membranófono más representativo de la orquesta sinfónica.		
20	En los instrumentos membranófonos no es precisa una caja de resonancia.		
21	El tambor es un instrumento de sonido determinado.		
22	Queen tuvo mucho éxito en las décadas de 1970 y 1980.		
23	*Bohemian Rhapsody* es un tema del disco *A Night at the Opera*.		
24	Queen es un grupo americano que nació en la década de 1970.		
25	Richard Strauss fue muy famoso por sus valses.		
26	Richard Strauss pertenecía a una familia de músicos austríacos.		
27	Los poemas sinfónicos son piezas orquestales con partes vocales.		
28	*Don Quijote* es un poema sinfónico de Richard Strauss.		
29	Richard Strauss vivió en el siglo XX.		
30	Zaratustra fue un sacerdote de la antigua Persia.		
31	Friedrich Nietzsche compuso el poema sinfónico *Así habló Zaratustra*.		
32	*2001: Una odisea del espacio* es un poema sinfónico de Stanley Kubrick.		

En muchas culturas todo lo que era mágico era considerado terrible, ya que las personas tenían poco control sobre su medio. Hay, no obstante, otro tipo de magia, la que hace que las cosas que nos rodean nos resulten misteriosas, bellas e inexplicables.

audio *El aprendiz de brujo*, de P. Dukas.

Paul Dukas (1865-1935) era muy perfeccionista en su composiciones. Una de las más conocidas es ésta, escrita el año 1897. Se trata de una fantasía orquestal en forma de poema sinfónico. Está inspirada en una balada de Johann Wolfgang Goethe (*Der Zauberlehrling*) sobre una escoba encantada a manos, tal como indica su título, de un aprendiz de brujo que todavía no domina del todo las artes mágicas. Dukas usa diferentes motivos conductores: los primeros son el del agua a cargo de la cuerda y el de las escobas a cargo del clarinete, recogidos por las flautas y más adelante por la trompeta con sordina. A continuación, aparecen los motivos del aprendiz, interpretados principalmente por instrumentos de madera, de la fórmula mágica, del brujo, etc.

clip **1.** Escucha los siguientes motivos conductores de *El aprendiz de brujo*: el *leitmotiv* del agua, el de las escobas, el del aprendiz y el de la fórmula mágica.

2. Fíjate en este musicograma. Los pictogramas representan los motivos conductores de la pieza. En la parte superior aparecen los pictogramas de cada uno de los cuatro motivos conductores, y en la inferior, la música con los cuatro motivos principales. Escucha *El aprendiz de brujo* siguiendo el musicograma.

clip

Lento		Rápido	Lento	Rápido						

10'' y 40''	19'' y 50''	1'09''	1'12''	1'53''	2'13''	2'50''	3'03''	3'06''	3'20''	3'40''

audio **3.** Vuelve a escuchar la pieza y di en cuál de los motivos conductores destaca el sonido del *glockenspiel*.

MAGIA... Y CINE

Alicia en el país de las maravillas, de Tim Burton (2010), una historia de magia basada en el conocido libro de Lewis Carroll.

MAGIA... Y LITERATURA

Las novelas del joven mago Harry Potter son un ejemplo de literatura llena de magia. En el grupo de amigos de Harry Potter, Hermione es la experta en magia.

«Es ésta –dijo Hermione exaltada cuando encontró la página que decía "Poción de la mutación". [...]

–Es la poción más complicada que jamás he visto –dijo Hermione mientras repasaban la receta–. Crisopas, lichis, hierba de Santa Sofía, centinodia –murmuró mientras repasaba la lista de ingredientes...»

Harry Potter y la cámara secreta, de J. K. Rowling

5

El fantasma de la ópera,
de A. L. Webber

ESCUCHARÁS ENTRE OTROS...

Preludio de la ópera *Carmen*, de G. Bizet

El fantasma de la ópera, de A. L. Webber

O trenzinho da Caipira (El trenecito de Caipira), de H. Villa-Lobos

ORQUESTA TUS COMPETENCIAS...

Lingüística: expresión musical mediante los instrumentos.

Cultural y artística: valoración de la ópera como parte del patrimonio musical universal.

Interacción con el mundo físico: influencia de los transportes en la creación musical.

Webber
Villa-Lobos
Bizet

Hay varios tipos de timbre, y por eso cada instrumento tiene un sonido diferente: aunque una guitarra y una flauta emitan la misma nota, reconocemos sin dificultad una y otra.

1. El timbre

Cuando nos llaman por teléfono solemos reconocer la voz de quien nos habla. Cada persona tiene un timbre de voz diferente y característico. Los instrumentos musicales también tienen un timbre propio.

> El **timbre** es la cualidad que nos permite distinguir el sonido de voces e instrumentos.

Recuerda que los sonidos son producidos por las vibraciones de los cuerpos sonoros. Las formas que adquieren estas vibraciones generan un timbre específico para cada instrumento o cuerpo sonoro. El timbre depende de muchos factores, como:

- el **material** del cuerpo emisor → el material con el que está hecho el componente que hacemos vibrar para que suene.
- la **forma** del cuerpo emisor → alargado, grueso, estrecho, amplio…
- el **tamaño** del cuerpo emisor → grande o pequeño.
- la **manera** en la que tocamos el instrumento u objeto sonoro → si es percutiendo, soplando, frotando…

1.1 La instrumentación

> La **instrumentación** u **orquestación** es el arte de combinar los timbres de los distintos instrumentos musicales.

La instrumentación ha cambiado a lo largo de la historia de la música. Cada compositor ha desarrollado una manera personal de orquestar.

clip ▶ Los instrumentos se agrupan en: cuerda, viento-madera, viento-metal y percusión. Fíjate en su colocación en la orquesta.

- cuerda
- viento-madera
- viento-metal
- percusión

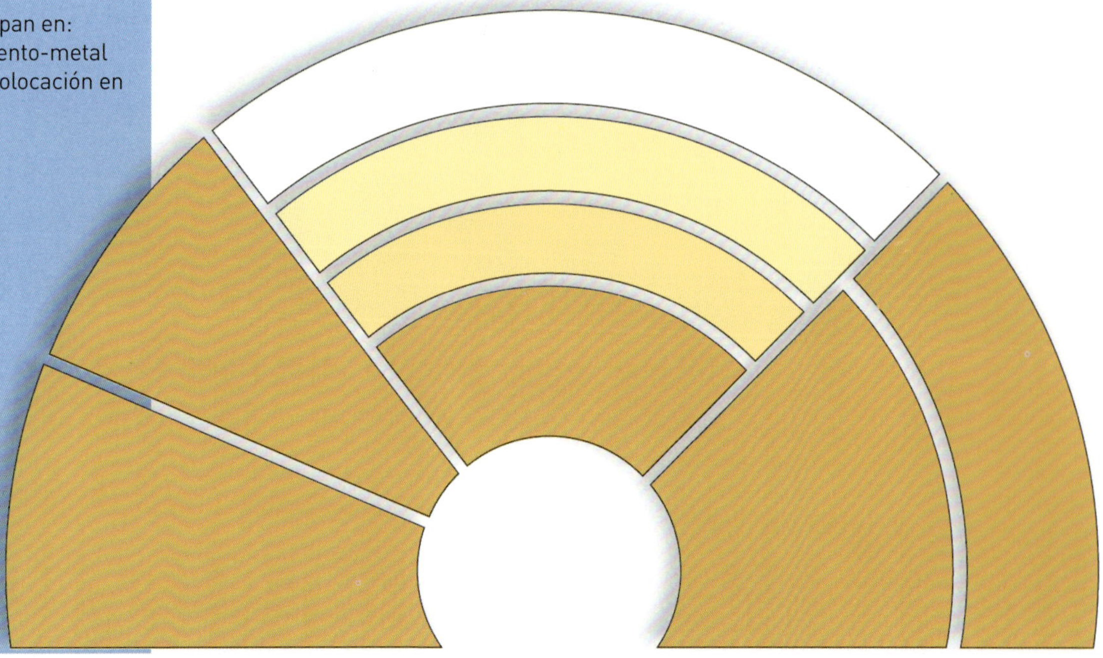

actividades

1. ¿Qué factores influyen en el timbre de estos instrumentos? Escoge la opción correcta.

- **a** tamaño: pequeño o grande
- **b** material: cuerda o metal
- **c** manera de tocarlo: soplando o frotando

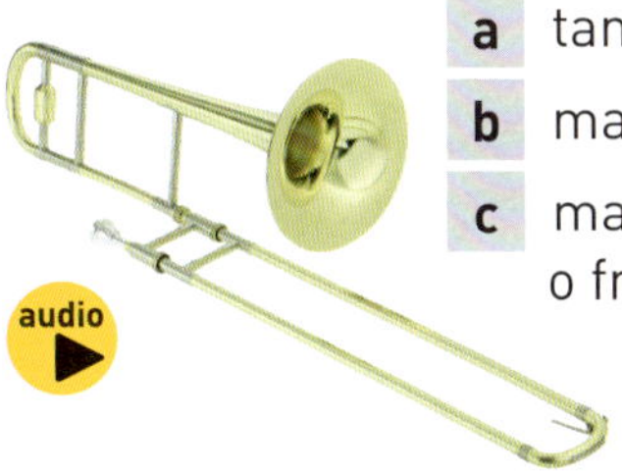

- **a** tamaño: pequeño o grande
- **b** material: cuerda o metal
- **c** manera de tocarlo: soplando o frotando

2. Observa el fragmento de la partitura orquestal del *Bolero*, de M. Ravel. Fíjate en que las cualidades del sonido llegan a convertirse en elementos de la composición musical. A continuación, contesta a las preguntas.

a ¿Qué familia de instrumentos interpreta la melodía? Observa que todos tocan el mismo dibujo melódico-rítmico.

- viento-madera
- percusión
- viento-metal
- cuerda

b ¿A qué familia pertenecen los instrumentos que hacen el obstinado rítmico?

- viento-madera
- viento-metal
- percusión
- cuerda

c ¿Qué dinámica debe seguir la orquesta?

- *p*
- *mf*
- *f*

¿Qué intensidad deberíamos escuchar?

- débil
- medio fuerte
- fuerte

d Algunos instrumentos deben escribirse en clave de fa. ¿Por qué?

- por tradición
- porque son de registro grave
- porque son de registro agudo

e Redacta en la libreta una lista de los instrumentos que aparecen en la partitura agrupados por familias.

2. Los instrumentos idiófonos

Recuerda que los instrumentos **idiófonos** actúan como caja de resonancia, ya que la vibración se produce en el mismo cuerpo del instrumento.

Cómo tocarlos depende de cada instrumento. Unos se percuten, con baquetas (xilófono) o por el choque entre sus componentes (bastones de percusión). Otros emiten el sonido por la fricción de alguno de sus componentes internos con el cuerpo del instrumento (maracas).

La mayoría de los instrumentos de percusión son idiófonos. Hay de diferentes tipos y se clasifican según el material con el que están fabricados: madera, metal u otros materiales.

audio Escucha unos fragmentos interpretados por estos instrumentos: xilófono y *temple-block.*

audio Escucha unos fragmentos interpretados por estos instrumentos: castañuelas y bastones de percusión.

2.1 Instrumentos idiófonos de madera

- Percutidos con baquetas: xilófono y *temple-block*, un bloque de madera vacío por dentro, entre otros.
- Percutidos por el choque entre sus componentes. Los más representativos son las castañuelas y los bastones de percusión o claves.

percutidos con baquetas

Xilófono

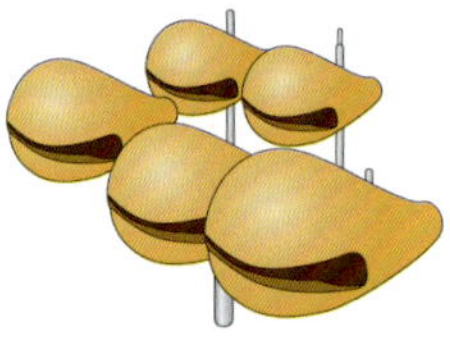

Temple-block

percutidos por el choque entre sus componentes

Castañuelas

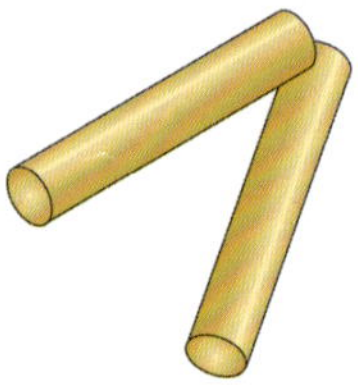

Bastones de percusión o claves

audio Escucha unos fragmentos interpretados por un *glockenspiel*, un gong, unos platillos, unos crótalos y unos cascabeles.

2.2 Instrumentos idiófonos de metal

- Percutidos con baquetas: el juego de timbres o *glockenspiel*, el gong...
- Percutidos por el choque entre sus componentes: platos, crótalos...
- Percutidos por la fricción de un componente interno con el mismo instrumento: cascabeles, cencerro...

percutidos con baquetas

Gong

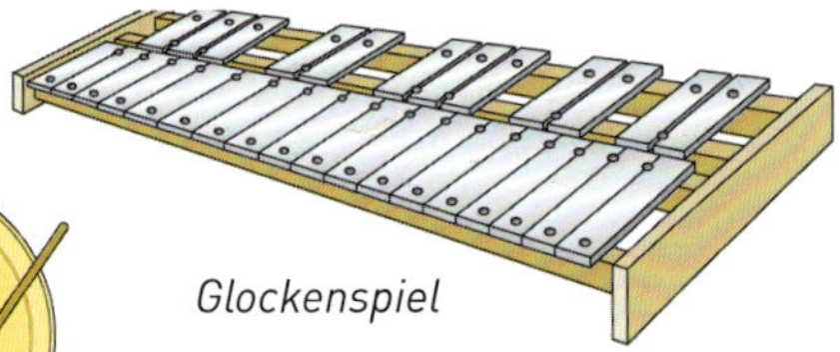

Glockenspiel

percutidos por el choque entre sus componentes

Platillos

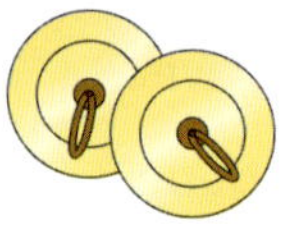

Crótalos

percutidos por un elemento interno que frota el cuerpo del instrumento

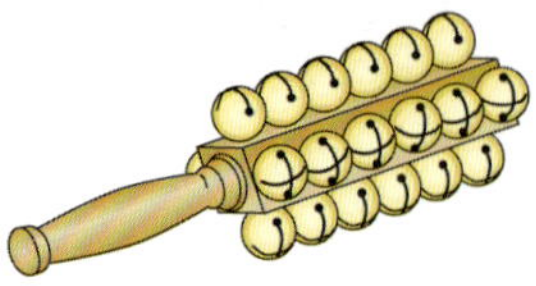

Cascabeles

2.3 Instrumentos idiófonos de otros materiales

- Percutidos con baquetas, como las campanas de vidrio.
- Percutidos por el choque entre sus componentes, como el güiro, que suele ser de caña de bambú y suena al rascarlo con un palo de madera.
- Percutidos por un elemento interno que frota el cuerpo del instrumento: las maracas hechas con calabazas u otros materiales y rellenas de arroz, de garbanzos...

percutidos con baquetas	percutidos por el choque entre sus componentes	percutidos por un elemento interno que frota el cuerpo del instrumento

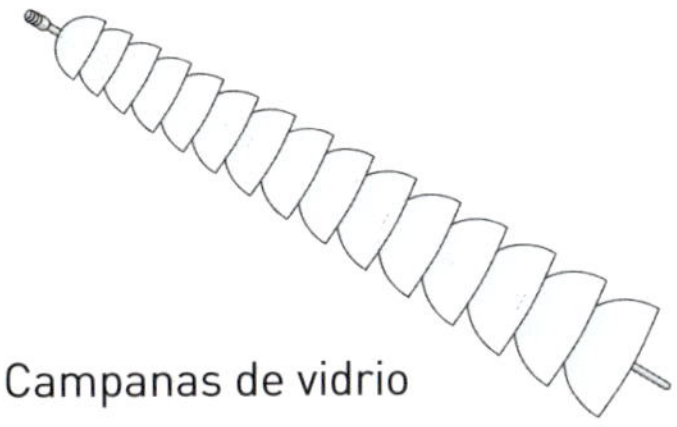

Campanas de vidrio

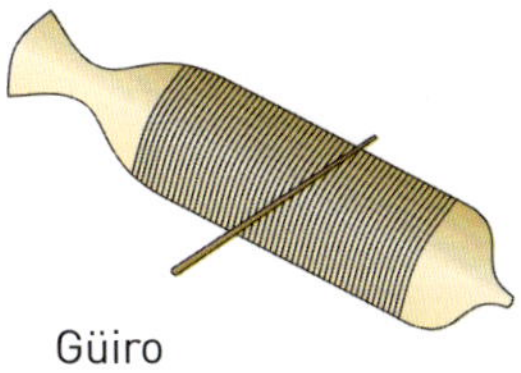

Güiro

Maracas

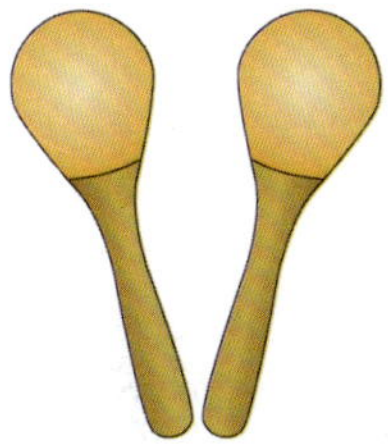

Los **instrumentos idiófonos** actúan como caja de resonancia, ya que la vibración se produce en el mismo cuerpo del instrumento. Pueden ser de madera, metal u otros materiales.

Se pueden percutir con baquetas, pueden sonar gracias al choque entre sus componentes y también por la fricción de un componente interno con el cuerpo del instrumento.

audio Escucha unos fragmentos interpretados por: un güiro, unas campanas de vidrio y unas maracas.

actividades

audio **3.** Escucha los instrumentos siguientes y di de qué material crees que están hechos.

	instrumento	material del que está hecho
1		
2		
3		

4. Busca el instrumento que no corresponde a la serie. Escribe el grupo al que pertenece (cordófono o membranófono).

a triángulo
b metalófono
c campanas de vidrio
d contrabajo
e cascabeles
f castañuelas

Preludio de la ópera *Carmen*, de Georges Bizet

Orquesta y escenario de la Royal Opera House de Estocolmo.

Obra

La **ópera** es un género que mezcla teatro y música.

Los personajes actúan en un escenario como el del teatro, pero en lugar de declamar el texto lo cantan con el acompañamiento de orquesta.

La orquesta toca desde una fosa situada enfrente del escenario, casi a oscuras, para ceder todo el protagonismo a los cantantes. Antes de que se abra el telón para dar paso a la ópera, siempre se interpreta un fragmento exclusivamente orquestal: la obertura o preludio.

En ella, la orquesta es la única protagonista y presenta dibujos melódicos que se recuperarán posteriormente en la representación operística.

Escucha el excelente preludio que Bizet escribió para la ópera *Carmen*. Es una de las oberturas predilectas de todas las orquestas.

Compositor

Georges Bizet (1838-1875) fue uno de los compositores franceses más importantes del siglo XIX. No obstante esto, la brevedad de su vida no le permitió llegar a gozar del éxito.

Después del estreno de *Carmen*, actualmente considerada su obra maestra, recibió muchas críticas negativas.

Bizet murió a los treinta y seis años, pocas semanas después de dicho estreno, y no pudo gozar de la rápida revaloración que tuvo su última ópera. Esta composición es considerada la mejor de todas las óperas francesas.

Lee *El tablón* para conocer el pesimismo de Bizet respecto a sus posibilidades de triunfar.

actividades audio

1. Escucha unos cuantos fragmentos de los tres temas que aparecen en el preludio. En uno de los fragmentos destaca un instrumento idiófono. ¿Sabes cuál es? ¿En qué grupo de idiófonos lo incluirías?

2. Escucha toda la obra y completa los recuadros con las letras A, B o C, según el tema que suene.

0'01''	0'15''	0'30''	0'46''	1'01''	1'28''	1'50''

3. A pesar de que el tema B se presenta dos veces, no suena de la misma forma en ambas ocasiones. Vuelve a escucharlo y fíjate en las diferencias. Después indica si los cambios siguientes son verdaderos (v) o falsos (f).

- cambios rítmicos
- cambios melódicos
- cambios en la instrumentación
- cambios de dinámica

4. La espectacular instrumentación que Bizet usa en el preludio de *Carmen* necesita una gran orquesta. Busca en la sopa de letras el nombre de los diez instrumentos que intervienen en la audición: violín, viola, violoncelo, contrabajo, timbales, platillos, flauta, oboe, trompa y trombón.

C	V	A	T	R	O	M	B	O	N
S	O	I	S	F	R	I	O	H	I
E	F	N	O	H	E	U	T	A	L
L	B	T	T	L	A	L	T	A	O
A	F	O	R	R	A	U	G	O	I
B	U	S	T	O	A	S	O	I	V
M	R	E	I	L	M	B	L	O	N
I	N	O	F	E	V	P	A	O	S
T	E	B	R	A	N	I	A	J	S
V	I	O	L	O	N	C	E	L	O
S	O	L	L	I	T	A	L	P	X

El tablón

opiniones, curiosidades...

«Actualmente, para tener éxito hay que ser alemán o estar muerto.»

G. Bizet

A pesar de que *Carmen* es la ópera de ambientación española más importante que se ha escrito, es curioso saber que Bizet no visitó nunca nuestro país.

Lee las palabras de un importante musicólogo: «En *Carmen*, Bizet habla el lenguaje musical español como un auténtico francés, por eso los españoles siempre la consideraron carente de autenticidad».

Alfred Einstein

vídeo

El fantasma de la ópera, de A. L. Webber

De la misma forma que *Carmen, El fantasma de la ópera,* de Andrew Lloyd Webber, está basado en una obra literaria, *Le fantôme de l'Opéra* (1911) del escritor francés Gaston Leroux.

Aunque más de cien años separan a una y otra obra, ambas se estructuran de una forma similiar: oberturas o preludios, arias o canciones y fragmentos instrumentales. Donde sí podemos percibir cambios es en el lenguaje musical y en la instrumentación.

actividades

1. En el DVD verás dos fragmentos musicales (indicados con I y II). En el fragmento I hay dos melodías. Observa las partituras y di si es instrumental o cantado.

A  instrumental

B  cantado

2. En el fragmento I se combinan las dos melodías anteriores. Escribe el esquema siguiendo las indicaciones que hay en el vídeo (la letra A corresponde a la primera melodía; y la B, a la segunda).

A	B				

3. Al inicio del fragmento I, indicado con el número 1, suena un instrumento aerófono y después, indicado con el 2, uno electrófono. ¿Cuáles son?

a guitarra eléctrica
b violín
c saxo
d trompeta
e órgano
f piano

número 1	
número 2	

4. Al final del fragmento I aparece una señal a alturas diferentes. ¿A qué hace referencia?

a Cada vez suena más fuerte. **b** Cada vez es más rápido. **c** Cada vez es más agudo.

5. En el fragmento II, cada vez que aparece el fantasma de la ópera oímos uno de los temas de la actividad 1. ¿Cuál?

6. ¿Qué familias de instrumentos tienen en común las melodías de *Carmen* y de *El fantasma de la ópera*?

a electrófonos, cordófonos, aerófonos y membranófonos
b cordófonos, aerófonos, membranófonos e idiófonos
c idiófonos, electrófonos, cordófonos y aerófonos

audio

Fragmento del preludio de la ópera *Carmen*, de Georges Bizet

El preludio de la ópera *Carmen*, de Bizet, es muy conocido. Aun así, es de difícil ejecución, incluso para grandes instrumentistas. A continuación te presentamos una adaptación.

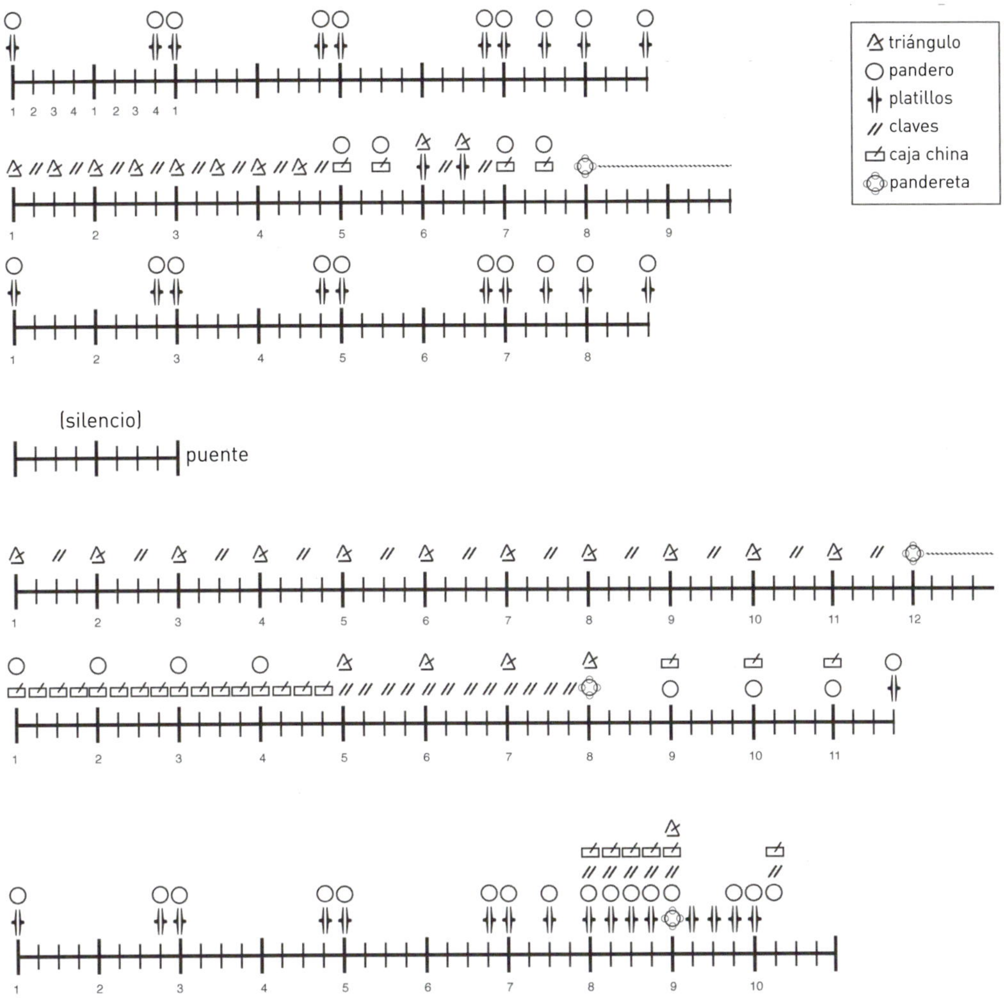

Los instrumentos de percusión son orientativos. Los podemos variar según nuestras preferencias o según los instrumentos que tengamos.

actividad

1. Toca este esquema rítmico mientras escuchas la grabación. Cuenta según la pulsación; es una partitura muy intuitiva.

manipula

doc

Escucha un archivo de una partitura interpretada por diferentes instrumentos y cámbiala para variar el timbre, substituye los instrumentos de cuerda por instrumentos de viento, los de percusión y de viento-madera por viento-metal; todo ello con el programa MuseScore.

El timbre

es la cualidad del sonido que nos permite diferenciar un sonido de otro.

La **instrumentación** o **orquestación** es el arte de combinar los timbres de los instrumentos.

La **orquesta** distribuye los instrumentos en cuatro familias.

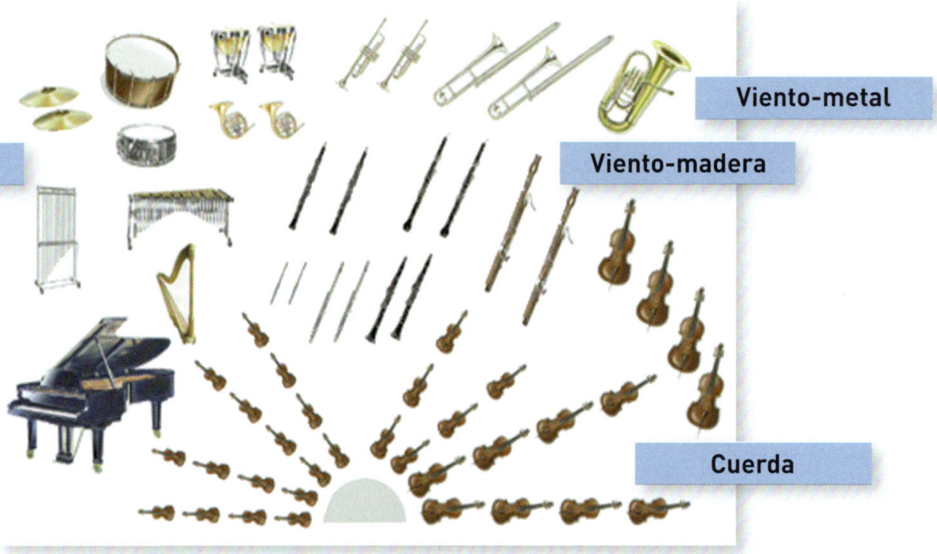

Los instrumentos idiófonos

producen el sonido gracias a la vibración del cuerpo del mismo instrumento. Se clasifican según el material del que están hechos.

- **Madera**
  - **Baquetas** (audio): Xilófono, *Temple-block*
  - **Choque** (audio): Castañuelas, Bastones de percusión
- **Metal** (audio)
  - **Baquetas**: *Glockenspiel*, Gong
  - **Choque**: Crótalos, Platillos
  - **Fricción**: Cascabeles
- **Otros materiales**
  Incluye los instrumentos hechos de materiales que no son la madera ni el metal. (audio)
  - **Fricción**: Güiro
  - **Baquetas**: Campanas de vidrio
  - **Choque**: Maracas

		C	F
1	Las cualidades del sonido son la altura, la duración, la intensidad y el timbre.		
2	El material, la forma, el tamaño y la manera de tocar el instrumento influyen en el timbre.		
3	El timbre es la cualidad principal del sonido que influye en la intensidad mayor o menor con que se interpreta un sonido.		
4	El timbre es la cualidad del sonido que determina la tesitura, aguda o grave, de un instrumento.		
5	El timbre de un instrumento viene dado por su grado de intensidad.		
6	El timbre de cada instrumento varía según quien lo toque.		
7	La capacidad de vibración de un instrumento influye en el timbre.		
8	La instrumentación u orquestación es el arte de combinar, conjunta o separadamente, los timbres de los diferentes instrumentos.		
9	La instrumentación u orquestación es el conjunto de músicos que integran una orquesta.		
10	La cuerda de la orquesta siempre está muy cerca del director.		
11	La percusión de una orquesta siempre está muy lejos del director.		
12	Generalmente un compositor escribe la melodía y otro la instrumenta o la orquesta.		
13	En la orquestación se utilizan todos los instrumentos de la orquesta.		
14	Los instrumentos musicales que actúan como caja de resonancia se llaman *idiófonos*.		
15	El *glockenspiel* es un instrumento idiófono de metal.		
16	Los instrumentos idiófonos pueden producir sonido mediante el aire.		
17	Los instrumentos idiófonos no se pueden tocar con baquetas.		
18	En la siguiente relación de familias de instrumentos hay una que no pertenece a la orquesta: percusión, sonófonos, viento-metal, cuerda, electrófonos.		
19	Los crótalos deben ser percutidos con unas baquetas.		
20	Las campanas de vidrio se percuten con un elemento interno que fricciona el cuerpo del instrumento.		
21	En la orquesta no hay instrumentos idiófonos.		
22	La obertura es la fosa situada delante del escenario en la que se sitúa la orquesta.		
23	El preludio se interpreta antes de subir el telón.		
24	En una ópera la orquesta es la única protagonista.		
25	La ópera es un género que mezcla teatro y música.		
26	Bizet era un compositor francés.		
27	Bizet vivió en el siglo XIX.		
28	Se considera que *Carmen* es la obra maestra de Bizet.		
29	*Carmen* no fue justamente apreciada hasta treinta y seis años después de su estreno.		
30	Andrew Lloyd Webber tiene nacionalidad inglesa.		
31	*El fantasma de la ópera*, *Cats* y *Evita* son musicales compuestos por Andrew Lloyd Webber.		
32	El lenguaje musical y la instrumentación de *El fantasma de la ópera* y de *Carmen* son iguales.		

En el año 1889 se celebró una Exposición Universal en París en la que muchos artistas franceses descubrieron el arte oriental. Hasta entonces, el escaso desarrollo de los medios de transporte y las comunicaciones provocaban el aislamiento cultural. Hoy podemos viajar al Lejano Oriente en unas horas, pero ¿sabías que el primer vuelo en avión no se realizó hasta 1903? Fueron los hermanos Wright, que cubrieron la distancia de 260 m con su prototipo.

audio *O trenzinho da Caipira* (El trenecito de Caipira), de H. Villa-Lobos

Heitor Villa-Lobos fue un compositor brasileño de la primera mitad del siglo XX. Interesado por la música popular de su país, viajó por todo Brasil y pasó muchas horas en los medios de transporte, hecho que pudo haberle inspirado esta obra. Ya verás que el sonido de las locomotoras de vapor de la época tiene poco en común con el de los silenciosos trenes eléctricos actuales.

1. Lee el guión del musicograma. Después, escucha la obra y fíjate en el fragmento musical que corresponde a cada dibujo. clip

El tren se pone en marcha. Los ruidos de la maquinaria se van acelerando a medida que el tren comienza a desplazarse.

Una melodía nos indica que el tren viaja a velocidad normal.

Una vaca aparece en medio de la vía. El tren se detiene, toca la bocina con fuerza, y el animal huye asustado.

El tren prosigue su viaje.

El tren llega a su destino. Comienza a reducir la velocidad hasta que se detiene.

clip **2.** Hay un instrumento idiófono que imita el sonido de la máquina de vapor y que tiene un papel fundamental en la obra. ¿Cuál es?

a cascabeles

b xilófono

c bastones de percusión

TRANSPORTES... Y PINTURA

El aeroplano y el tren (1913), de Natalia Sergeevna Goncharova. El tema de la máquina y el movimiento aparece en esta obra.

TRANSPORTES... Y CINE

Polar Express (2004), de Robert Zemeckis. Un niño que no cree en la magia de Navidad sube al tren Polar Express, rumbo al Polo norte.

{ 6 }

Stan Getz, uno de los saxofonistas más importantes de la historia del *jazz*. Fue conocido con el apodo de *The Sound* (El Sonido).

ESCUCHARÁS ENTRE OTROS…

In the Mood, (En forma), de G. Miller

«Promenade» de *Cuadros de una exposición*, de M. Mussorgski

«La danza del fuego» de *El amor brujo*, de M. de Falla

ORQUESTA TUS COMPETENCIAS…

Interacción con el mundo físico: identificación del tema *In the Mood* con el estilo de vida norteamericano.

Comunicativa: expresión de sentimientos mediante la música. Homenaje musical de Mussorgski a su amigo el pintor Hartmann.

Cultural y artística: literatura como fuente de inspiración en *El Amor Brujo* de Falla.

Glenn Miller
Mussorgski
M. de Falla

1. La melodía

La **melodía** es uno de los elementos más importantes del lenguaje musical. Surge de la combinación de la altura y la duración.

Las cualidades del sonido que has repasado hasta ahora son la altura, la duración, la intensidad y el timbre. Ahora descubrirás qué pasa al combinarlos. Por ejemplo, si combinamos altura y duración obtenemos un elemento fundamental del lenguaje musical: la **melodía**.

Todas las obras de la historia de la música, desde el canto gregoriano hasta el último tema de tu grupo preferido, usan melodías. Cada una es diferente del resto. Hay cuatro aspectos que intervienen en una melodía: las escalas, los intervalos, los acordes y el compás.

La melodía es la parte de la canción que más recordamos, y que solemos cantar. En la imagen, *High School Musical 2* (2007), de Kenny Ortega.

1.1 Las escalas

Para hacer una melodía utilizamos siete notas que, ordenadas de manera ascendente o descendente, forman una escala. Te mostramos un ejemplo:

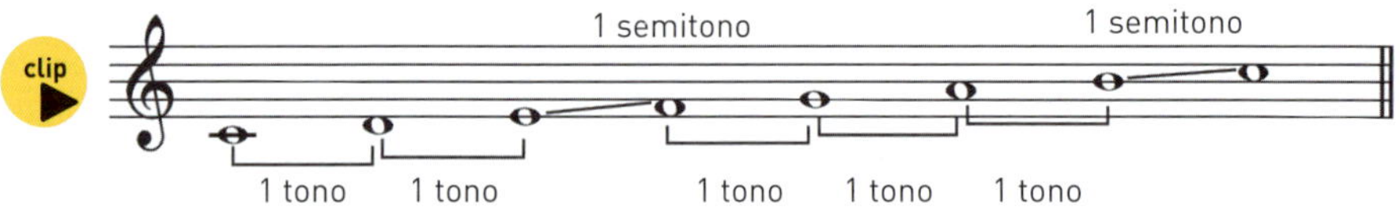

Entre cada nota hay una diferencia: la altura del sonido. Esta diferencia puede ser de un **tono** o de un **semitono**. Hay muchas escalas diferentes que conocerás más adelante. Según el tipo de escala en la que esté escrita la melodía, sonará de una manera o de otra.

1.2 Los intervalos

Aunque una melodía se compone con las notas de una escala, éstas no siempre mantienen la misma distancia ni la misma dirección; se combinan libremente. El intervalo es la distancia que separa dos notas. Para calcular esta distancia debemos contar las notas del intervalo y su dirección (hay que tener en cuenta si la segunda nota es más aguda o más grave que la primera). Fíjate en el ejemplo:

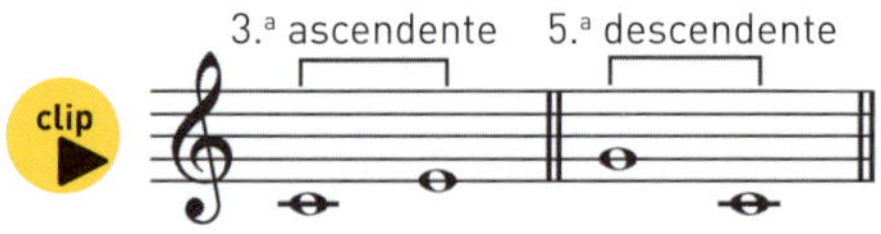

Tres notas o más tocadas al unísono forman un **acorde**. Los más comunes son los formados por una nota (la fundamental), su tercera y su quinta.

1.3 Los acordes

En el pentagrama podemos representar acordes y melodías. Los acordes se escriben verticalmente, es decir, se colocan las notas una encima de la otra, y las melodías, horizontalmente, es decir, una nota a continuación de la otra.

Si añadimos dos notas o más a una nota de la escala, obtendremos un acorde. Uno de los acordes más comunes es el que está formado por la nota fundamental, la tercera (intervalo de tercera) y la quinta (intervalo de quinta). Observa los acordes mayores de do y sol.

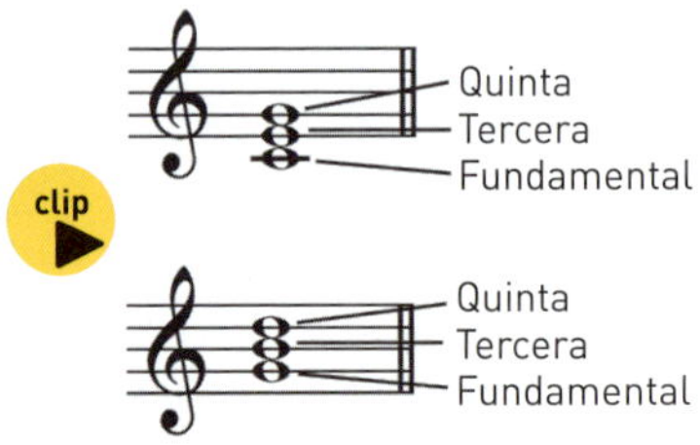

1.4 El compás

Cuando escuchamos una melodía descubrimos acentos que se repiten regularmente, como si fuesen sílabas acentuadas siempre de la misma manera. Estos acentos generan ciclos de pulsaciones que representamos en la partitura mediante los compases.

La regularidad de los acentos se llama ***métrica***. Suele ser de dos, tres o cuatro pulsaciones y recibe el nombre de ***binaria***, ***ternaria*** o ***cuaternaria***, respectivamente.

Una melodía se caracteriza por la **escala** y los **intervalos** que hay entre sus notas. Y también por el **compás**, que determina si la melodía es de métrica binaria, ternaria o cuaternaria.

actividades

1. Completa los siguientes intervalos en la libreta:

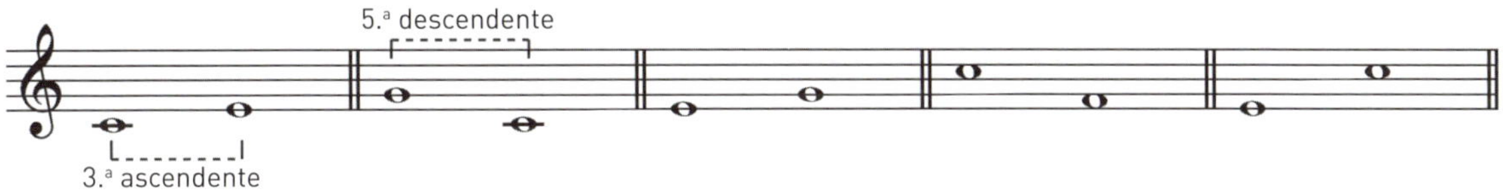

2. Una melodía constituye una manera determinada de organizar las notas. Ordena estos grupos de notas y forma el famoso tema de *La guerra de las galaxias*.

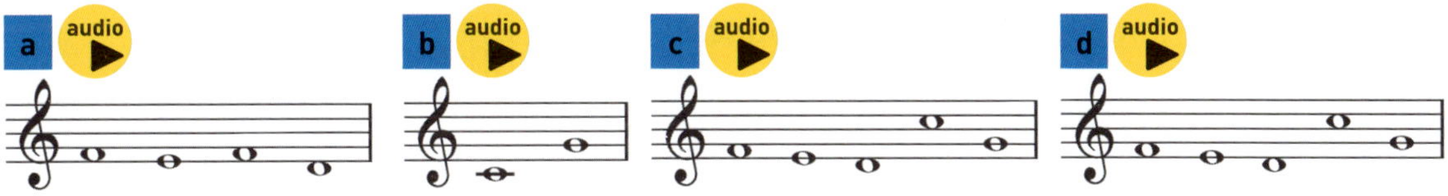

3. Vuelve a escuchar el tema, marca la pulsación y localiza el ritmo de la melodía anterior entre las propuestas siguientes. Escríbelo en los pentagramas.

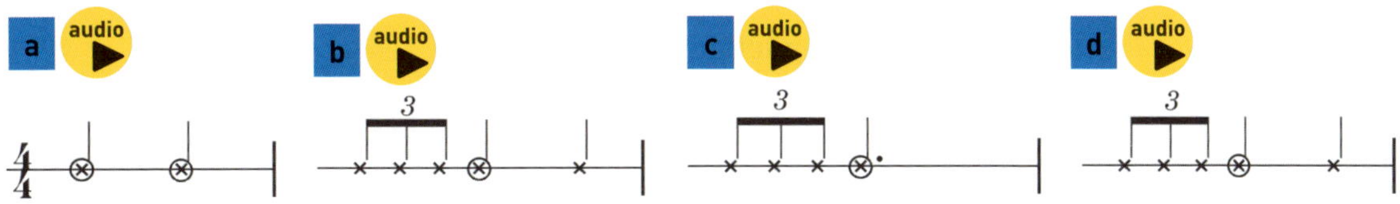

4. Escribe el acorde mayor sobre estas notas.

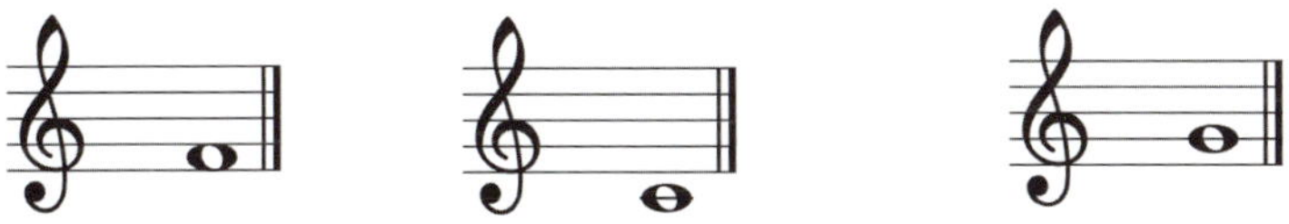

5. Escucha tres melodías a la vez que marcas la pulsación. ¿Qué métrica tienen?

audio «Cantina's Band», de *La guerra de las galaxias*, de J. Williams

audio *She*, de Elvis Costello

audio «Lara's theme», de *Doctor Zhivago*, de J. M. Jarre

2. Los instrumentos aerófonos

Los instrumentos aerófonos producen el sonido mediante la vibración de una columna de aire. El cuerpo de los instrumentos actúa como caja de resonancia. El aire se puede introducir soplando a través de la embocadura o de manera mecánica.

La embocadura está en el extremo superior de la mayoría de instrumentos de viento. El intérprete debe colocar los labios alrededor de la embocadura y poner correctamente los dedos para interpretar las notas deseadas. Veamos los varios tipos de instrumentos según la embocadura.

audio Escucha unos fragmentos de flauta dulce, flauta de Pan y flauta travesera.

2.1 Embocadura de bisel

La embocadura de estos instrumentos tiene un agujero. Cuando el instrumentista sopla, la columna de aire se reparte de forma que una parte circula por el interior del tubo y otra sale por el exterior.

Hay dos tipos de bisel, el frontal y el lateral. Los instrumentos más representativos de bisel frontal son la **flauta dulce**, que recibe este nombre por su timbre suave, y la **flauta de Pan**. El instrumento de bisel lateral más conocido es la **flauta travesera**.

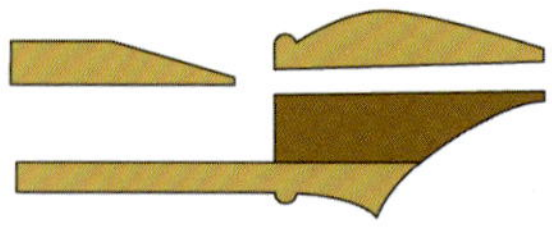
Embocadura de bisel

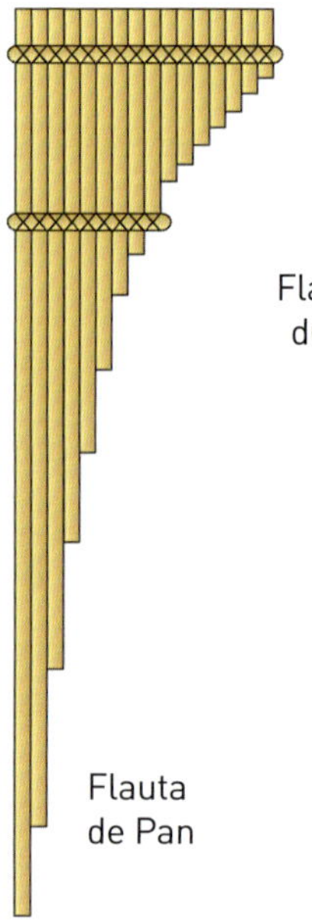
Flauta de Pan

Flauta dulce

Flauta travesera

2.2 Embocadura de caña o lengüeta

Los instrumentos de este grupo tienen una caña o lengüeta unida a la embocadura. El sonido se obtiene mediante la vibración que produce la presión del aire al pasar entre la caña y la embocadura. Los instrumentos más representativos de caña simple son el **clarinete** y el **saxofón** (saxo).

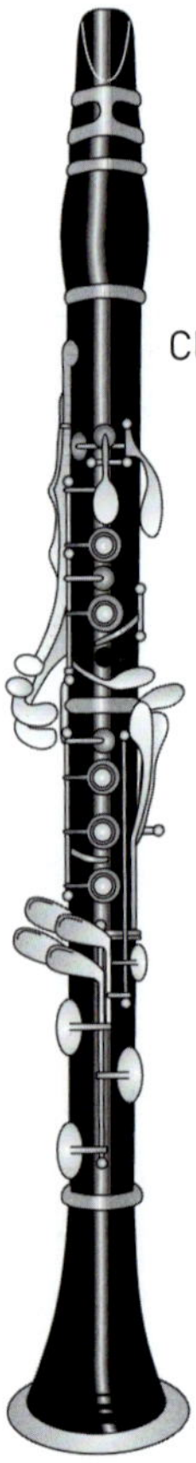
Clarinete

Saxo

Embocadura de caña simple

Pocos milímetros separan las cañas de los instrumentos de caña doble. La presión del aire hace que se toquen y vibren. Los instrumentos más representativos de caña doble son el **oboe** y el **fagot**.

audio Escucha unos fragmentos de clarinete, saxofón, oboe y fagot.

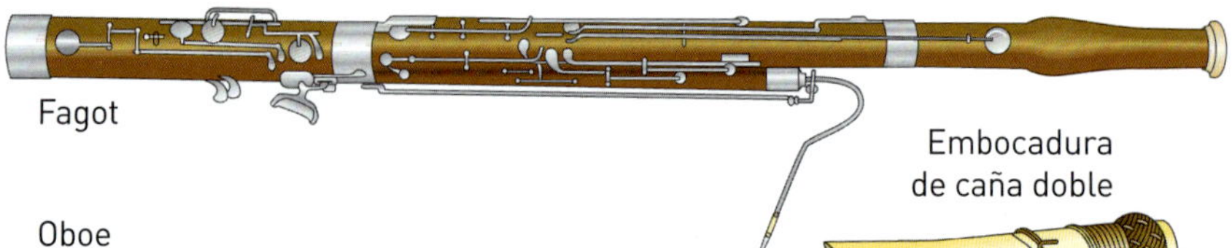
Fagot

Oboe

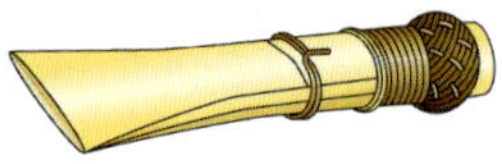
Embocadura de caña doble

2.3 Embocadura metálica

Los instrumentos de este grupo tienen la embocadura en forma de embudo. El instrumentista insufla el aire, presiona y hace vibrar los labios semicerrados dentro de la embocadura. Los más representativos son la **trompeta**, la **trompa**, el **trombón** y la **tuba**.

audio Escucha unos fragmentos tocados con estos instrumentos: trompeta, trompa, trombón y tuba.

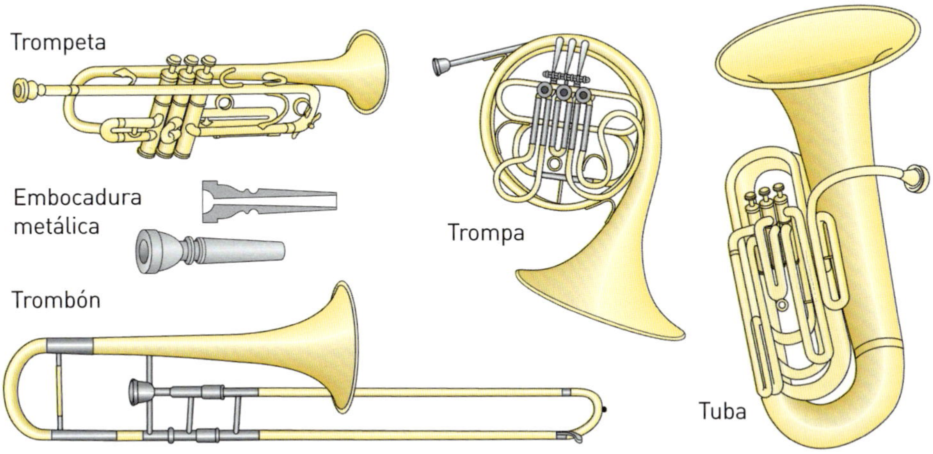

2.4 Sin embocadura (de aire mecánico)

Aunque no tienen embocadura, estos instrumentos también pertenecen al grupo de los aerófonos. El aire se introduce de forma mecánica.

Los más representativos son el **acordeón**, en que el instrumentista acciona una mancha, el **armonio**, en que el instrumentista acciona unos pedales, y el **órgano**, que suena gracias a unos ventiladores que introducen el aire mecánicamente.

audio Escucha unos fragmentos tocados con estos instrumentos: acordeón, armonio y órgano.

Los **instrumentos aerófonos** producen el sonido mediante la vibración de una columna de aire. Según la manera en la que se introduce el aire se clasifican en: aerófonos de embocadura de bisel, de embocadura de caña o lengüeta, de embocadura metálica y de aire mecánico.

actividades

audio **6.** Escucha los fragmentos siguientes e indica en qué orden has escuchado los instrumentos.

- ☐ de embocadura metálica
- ☐ de aire mecánico
- ☐ de embocadura de bisel
- ☐ de embocadura de caña doble

In the Mood (En forma), de Glenn Miller

Obra

A veces una persona, un lugar o una música son tan aceptados por la sociedad que llegan a constituirse en símbolos de su propia identidad. Si te pedimos que pienses en símbolos que representen la cultura norteamericana, seguro que rápidamente te vendrán a la mente el béisbol, la NBA, las hamburguesas o el *jazz*, las películas del oeste o la estatua de la Libertad. ¿Hay alguna melodía que identifiques con el estilo de vida norteamericano? Si no se te ocurre ninguna, escucha la audición que te proponemos.

Compositor

Glenn Miller (1904-1944) comenzó su carrera musical como trombonista. Durante diez años tocó en varios grupos, hasta que decidió formar su propia *big band*.

Una *big band* es una orquesta de *jazz*. A diferencia de las orquestas clásicas, en las que la protagonista es la cuerda, en las *big bands* predomina el viento.

Sus primeros años como director de banda fueron muy duros. Actuaban en lugares poco importantes, y había músicos que se iban a otras formaciones de la competencia. Lee *El tablón* y conocerás una anécdota de esta época. El éxito les llegó en las décadas de 1930 y 1940 con temas como *In the Mood* o *Moonlight Serenade*. Entonces la banda de Glenn Miller se convirtió en la más solicitada de la época. A pesar de que su fundador murió en el año 1944 cuando volaba hacia París para hacer una gira en Europa, la Glenn Miller Orchestra sigue actuando por todo el mundo.

actividades audio

1. Éstos son los cuatro primeros compases del tema *In the Mood*. Cuenta los cuatro tiempos de cada compás y añade las dos líneas divisorias que faltan.

2. Escucha los motivos de los dos temas que aparecen en la audición y sigue las partituras.

3. En los dos temas anteriores se establece un diálogo entre los instrumentos que interpretan el pentagrama superior y el inferior. Relaciona cada pentagrama con los instrumentos que le corresponden.

cuerda percutida
aerófonos de lengüeta
cuerda frotada
idiófonos de metal
aerófonos de metal
membranófonos

4. Ahora que ya conoces los diferentes temas de *In the Mood*, vuelve a escuchar la audición. Completa los recuadros con «I» (introducción), «T1» (tema 1) y «T2» (tema 2).

0'01''	0'12''	0'30''	0'47''	1'59''

El tablón

opiniones, curiosidades...

Una vez, antes de alcanzar la fama, la banda tenía una actuación en Nueva Jersey. Miller dijo al encargado de la iluminación:

—En esta canción comienzan los metales tocando los primeros compases alrededor de un micrófono; el resto de la banda se añade después. Me gustaría que un foco iluminase sólo esta sección y que el resto del escenario quedase a oscuras. Cuando haya empezado la canción, ilumine a toda la banda.

Probablemente, el iluminador no conocía muy bien las familias de instrumentos, ya que aquella noche la sección de metales comenzó la canción a oscuras, porque el foco iluminaba a dos saxofonistas que esperaban algo avergonzados el momento de comenzar a tocar.

vídeo

«Promenade», de *Cuadros de una exposición*, de Modest Mussorgski

Los instrumentos aerófonos se han utilizado en todo tipo de composiciones. La trompeta, por ejemplo, se usaba en las fanfarrias romanas, los conciertos barrocos, las bandas de música o el *jazz*. La audición anterior, *In the mood*, de Glenn Miller, y la que te proponemos ahora muestran las posibilidades de los instrumentos aerófonos, a pesar de sus diferentes estilos.

actividades

vídeo Este fragmento pertenece a *Promenade*. Comienza con un solo de trompeta que nos muestra el tema que se irá repitiendo varias veces.

1. Escoge a qué familia pertenece el instrumento que ejecuta el primer solo:

- cordófono
- aerófonos de lengüeta
- aerófonos de metal

2. Cuando aparece el símbolo «*», el instrumento protagonista establece un diálogo con...

- la familia de cuerda
- instrumentos de la familia a la que pertenece
- el resto de la orquesta

3. En las letras «A» y «B», el protagonismo recae sobre varias familias de instrumentos. Relaciona:

percusión
cuerda — A
viento-madera — B
viento-metal

4. ¿Cómo se llama el director de orquesta de esta interpretación?

- Carlo Paulini
- Modest Mussorgski
- Carlo Maria Giulini
- Promenade

5. Hay un momento en que apreciamos toda la orquesta. Hemos atribuido un color a cada familia de instrumentos para que puedas ver la distribución en el escenario. Di a qué familia pertenece cada color.

amarillo		**rojo**	
azul		**verde**	

6. Las audiciones *In the Mood*, de Glenn Miller, y «Promenade», de *Cuadros de una exposición*, de Mussorgski, comienzan con el solo de un instrumento de los...

- aerófonos
- idiófonos
- cordófonos

interpreta

audio

Tema de la película *La guerra de las galaxias*, de J. Williams (adaptación)

Una de las bandas sonoras más famosas del cine es *La guerra de las galaxias*, de J. Williams. Ésta es la partitura adaptada.

Las letras *DC* son la abreviatura de las palabras *da capo*. Es una expresión italiana que nos indica que debemos volver al inicio, y seguir tocando desde ahí.

Obstinado rítmico

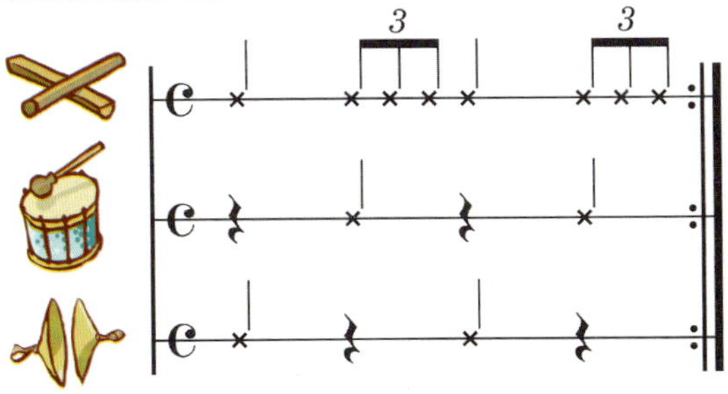

actividad

1. Toca la partitura según las opciones siguientes: **a.** Escoge los instrumentos. **b.** La puedes tocar en grupo. **c.** Puedes añadir el obstinado rítmico propuesto o tocarla sola mientras escuchas la grabación. **d.** Puedes tocar con un instrumento sobre la grabación.

manipula

doc

Escucha los archivos propuestos correspondientes a los diferentes conceptos trabajados en la unidad (intervalos, escalas, acordes, etc.) y asócialos a uno de los diferentes ejemplos escritos que encontrarás en los archivos del programa MuseScore.

La melodía

es una sucesión de sonidos de altura y duración determinadas.

Las escalas
Son series de notas ordenadas de forma ascendente o descendente.

Los intervalos
Son las distancias que hay entre las notas.

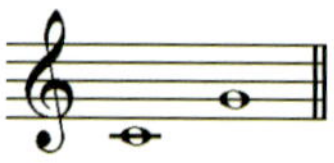

Los acordes
Son tres o más notas que suenan a la vez.

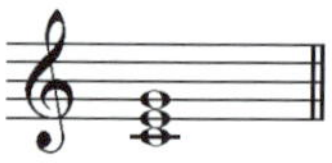

El compás
Es la unidad de medida de las pulsaciones.

La métrica
Es la regularidad de acentos. Puede ser:

- **binaria**
- **ternaria**
- **cuaternaria**

Los instrumentos aerófonos

producen el sonido gracias a la vibración de una columna de aire.

Se clasifican en:

audio

Embocadura de bisel
La vibración se obtiene cuando la columna de aire choca contra el bisel y se divide en dos.

- Frontal
  - Flauta de Pan
  - Flauta dulce
- Lateral
  - Flauta travesera

audio

Embocadura de caña
El sonido se obtiene por la vibración del aire al pasar entre la caña y la embocadura (caña simple) o entre las dos cañas (caña doble).

- Simple
  - Clarinete
  - Saxo
- Doble
  - Oboe
  - Fagot

audio

Embocadura metálica
El aire vibra por la acción de los labios del instrumentista.

- Trompeta
- Trompa
- Trombón
- Tuba

audio

Aire mecánico
Toman el aire de una mancha o de un ventilador.

- Acordeón
- Armonio
- Órgano

test

		C	F
1	El timbre es una cualidad del sonido indispensable en una melodía.		
2	La métrica se deduce de la regularidad de los acentos del compás.		
3	El compás ternario tiene una métrica ternaria.		
4	Las escalas pueden ser ascendentes o descendentes.		
5	La distancia entre pulsaciones recibe el nombre de *intervalo*.		
6	Un tono es la distancia que hay entre cualquier nota de la escala y la siguiente.		
7	Para escuchar un acorde necesitamos tres o más notas.		
8	La nota re y las ascendentes forman un intervalo de quinta.		
9	Los instrumentos aerófonos son los que se tocan sin tocar con los pies al suelo.		
10	Los instrumentos aerófonos son los que producen el sonido gracias a la vibración de una columna de aire.		
11	Todos los instrumentos aerófonos tienen embocadura.		
12	La flauta travesera es un instrumento de embocadura metálica.		
13	El órgano es un instrumento aerófono que introduce el aire en el tubo de manera mecánica.		
14	Las embocaduras de una flauta dulce y de una flauta travesera son de bisel.		
15	El acordeón es un instrumento aerófono sin embocadura.		
16	Los instrumentos idiófonos son los que predominan en una *big band*.		
17	La trompa es un instrumento aerófono con bisel frontal.		
18	El acordeón y el armonio pertenecen al mismo grupo de aerófonos.		
19	La embocadura de caña tiene forma de embudo.		
20	En los instrumentos aerófonos el cuerpo del instrumento actúa como caja de resonancia.		
21	El tema musical *In the Mood* es un símbolo de la cultura norteamericana.		
22	En su primer año como director, Glenn Miller triunfó en las salas más importantes.		
23	Glenn Miller fundó su propia *big band* en la década de 1980.		
24	Glenn Miller inició su carrera como trompetista.		
25	Una *big band* es un conjunto de *jazz* de menos de diez instrumentistas.		
26	Actualmente, la Glenn Miller Orchestra sigue actuando por todo el mundo.		
27	Uno de los temas más famosos de Glenn Miller es *Moonlight Serenade.*		
28	Glenn Miller murió durante un vuelo a París.		
29	Modest Mussorgski era de nacionalidad rusa.		
30	*Cuadros de una exposición* es una obra escrita para el piano.		
31	*Cuadros de una exposición* es una *suite* porque se solía escuchar en un gran auditorio.		
32	*Una noche en el monte pelado* es una obra de Ravel.		

El fuego es un elemento esencial en la evolución de la humanidad. Para el hombre primitivo, saber crear y dominar el fuego significó tener luz, poder calentarse, preparar alimentos, protegerse de los depredadores... Hoy en día, la tecnología ofrece alternativas para resolver estas necesidades.

audio «La danza del fuego», de *El amor Brujo*, de Manuel de Falla

Esta pieza pertenece a *El amor Brujo*, de Manuel de Falla. La escribió por encargo de la bailaora Pastora Imperio. Está basada en una leyenda en la que aparecen espíritus, el fuego y el amor como protagonistas. El argumento trata de la relación de una pareja en la que se interpone un espíritu ya muerto. Él solicita la ayuda de una bailaora para distraer al espíritu y, entre las llamas del fuego y la danza, piensa conseguirlo. Ésta es la única forma de romper la maldición y dejar a la nueva pareja en paz.

clip **1.** Escucha *La danza del fuego* y sigue el musicograma. Arriba aparece el minutaje. En la parte central, los temas (I introducción, A B y C temas) y en la parte inferior alguna de las características de los temas:

00''	22''	37''	54''	1'08''	1'16''	1'30''	1'37''	1'44''	1'51''
I	A	A	I	B	B	C	B	B	B
				*ff*	*pp*	*ff*		*ff*	

2'00''	2'15''	2'22''	2''36''	3'00''	3'07''	3'14''	3'28''
I		A	A	B	B	B	C
					*ff*	*pp*	*ff*

audio **2.** Escucha la obra y fíjate en los siguientes motivos musicales:

A
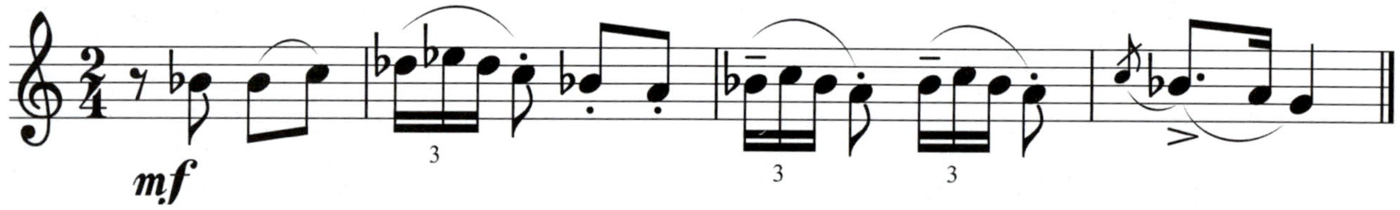

B
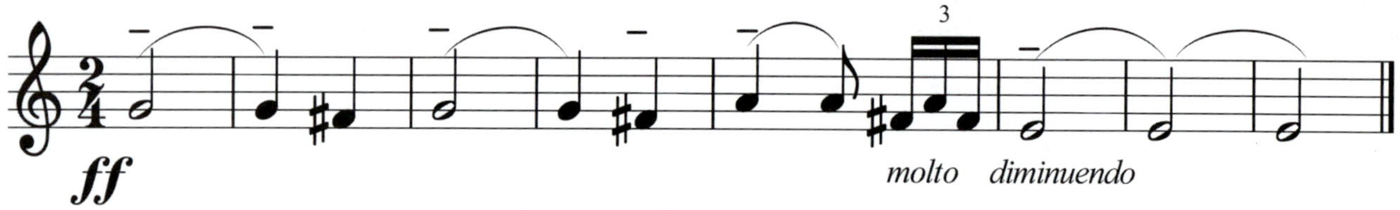

C

audio **3.** Vuelve a escuchar la obra y señala los temas A, B y C en las partituras anteriores.

4. ¿Qué instrumento o instrumentos hacen el tema cada vez que lo escuchamos?

7

Herbert von Karajan (1908-1989), director de orquesta austríaco.

ESCUCHARÁS ENTRE OTROS...

Johnny B. Goode, de C. Berry

Muntanyes del Canigó, de N. Yepes

We are the robots, de Kraftwerk

ORQUESTA TUS COMPETENCIAS...

Lingüística: expresión corporal como parte de la interpretación musical.

Digital: uso de dispositivos e instrumentos electrónicos para crear música.

Cultural y artística: valoración de N. Yepes en el patrimonio musical de nuestro país.

N. Yepes
Chuck Berry
J. Barry

1. El movimiento

Antes de que un grupo de músicos se prepare para cantar o tocar, deben ponerse de acuerdo en la velocidad de la pulsación. De no hacerlo así, cada uno iría a una velocidad diferente. La velocidad con que se interpreta una obra se llama *tempo*.

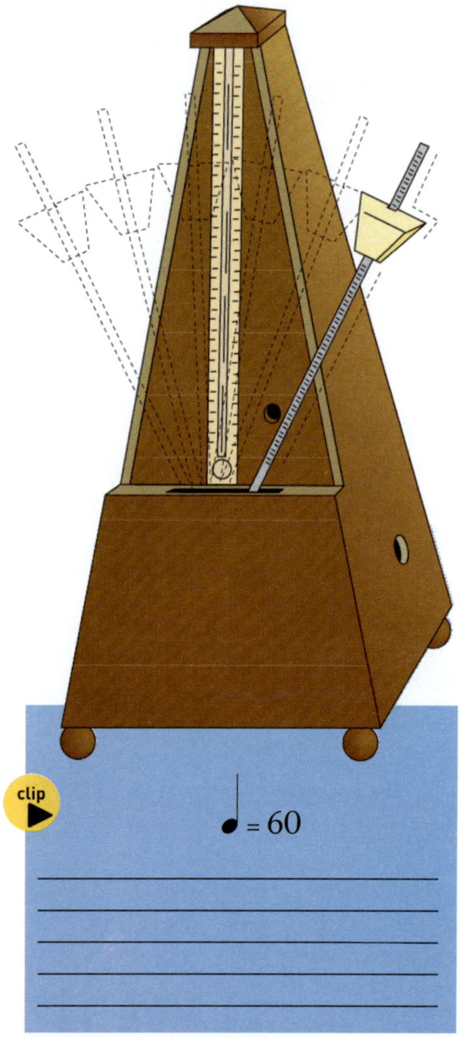

1.1 El metrónomo

Para medir la pulsación usamos el **metrónomo**. Este aparato indica las pulsaciones que caben en un minuto. La velocidad con que oscila el péndulo marca la pulsación.

Para saber las pulsaciones que hay en un minuto, sólo hay que contar las que hay en quince segundos y luego multiplicarlas por cuatro. Si quieres, puedes probarlo con el fragmento de alguna de las audiciones que has escuchado durante este curso.

El compositor puede indicar el *tempo* de una obra especificando un determinado número de pulsaciones por minuto. También dispone de otros recursos, como el que te presentamos a continuación.

1.2 Las indicaciones de movimiento

Son las palabras que aparecen en la partitura y que sugieren una velocidad mayor o menor para la interpretación de la obra. Generalmente, las indicaciones de movimiento conservan su nombre en italiano, como las de intensidad, pero podemos ponerlas en el idioma que queramos. En las tablas que hay más abajo puedes consultar los nombres de los movimientos.

Hay indicaciones de **movimiento regular** –si el *tempo* no cambia hasta el final de la obra o hasta que haya otra indicación– y de **movimiento variable** si hay un cambio progresivo en la velocidad de la obra. Para restablecer un movimiento variable se usa la expresión *a tempo*, que señala la recuperación del movimiento regular

Movimientos regulares

lentos	moderados	rápidos
lento o *largo* (desde ♩ = 40)	*andante* (♩ = 77-108)	*allegro* (♩ = 120-168)
adagio (fins a ♩ = 76)	*moderato* (♩ = 109-120)	*vivace* (♩ = més de 169)

Movimientos variables

ritardando	Disminución progresiva de la velocidad.
accelerando	Aumento progresivo de la velocidad.

El **movimiento** de una canción o de una obra se suele indicar con la velocidad del metrónomo (pulsaciones por minuto) o con términos, generalmente en italiano, que indican el *tempo*.

1.3 El carácter

Los indicadores de movimiento van acompañados a menudo de un adjetivo que hace referencia al **carácter** de la obra. Estas indicaciones están relacionadas con la velocidad, ya que difícilmente encontraremos un *lento* jocoso o un *allegro* fúnebre. Hay tantas indicaciones de carácter como matices queramos dar a una obra: misterioso, fúnebre, *scherzando* (bromeando), apasionado, amoroso, romántico, movido... Leonard Bernstein (a la derecha) llenaba de matices sus direcciones orquestales.

actividades

1. Piensa situaciones que hayas vivido durante el día y defínelas en términos de movimiento.

2. ¿Qué indicador de movimiento uniforme utilizarías para el ejemplo ♩ = 60?

☐ *lento* ☐ *adagio* ☐ *andante* ☐ *moderato* ☐ *allegro* ☐ *vivace*

Y para ♩ = 132?

☐ *lento* ☐ *adagio* ☐ *andante* ☐ *moderato* ☐ *allegro* ☐ *vivace*

3. Escucha estos fragmentos musicales e identifica el carácter. Todos pertenecen a bandas sonoras de películas muy conocidas que sitúan al espectador en el ambiente apropiado.

	romántico	misterioso	divertido	trepidante
audio ▶ Tema de *Alien*, de J. Goldsmith				
audio ▶ «Baby Elephant», de *Hatari*, de H. Mancini				
audio ▶ Tema de *Piratas del Caribe*, de K. Badelt				
audio ▶ Tema de *Memorias de África*, de J. Barry				

4. Escoge el término de movimiento más conveniente para cada uno de estos fragmentos musicales.

	allegro	*moderato*	*lento*
audio ▶ Tema de *En busca del arca perdida*, de J. Williams			
audio ▶ *The Imperial March*, de J. Williams			
audio ▶ Tema de *La máscara del Zorro*, de J. Horner			

vídeo ▶ 5. En el fragmento de *Till Eulenspiegel* de Richard Strauss que te proponemos, verás que el director, sir George Solti, dirige de forma diferente, según el carácter musical que le pide a la orquesta. Ordena correctamente según los matices: con energía / con sentimiento y pasión / delicadamente.

2. Los instrumentos electrófonos

Los **instrumentos electrófonos** producen el sonido mediante la vibración amplificada de una señal eléctrica.

Podemos distinguir dos tipos de instrumentos electrófonos: los electrónicos, si emiten la señal desde generadores y transformadores electrónicos, y los electroacústicos, si la señal es emitida mediante procedimientos convencionales y luego es transformada en señal eléctrica.

Todos estos instrumentos necesitan un amplificador y altavoces para amplificar el sonido.

2.1 Electrónicos

audio

Escucha unos fragmentos de un órgano, una guitarra eléctrica, un bajo y un sintetizador. Intenta deducir qué sonidos o ruidos emiten estos instrumentos y cuáles son generados con sintetizador.

Los primeros instrumentos electrófonos comercializados fueron el **órgano electrónico**, la **guitarra eléctrica** y el **bajo**. El órgano, por ejemplo, tiene sonidos grabados que prácticamente no se pueden manipular. Tiene uno o dos teclados para las manos y un juego de pedales, un teclado que permite la interpretación de los bajos con los pies.

El **sintetizador** es un instrumento más actual. Es una especie de laboratorio sonoro que permite generar sonidos y transformar sus cualidades. Imita instrumentos convencionales y también puede emitir sonidos o ruidos de la naturaleza o de origen mecánico.

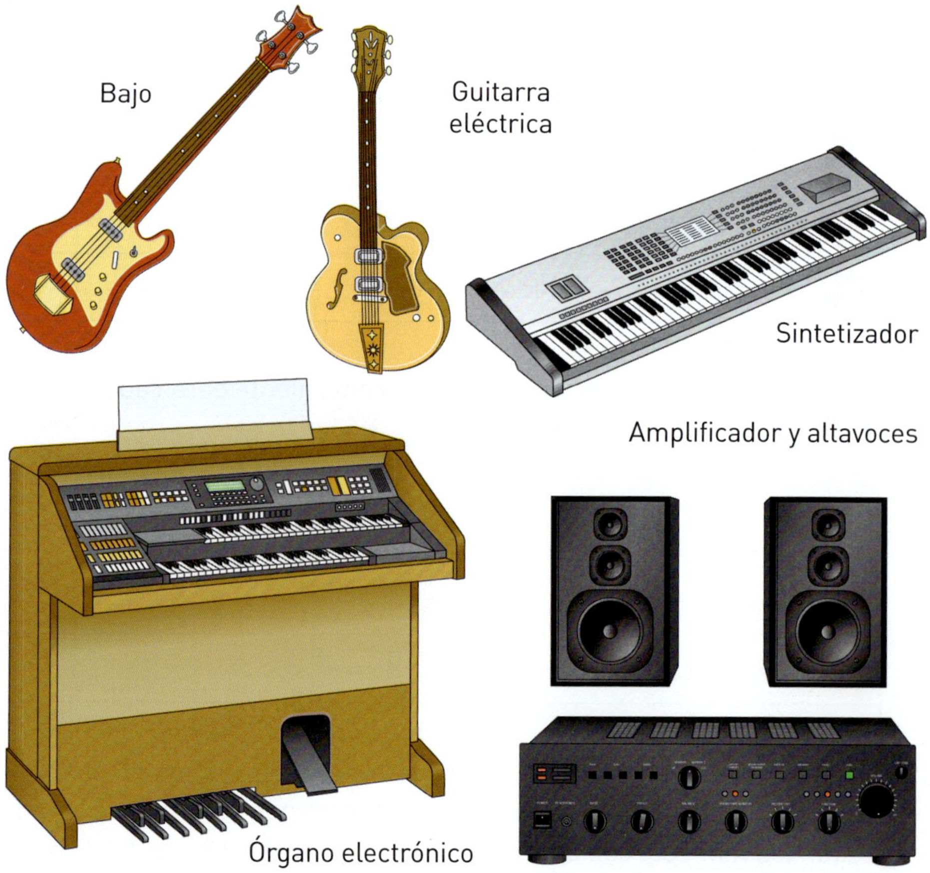

2.2 Electroacústicos

A la mayoría de instrumentos convencionales se les puede incorporar una pastilla, que es una pequeña célula electromagnética. La pastilla se adhiere a la caja de resonancia y hace que varíen las características tímbricas.

De esta manera, el instrumento mantiene el sonido acústico, pero amplificado a través de los altavoces. A menudo la pastilla se incorpora a instrumentos como la **guitarra**, el **violín** o el **violoncelo**.

Violín, violoncelo y guitarra con pastilla

audio ▶ Escucha unos fragmentos de un violoncelo, un violín y una guitarra, todos ellos electroacústicos.

actividades

audio ▶ **6.** Escucha los fragmentos siguientes y escribe el orden en que se han oído los instrumentos.

☐ instrumento convencional con recursos electrónicos ☐ sintetizador ☐ órgano electrónico

7. ¿Cuál de los instrumentos anteriores podrías escuchar de manera natural sin tener que usar recursos electrónicos?

8. Encuentra el instrumento que no corresponde a la serie. Di si es aerófono, cordófono o idiófono.

a guitarra eléctrica
b clarinete
c bajo
d sintetizador
e órgano electrónico
f violoncelo con pastilla

audio ▶ **9.** Escucha los siguientes fragmentos musicales y relaciona a los músicos con su instrumento.

Johnny B. Goode de Chuck Berry

Obra

Ésta es la traducción de un fragmento de la letra de la canción que escucharás a continuación.

«En Luisiana, cerca de Nueva Orleans [...]
vivía un chico de campo que llamado Johny B. Goode.
Nunca aprendió a leer ni a escribir bien,
pero tocaba la guitarra como un virtuoso. [...]
Mucha gente venía desde muy lejos
para oírle tocar cuando se ponía el sol.
Y quizás algún día habrá
un rótulo luminoso que diga
"Esta noche, actuación
de Johny B. Goode".»

Es probable que Chuck Berry se hubiera inspirado en su propia vida para componer esta canción. La manera que tenía de recorrer el escenario, casi agachado mientras interpretaba sus impresionantes solos de guitarra (como los de esta canción), fue conocida como «el paso del pato».

Autor

Chuck Berry (Missouri, 1926) vivió en un barrio humilde. Comenzó a tocar la guitarra de forma autodidacta. Durante muchos años compaginó las actuaciones en pequeños locales con su trabajo en una cadena de montaje. A partir de 1955 comenzó a aparecer en las listas de éxitos, hasta convertirse en un ídolo juvenil. Sus conciertos provocaban enfrentamientos generacionales. A pesar de las dificultades e injusticias que sufrían los afroamericanos en la sociedad estadounidense de la época, consiguió éxito y reconocimiento universal.

En pleno siglo XXI, y con más de ochenta años, Chuck Berry continúa dedicado a la música.

actividades audio

1. En *Johnny B. Goode* hemos oído a Chuck Berry tocando la guitarra de manera espectacular, cantando y haciendo ambas cosas a la vez. Completa los recuadros con «G» (solo de guitarra), «V» (voz) o «G-V» (diálogo de la guitarra y voz).

0'00''	0'17''	0'34''	0'51''	1'09''

2. ¿A qué grupo de instrumentos pertenece la guitarra de Chuck Berry?

- electrófonos electrónicos
- electrófonos electroacústicos

3. Una de estas partituras es un fragmento de *Johny B. Goode*. Fíjate en la duración de las sílabas en las partituras. Después escucha el fragmento con atención y di qué opción es la correcta.

A

B

C

D
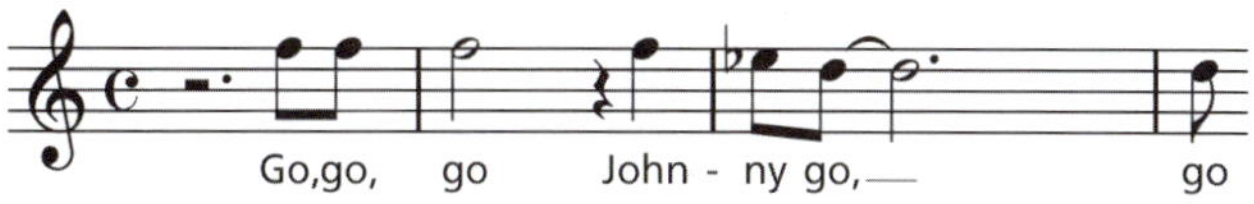

4. Escucha tres fragmentos de audiciones anteriores. Relaciona cada audición con la indicación de movimiento más apropiada.

Tarzan, de Ph. Collins	*adagio*
Coral, de J. S. Bach	*moderato*
Carros de fuego, de Vangelis	*allegro*

5. Ahora escucha estos tres fragmentos. Relaciona cada audición con la indicación de movimiento y carácter que le corresponda.

a *Así habló Zaratustra*, de R. Strauss
b *Carmen*, de G. Bizet
c *Johnny B. Goode*, de C. Berry

- *vivace impetuoso*
- *allegro festivo*
- *andante misterioso*

El tablón

opiniones, curiosidades...

«Si alguien quisiera cambiarle el nombre al *rock'n'roll*, tendría que llamarlo Chuck Berry.»
J. Lennon
(componente de The Beatles)

«Chuck Berry es el verdadero Mister *Rock'n'roll*.»
K. Richards
(componente de The Rolling Stones)

vídeo

Muntanyes del Canigó, de Narciso Yepes

Si la guitarra eléctrica es el instrumento por excelencia de la cultura anglosajona, en nuestro país lo es la guitarra española. Hay muchísimas obras compuestas para este instrumento, que ha tenido intérpretes excelentes. Uno de los más conocidos es Narciso Yepes.

Este compositor añadió cuatro cuerdas a la guitarra con la intención de aumentar la sonoridad de su instrumento. En el vídeo que verás interpreta un arreglo de una melodía popular catalana.

actividades

vídeo **1.** Fíjate en la guitarra que usa. ¿Cuántas cuerdas tiene?

- ocho
- diez
- doce

2. Narciso Yepes presenta la canción varias veces de diferentes maneras. ¿Cuántas veces podemos escuchar la melodía?

- seis
- cinco
- cuatro

3. Algunas variaciones de la melodía se repiten. Di cuál de estas afirmaciones es correcta:

- Las dos últimas son iguales que las dos primeras.
- La última es igual que la primera.
- La tercera es igual que la última.

4. Narciso Yepes consigue que cada variación sea distinta del resto. Señala si las siguientes afirmaciones son verdaderas (V) o falsas (F).

a En la primera variación oímos el fragmento en forma de canon, es decir, la repetición de la melodía aparece en una segunda voz algo después.

b La segunda variación es igual que la primera.

c En la tercera variación cambia la tonalidad y oímos la melodía en un registro grave con el acompañamiento en forma de arpegios.

5. ¿A qué familia de instrumentos pertenece la guitarra española? ¿Y la guitarra eléctrica?

	cordófonos	aerófonos	idiófonos	electrófonos
guitarra española				
guitarra eléctrica				

Tema de la película *Memorias de África*, de John Barry

Te proponemos una adaptación del tema principal de la película *Memorias de África*, de J. Barry. Consta de una melodía principal, una melodía secundaria que llamaremos *contracanto*, y el bajo.

Obstinado rítmico

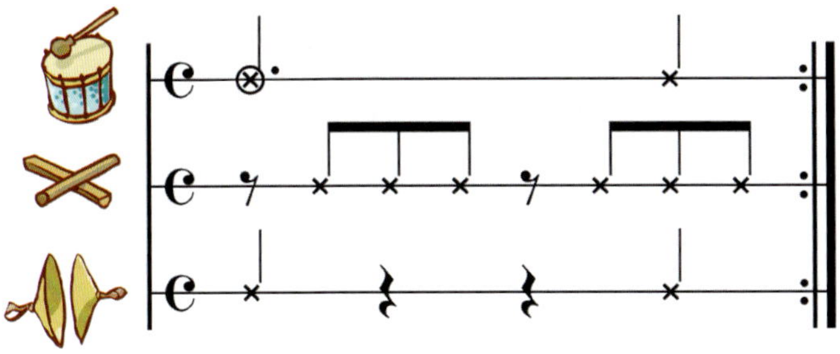

actividad

1. Interpretad la partitura con los instrumentos que os proponga el profesor o la profesora. La podéis interpretar sobre la grabación o acompañándoos de instrumentos de percusión.

manipula

Manipula el *tempo* del tema principal de *Memorias de África* con los programas MuseScore y Audacity. Verás cómo la obra cambia notablemente. Para conseguirlo, modifica las pulsaciones por minuto con el MuseScore y aplica el efecto «Cambiar el ritmo» en el Audacity.

El movimiento

El metrónomo
es un aparato que mide
la velocidad de la pulsación.

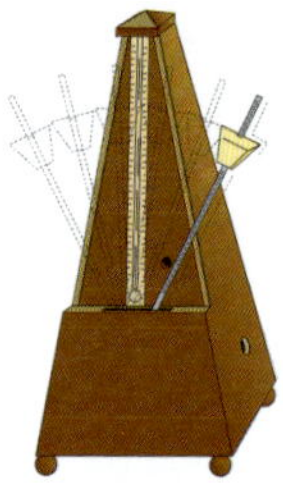

Indicaciones de movimiento
son palabras escritas en la partitura
que sugieren un movimiento.

- **variable:** presenta un cambio progresivo de la velocidad.
  - *ritardando*
  - *accelerando*
- **regular:** a una velocidad constante.
  - *lento*
  - *adagio*
  - *andante*
  - *moderato*
  - *allegro*
  - *vivace*

MÁS LENTO

MÁS RÁPIDO

LENTO

MODERADO

RÁPIDO

El carácter
es la intención y el sentimiento
de una obra musical.

misterioso, fúnebre, *scherzando*,
apasionado, amoroso,
romántico, movido...

Los instrumentos electrófonos

El sonido es producido por la vibración amplificada
de una señal eléctrica. Se clasifican en:

Electrónicos
Son los que generan la vibración mediante un oscilador eléctrico.

audio

- Guitarra eléctrica
- Bajo
- Órgano electrónico
- Sintetizador

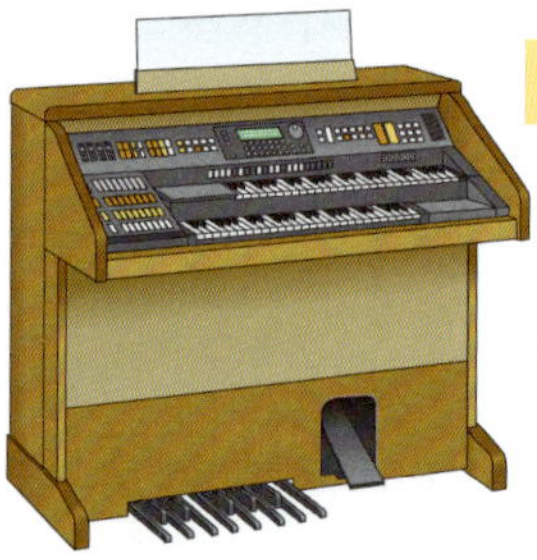

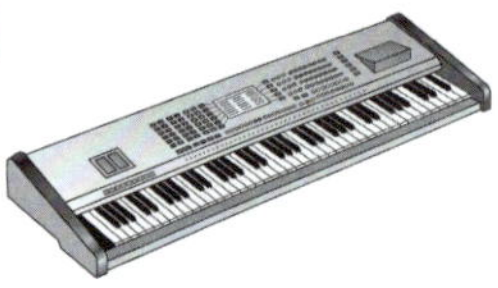

Electroacústicos
Son los que transforman la vibración física de un instrumento convencional en vibración eléctrica mediante una célula electromagnética.

audio

- Guitarra con pastilla
- Violoncelo con pastilla
- Violín con pastilla

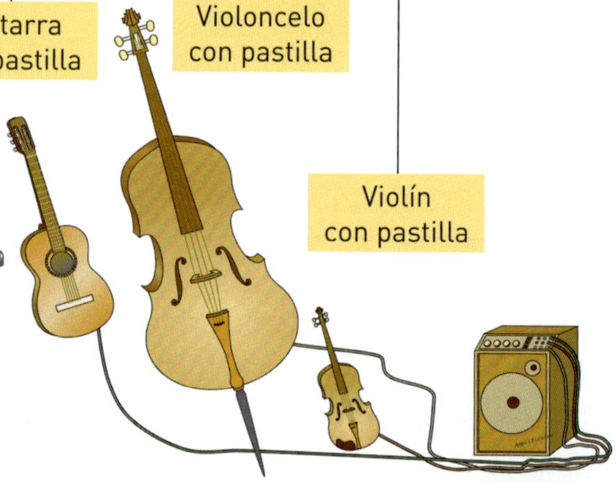

		C	F
1	El *tempo* es el indicador de la velocidad de una obra.		
2	El metrónomo es un aparato que indica las pulsaciones por minuto de la persona.		
3	Los indicadores de movimiento sugieren el *tempo* de una obra.		
4	Si queremos acelerar un *tempo* podemos encontrarnos el indicador *crescendo*.		
5	*Vivace* es un término de carácter que significa «alegre».		
6	Los adjetivos referentes al carácter de la obra suelen ir acompañados de las indicaciones de movimiento.		
7	*Moderato* es un término de dinámica que indica un volumen moderado.		
8	*Adagio* es un término de movimiento que indica un *tempo* lento.		
9	Si quiero ir cada vez más lento escribiré el término *ritardando*.		
10	La indicación metronómica ♩= 80 corresponde a un *andante*.		
11	Si quiero ir cada vez más rápido escribiré el término *accelerando*.		
12	Apasionado o misterioso son términos de carácter que influyen en una obra.		
13	Los instrumentos electrófonos emiten sonido mediante la vibración de un sintetizador.		
14	Los instrumentos acústicos pueden incorporar una célula electromagnética que se llama *pastilla*.		
15	El sintetizador es un instrumento que emite la síntesis de un sonido.		
16	Los instrumentos acústicos que incorporan una célula electromagnética se llaman *electroacústicos*.		
17	El bajo eléctrico es un instrumento electrófono.		
18	Todos los órganos de tubos son electrónicos, ya que precisan un elemento eléctrico para introducir y transportar el aire en los tubos.		
19	Hay algunos instrumentos electrófonos que precisan amplificador y altavoces para emitir el sonido.		
20	En una orquesta sinfónica predominan los instrumentos electrófonos.		
21	La guitarra que tocaba Chuck Berry es un instrumento electroacústico.		
22	La grabación de una orquesta de cuerda convierte los instrumentos en electroacústicos.		
23	La guitarra española es siempre un instrumento acústico.		
24	Un amplificador sirve para amplificar los instrumentos que tienen poco volumen.		
25	Chuck Berry es el nombre artístico de Johny B. Goode.		
26	La letra de *Johny B. Goode* narra la historia de un pianista.		
27	Los bailes de Chuck Berry, en los que imitaba el paso de un pato, contribuyeron a darle popularidad.		
28	La muerte prematura de Chuck Berry interrumpió su carrera musical.		
29	Los conciertos de Chuck Berry crearon polémica entre los jóvenes y sus padres.		
30	Con más de ochenta años, Chuck Berry sigue dedicándose a la música.		
31	Chuck Berry aprendió a tocar la guitarra en el conservatorio de Missouri.		
32	Keith Richards pidió a Chuck Berry que tocara en los Rolling Stones.		

En el pasado, la máquina de vapor, la electricidad o el teléfono transformaron la sociedad. El gran cambio hoy viene dado por la tecnología informática. Se trata de una ciencia que está produciendo cambios en casi todos los campos y que actualmente presenta un impacto inmenso en la vida de las personas. La medicina, la educación, el comercio, el ocio... todo vive bajo la influencia de la revolución digital.

audio *We Are the Robots*, de Kraftwerk

We Are the Robots es una de las canciones más importantes de Kraftwerk, un grupo alemán de principios de la década de 1970, pionero en el uso de sintetizadores. En sus actuaciones, Kraftwerk no sólo usa instrumentos electrónicos, sino que ellos mismos cantan y actúan como si fueran robots.

audio **1.** Escucha los cuatro patrones melódicos que, acompañados por un bajo, aparecen en la canción *We Are the Robots*.

2. Escucha la canción siguiendo el musicograma. Los cuadros con una «V» indican la voz, y las casillas numeradas del 1 al 4, la aparición de cuatro patrones melódicos que ya conoces.

clip

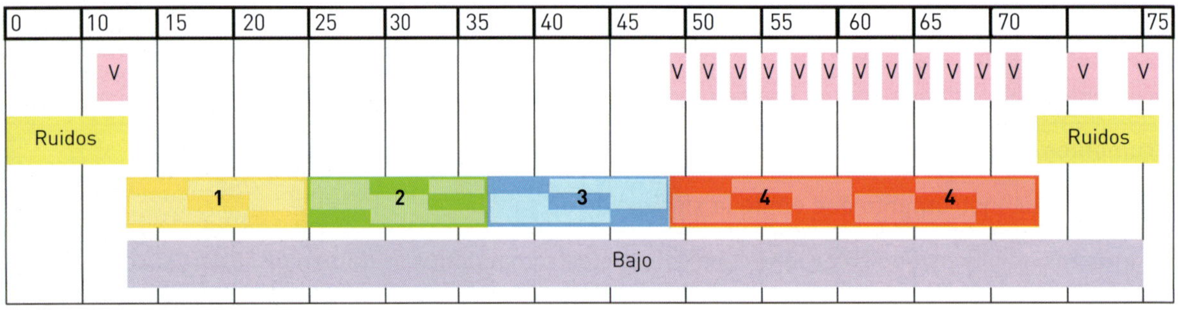

audio **3.** Habrás observado que en los recuadros de los patrones melódicos hay franjas de color más intenso. Escucha la canción y deduce el significado de estos cambios de intensidad en el color.

TECNOLOGÍA... Y ARTE WEB

Internet ha propiciado una nueva forma de arte: el *web art*. Gracias a esta disciplina tenemos un amplio abanico de emoticones, fondos de escritorio, protectores de pantalla, cursores o páginas web.

TECNOLOGÍA... Y CINE

Transformers: La venganza de los caídos (2009), de Michael Bay. Los Autobots y los Decepticons, dos razas de alienígenas robóticos, emprenden una nueva batalla de la que depende el futuro del planeta Tierra.

8

Nativos de Burundi ejecutando una danza tradicional.

ESCUCHARÁS ENTRE OTROS...

La camisa negra, de Juanes

«Jota», de *Siete canciones populares españolas*, de M. de Falla

Rumores de la caleta, de I. Albéniz

ORQUESTA TUS COMPETENCIAS...

Interacción con el mundo físico: conocimiento de géneros musicales e instrumentos de diferentes países del mundo.

Social y ciudadana: vinculación de la música con el sentir popular.

Cultural y artística: valoración del patrimonio musical de nuestro país y vinculación con los rasgos de identidad.

M. de Falla
Juanes
I. Albéniz

Japón es el país extranjero con mayor afición al flamenco. Shoji Kojima y Yoko Komatsubara son, sin duda, los bailaores japoneses más conocidos. El hecho de que las voces rotas del flamenco se asemejen a las canciones tradicionales japonesas ha despertado el interés del público nipón.

1. La música tradicional o folclórica

Cuando hablamos de música tradicional o folclórica nos referimos a la música que procede de la **tradición de un pueblo** y que lo **identifica**. Cada país o zona geográfica tiene una cultura genuina que configura su identidad. Una de las manifestaciones de esta cultura es la expresión musical.

La música tradicional o folclórica tiene varias características, entre las que podemos destacar las siguientes:

- Se transmite por **tradición oral** de generación en generación y, por tanto, está sujeta a cambios a lo largo del tiempo.
- Suele ser **sencilla**, ya que generalmente no precisa ser ejecutada por cantantes, instrumentistas o bailarines profesionales.
- Suele ser **anónima**. Si posteriormente se escribe en partituras, el título suele ir acompañado por la palabra *tradicional*.
- A menudo está relacionada con hechos **históricos**, **culturales**, **sociales**... típicos de los lugares de procedencia.

De la música de cada región surgen bailes y danzas que pueden llegar a traspasar fronteras. Éste es el caso de las sevillanas, que se bailan en Japón, o de la danza del vientre, que se aprende en academias de todo el mundo.

También es muy común que cada región disponga de instrumentos autóctonos para interpretar su música tradicional. En nuestro país hay instrumentos como la dulzaina, la gaita, la gralla, el *txistu*, la *trikitixa* o la bandurria, entre otros.

Cada pueblo o país tiene una **música tradicional** relacionada con sus raíces. Las danzas están asociadas a la música tradicional de una zona geográfica o cultural.

No es muy difícil reconocer si una música es oriental, africana, hindú...

2. La música étnica

Cuando hablamos de *música étnica* nos referimos a la música tradicional de otros continentes. Los tipos de música que agrupa esta definición son muy variados, pero consideramos que son propios de una cultura o una zona. Muchas veces nos damos cuenta de que no es difícil reconocer si una música es oriental, africana, hindú, latinoamericana, celta, árabe...

La emigración y el contacto entre culturas facilitan el acceso a formas artísticas diferentes, lo que permite escuchar, adoptar y mezclar géneros musicales de lugares remotos.

Una de las características que comparte toda la música étnica es el hecho de que procede de la tradición oral. Ha pasado de padres a hijos a lo largo de muchas generaciones. Durante los últimos años se han llevado a cabo estudios e investigaciones que han permitido conocer más a fondo estos tipos de música.

La **música tradicional** suele utilizar instrumentos tradicionales.

La música tradicional de otros continentes también se llama ***música étnica***.

actividades

1. Cita actos sociales, populares o festivos en que se interprete música tradicional de tu zona geográfica.

2. ¿Qué bailes o danzas tradicionales conoces? ¿Cuál es el más popular en tu zona?

3. ¿Cuáles son los instrumentos tradicionales de tu zona? Investígalos, escoge uno y descríbelo.

audio

4. Escucha la melodía y señala la respuesta correcta.

a ¿Qué instrumentos predominan? ☐ membranófonos ☐ idiófonos

b En esta pieza nos encontramos un canto responsorial. ¿A qué se refiere?

☐ diálogo entre el solista y el coro ☐ canto coral

c ¿Cómo es el ritmo? ☐ marcado y constante ☐ fluctuante

d ¿Cómo es la melodía? ☐ sencilla ☐ compleja

e ¿Crees que es una canción para bailar? ☐ sí ☐ no

f ¿A qué continente crees que pertenece? ☐ Asia ☐ África

audio

5. Escucha la melodía y señala la respuesta correcta.

a ¿A qué grupo de instrumentos pertenecen los dos más importantes?

☐ aerófonos y cordófonos

☐ idiófonos y membranófonos

b Pueden distinguirse dos partes. ¿Cómo es el ritmo en cada una?

☐ primero marcado y después fluctuante

☐ primero fluctuante y después marcado

c Se oye un instrumento de percusión. ¿En qué parte? ☐ en la primera ☐ en la segunda

d ¿En qué parte es más repetitiva la música? ☐ en la primera ☐ en la segunda

e ¿En qué parte es más variada la música? ☐ en la primera ☐ en la segunda

f ¿A qué continente crees que pertenece? ☐ América ☐ Asia

audio

6. Marca la pulsación de la canción mientras la escuchas. ¿Qué métrica tiene?

a ¿Cómo es el ritmo? ☐ sencillo ☐ complicado

b ¿Cuál dirías que es la finalidad principal de la pieza? ☐ bailar ☐ cantar

c ¿Cómo es la melodía? ☐ reiterativa ☐ variada

d ¿Cómo se llama el diálogo entre el solista y el coro? ☐ canto responsorial ☐ canto coral

e ¿A qué continente crees que pertenece? ☐ América ☐ África

3. Las formas musicales

Podemos distinguir una iglesia de un palacio o de una escuela por las características estructurales de cada edificio. Las obras musicales también tienen una estructura o forma que nos permite conocer sus características. En las composiciones musicales, la forma normalmente viene dada por las **repeticiones** y los **contrastes** melódicos.

A cada frase de la melodía –de ocho compases como mínimo–, se le asigna una letra del abecedario (A, B, C...). Si hay una **repetición** literal de una frase, se usa la misma letra y un apóstrofo ('). Por ejemplo, la frase A' (A prima) es una variación de la frase A. Si, de lo contrario, la frase que sigue es diferente a las anteriores (contraste), usaremos la siguiente letra del abecedario para nombrarla.

Ahora presentaremos las **formas musicales simples** más características. También se basan en las repeticiones y los contrastes de las melodías.

Waka Waka fue la canción oficial del Mundial de Fútbol de 2010, celebrado en Sudáfrica. La repetición del tema principal da unidad a la obra:

Samina mina, eh! eh!
waka waka, eh! eh!
samina mina Zangalewa
porque esto es África.

Las **repeticiones** y los **contrastes** melódicos determinan la forma de una composición. Las formas musicales simples son:

- **binarias** (dos frases se repiten o contrastan).
- **ternarias** (tres frases se repiten o contrastan).

3.1 Forma binaria

Cuando una obra musical tiene dos frases, decimos que tiene forma binaria. Las frases pueden ser parecidas o completamente diferentes.

A continuación os mostramos posibles combinaciones con las letras correspondientes (A y B).

Escribimos **A-A'** cuando las dos frases son casi iguales: la segunda frase presenta alguna pequeña diferencia respecto a la primera.

Escribimos **A-B** cuando las dos frases son distintas.

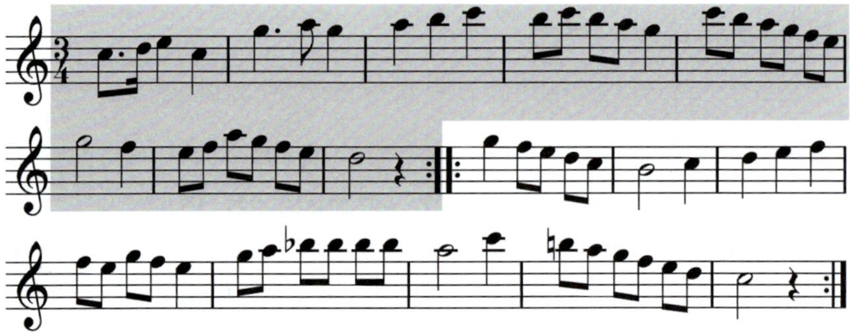

audio Escucha el fragmento siguiente, que tiene forma binaria A-B.

3.2 Forma ternaria

Cuando una obra musical tiene tres frases, decimos que tiene forma ternaria. La combinación de las dos primeras responde a las formas binarias que ya conoces. La tercera es una ampliación que puede ser una repetición más o menos exacta de una de las dos frases anteriores (A, A′, B, B′) o una nueva frase a la que llamaríamos C. Hay varias combinaciones. Las más representativas son:

A-A′-B / A-B-A o A-B-A′ / A-B-B′ / A-B-C

Una de las formas mas utilizadas es A-B-A′, y se llama *lied* o canción.

audio Escucha este fragmento, que tiene forma de *lied* A-B-A'

Händel compuso numerosas arias *da capo*, de forma ternaria, como las que forman parte del *Mesías*, una de sus obras más conocidas.

actividades

7. Fíjate en estos tres fragmentos de tres frases musicales.

a

b
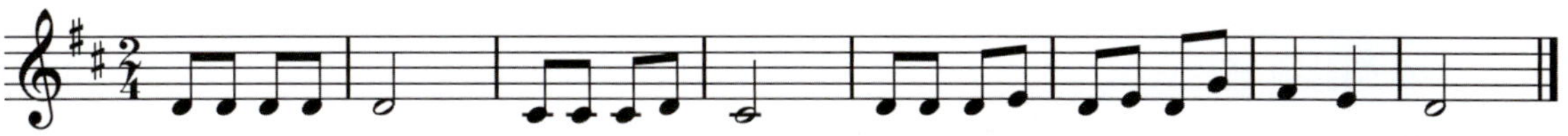

c

a Escribe dos formas musicales binarias y dos ternarias a partir de las siguientes propuestas. Si escoges las frases A' o B', tendrás que cambiar algunas notas o figuras rítmicas. Escribe la forma que has escogido con las letras correspondientes del abecedario.

forma binaria	forma ternaria	forma binaria	forma ternaria

b Finalmente, escribe en el programa MuseScore las notas de las siguientes formas musicales con los tres fragmentos propuestos anteriormente y escúchalas.

A-B-A A-B-B' A-B-A' A-A'

La camisa negra, de Juanes

La camisa negra pertenece a un género de música de Colombia llamado *raspa*. Es típico de la región de Antioquia y sus letras hablan del sentir popular: el amor y el desamor, la fiesta...

Los premios Grammy Latinos reconocen el mérito artístico y técnico de los músicos premiados. Juanes, de momento, ya ha ganado diecinueve.

Obra

Juanes ha dado conciertos en varias giras. Destaca *Mi sangre Tour*, con la que recorrió más de treinta países. Títulos como *La tierra*, *¿Qué pasa?*, *Odio por amor* o *Bandera de manos* muestran la implicación de uno de los cantantes más importantes del panorama musical latinoamericano.

Una de las canciones con más éxito de esta gira fue *La camisa negra*. Es una composición del año 2004 y pertenece al álbum *Mi sangre*, que vendió más de cuatro millones de copias. *La vida es un ratico* (2007) vendió siete millones de copias. Su último disco (2010) se llama *Yerbatero*.

Compositor

Juan Esteban Aristizábal Vásquez (Medellín, 1972), o Juanes, es posiblemente el cantante y músico colombiano más conocido actualmente.

Su virtud ha sido fusionar ritmos actuales del *rock* con sus raíces latinoamericanas. En sus composiciones suele utilizar ritmos como la cumbia o el vallenato.

Juanes también es un activista de causas sociales y políticas. Ha creado la Fundación Mi Sangre, que contribuye a la recuperación y atención de víctimas de las minas antipersonas. Esto le llevó a cantar en el Parlamento Europeo, donde obtuvo financiación para su fundación. Es conocido como el «Príncipe del Grammy Latino», pues hasta la actualidad ya ha conseguido diecinueve.

actividades audio

1. La mayoría de las canciones de música pop tienen una forma sencilla que ayuda a memorizar las melodías. *La camisa negra* de Juanes tiene básicamente tres partes que se repiten: la introducción instrumental (I), la estrofa (E) y el estribillo (S).

Completa los recuadros siguiendo la audición.

0'00''	0'32''	0'43''	0'52''	1'22''	1'32''	1'41''

2. Observa el texto y coloca las palabras *Estrofa* y *Estribillo* donde creas conveniente.

Hoy sé que tú ya no me quieres
y eso es lo que más me hiere,
que tengo la camisa negra
y una pena que me duele.

Mal parece que solo me quedé
y fue pura todita tu mentira.
¡Qué maldita mala suerte la mía
que aquel día te encontré!
Por beber del veneno malevo de tu amor
yo quedé moribundo y lleno de dolor.
Respiré de ese humo amargo de tu adiós
y desde que tú te fuiste yo sólo tengo...

3. ¿Qué instrumento es el protagonista de la introducción? ¿A qué familia de instrumentos pertenece?

4. Responde a las preguntas escogiendo entre las siguientes respuestas:

a El ritmo de *La camisa negra* es...
- variable
- constante

b La métrica que utilitza es...
- binaria
- ternaria

c El fragmento que escuchamos tiene...
- una figura rítmica
- un instrumento
- un movimiento

d Los instrumentos... no aparecen en toda la audición.
- aerófonos de embocadura metálica
- electrófonos
- cordófonos

El tablón

opiniones, curiosidades...

Con el nombre de «Paz sin fronteras», Juanes ha impulsado una gira de actuaciones al aire libre en lugares con conflictos políticos y sociales. Uno de los más polémicos fue el de La Habana, en el año 2009. Poco antes de aquel concierto declaró:

«Necesitamos fomentar la esperanza y los sueños. El arte debe ser un arma poderosa de paz, por encima de las diferencias».

vídeo

«Jota», de *Siete canciones populares españolas*, de Manuel de Falla

No hay ningún pueblo o nación que no tenga su propia música. A menudo, la cultura popular ha servido de inspiración en la obra de grandes compositores. Una muestra de ello es la pieza que te presentamos, la «Jota» de *Siete canciones populares españolas*, de Manuel de Falla.

actividades

vídeo **1.** La introducción de piano tiene un motivo musical que se repite cada vez con más volumen. ¿Cuál de estos tres modelos se parece más al de esta introducción?

a

b

c

2. Lee el texto del principio de la *Jota*, escucha el fragmento y completa la estrofa:

Dicen que no nos queremos (2)
porque no nos ven hablar; ....
a tu corazón y al mío
se lo pueden preguntar. ....

3. ¿Qué esquema sigue?

- ☐ A-B-C
- ☐ A-B-B
- ☐ A-B-A'

4. Ya sabes que las voces se clasifican según la altura. Teresa Berganza tiene un registro intermedio, por tanto...

- ☐ es contralto.
- ☐ es *mezzosoprano*.
- ☐ es soprano.

5. Relaciona los números que aparecen en el fragmento con estas afirmaciones:

1 — La cantante hace un *pianissimo* en una nota bastante aguda.
2 — El piano hace el fragmento de la introducción más agudo.
3 — El piano toca *ff*.

6. Completa:

Las composiciones de esta unidad están basadas o inspiradas en ritmos aptos para ser.......... (cantados, bailados). Pero lo más importante en las dos es.............. (el texto, el acompañamiento instrumental).

audio

Música étnica

La música étnica tiene sus propios instrumentos, sus melodías características y sus ritmos, pero nosotros no disponemos de estos instrumentos ni estamos acostumbrados a las melodías que la caracterizan. A continuación te proponemos un ejercicio con una composición que se acerca a la música oriental.

Obstinado rítmico

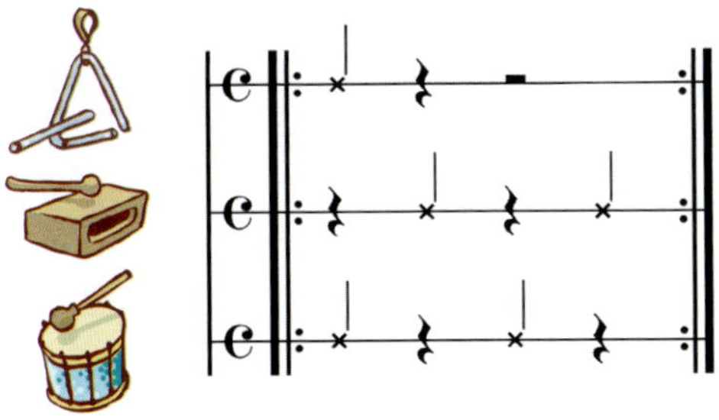

actividad

1. Interpretad la partitura. Si lo hacéis con flauta o con instrumentos de placa, el efecto musical resultará, por lo menos, aceptable. Os proponemos un obstinado rítmico para interpretarlo sobre la grabación.

manipula

doc

Con el programa informático adecuado, la edición de obras es bastante rápida. Si tenemos clara su estructura, las herramientas que nos proporciona la informática pueden ayudarnos a ahorrar mucho tiempo. Imagina que queremos componer un *lied* ternario, con la forma A-B-A. Si tenemos las dos primeras partes, con un programa de edición como el MuseScore evitaremos tener que reescribir la parte A.

La música tradicional

procede de la tradición oral y se manifiesta mediante:

- **Bailes y danzas**
- **Instrumentos típicos**
  - bandurria
  - dulzaina
  - chirimía
  - *trikitixa*
  - *txistu*
  - gaita
  - otros
- **La música étnica** es la música tradicional característica de cada etnia o grupo cultural.
  - oriental
  - africana
  - hindú
  - celta
  - latinoamericana
  - otras

La forma musical

es la estructura de una composición, y está determinada por la **repetición** o el **contraste** de sus elementos melódicos.

Forma binaria

son las composiciones formadas por dos frases musicales. Las más características son:

audio

- la segunda frase es una repetición variada de la primera

A	A'

- las dos frases son diferentes

A	B

Forma ternaria

son las composiciones formadas por tres frases musicales. La más característica es:

audio

- llamada *lied* o canción

A	B	A'

- otras

A	B	C
A	B	B'
A	B	A

		C	F
1	La música tradicional es la que procede de la tradición de un pueblo.		
2	Los bailes regionales están relacionados con la música tradicional.		
3	La música étnica es la música tradicional de otros continentes o países.		
4	La música tradicional nos llega mediante las partituras de la época en que fueron compuestas.		
5	La interpretación de la música étnica requiere una técnica elaborada.		
6	Como hay muchas obras tradicionales se conocen muchos compositores de este tipo de música.		
7	La música tradicional se asocia a hechos típicos del lugar del que procede.		
8	Instrumentos como la bandurria, la gaita o el *txistu* se usan para interpretar música tradicional.		
9	La forma de una composición viene determinada por la disposición de sus frases.		
10	La forma de una composición la determina el número de compases de cada frase.		
11	Las nomenclaturas que se utilizan para la forma musical son letras del abecedario.		
12	Todas las formas ternarias tienen tres letras diferentes del abecedario.		
13	La forma musical de dos frases se llama *dual*.		
14	La forma musical de dos frases se llama *duonaria*.		
15	La forma musical de tres frases se llama *ternaria*.		
16	Las obras musicales formadas por una sola frase se llaman *formas simples*.		
17	La forma A-B-C se llama *lied* o *canción*.		
18	Una frase musical debe tener como mínimo dieciséis compases.		
19	La forma musical de una obra está directamente relacionada con la manera de interpretarla.		
20	Las formas ternarias son una ampliación de las binarias.		
21	Juanes es el nombre artístico del cantante Juan Esteban Medellín.		
23	La Fundación Mi Sangre atiende a víctimas de las minas antipersonales.		
23	La música de Juanes utiliza ritmos latinoamericanos como la cumbia o la tarantela.		
24	Los premios obtenidos por Juanes le han valido el nombre de «Príncipe de los Grammy Latinos».		
25	Entre los temas más conocidos de Juanes están *La camisa negra* y *Paz sin fronteras*.		
26	«La camisa negra» de Juanes pertenece a su álbum *Mi sangre*.		
27	Para Juanes, el arte es un arma poderosa de paz.		
28	«Paz sin fronteras» es el nombre de la gira de conciertos humanitarios liderada por Juanes.		
29	Manuel de Falla es un compositor argentino.		
30	Muchas obras de Falla se inspiran en el folclore.		
31	Teresa Berganza es una cantante con registro de *mezzosoprano*.		
32	*Siete canciones populares españolas* es una obra de Falla.		

El deseo de descubrir nuevos lugares ha llevado a los hombres a explorar el Polo norte, a subir a la cima del Everest, a adentrarse en la selva amazónica o atravesar el desierto del Sáhara. Aunque hoy sería difícil encontrar un lugar del planeta que no haya sido visitado, el hecho de viajar sigue siendo una fuente de aventuras. Cada viaje es una vivencia, una emoción, y si somos artistas... ¡puede ser la inspiración para una nueva obra!

audio *Rumores de la caleta*, de Isaac Albéniz

Isaac Albéniz (1860-1909) compuso sus *Recuerdos de viaje* a finales del siglo XIX. Para escribir «Rumores de la caleta», una de las piezas para piano que incluye esta obra, se inspiró en una forma de la música popular española, la malagueña, que procede del flamenco y se suele interpretar con voz y guitarra.

audio

1. Escucha cinco motivos de *Rumores de la caleta* y relaciónalos con alguno de los siguientes símbolos.

clip

2. Ahora sigue los motivos en el musicograma mientras escuchas toda la audición. Fíjate en cómo Albéniz consigue imitar la sonoridad de la voz y la guitarra, indicadas respectivamente por los colores azul y naranja.

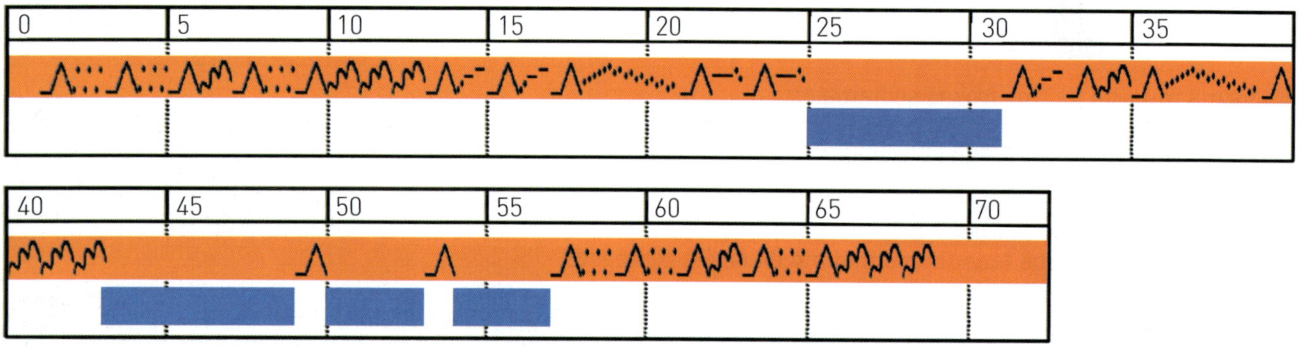

VIAJES... Y PINTURA

Going West, de Jackson Pollock, artista del expresionismo abstracto, reflejó de esta forma los viajes de la conquista del oeste norteamericano.

VIAJES... Y LITERATURA

La Odisea es una de las grandes epopeyas de la Antigüedad clásica. El poema narra el retorno de Ulises a su patria al acabar la guerra de Troya.

> «Háblame, Musa, de aquel varón de multiforme ingenio que, después de destruir la sacra ciudad de Troya, anduvo peregrinando larguísimo tiempo, vio las poblaciones y conoció las costumbres de muchos hombres y padeció en su ánimo gran número de trabajos en su navegación por el ponto, en cuanto procuraba salvar su vida y la vuelta de sus compañeros a la patria.»
>
> *La Odisea*, Homero

9

Peter Gabriel, músico y cantante inglés, en su estudio.

ESCUCHARÁS ENTRE OTROS...

«Danza del furor, para las siete trompetas», del *Cuarteto para el fin de los tiempos*, de O. Messiaen

I Fall in Love Too Easily, de Miles Davis

Fantasía para un gentilhombre, de J. Rodrigo

ORQUESTA TUS COMPETENCIAS...

Social y ciudadana: toma de decisiones con el grupo para componer.

Aprender a aprender: planificación para llevar a cabo la elaboración de una obra musical.

Cultural y artística: inspiración en el mundo de la música para la creación de obras musicales.

O. Messiaen
J. Rodrigo
Miles Davis

1. La creatividad

En esta unidad te proponemos una experiencia diferente que te permitirá convertirte en un auténtico compositor o compositora. Consiste en escribir una obra musical.

Forma un grupo con cinco o seis compañeros y compañeras. Seguid las indicaciones para componer una obra musical:

1 Escoged un tipo de género.

2 Pensad en los elementos que usaréis en la composición: instrumentos, voces y forma.

3 Preparad los ingredientes (melodía, fórmulas rítmicas...) y pensad en el orden en que aparecen en la composición.

4 Experimentad con características diferentes (carácter, indicaciones de dinámica...) y decidid cómo se introducirán.

Recordaremos todos los conceptos que ya conoces y que pueden intervenir en una composición. Para cada uno de los conceptos te proporcionaremos varias opciones y escogeremos una a modo de ejemplo, aunque después deberás escoger por ti mismo.

1.1 Tipos de género

Escoge un género de cada grupo:

música popular	música culta	música religiosa	música profana	música descriptiva	música pura

Cualquiera de estos géneros pueden ser interpretados de forma vocal, instrumental o vocal-instrumental.

1.2 Instrumentos, voces y forma

Para tu composición, puedes escoger los instrumentos musicales según el timbre o el color que prefieras: idiófonos, membranófonos, cordófonos, aerófonos y electrófonos. Recuerda que hay instrumentos de sonido determinado y otros de sonido indeterminado, según si se asocian o no a una nota de la escala musical. Con la combinación de los instrumentos conseguirás una instrumentación variada.

No olvides que la voz también es un instrumento. Recuerda que las voces masculinas se clasifican en: bajo, barítono, tenor y contratenor; y las femeninas o blancas en: contralto, *mezzosoprano* y soprano.

Puedes utilizar la forma binaria (dos frases musicales) o ternaria (tres frases musicales). Las combinaciones varían según las repeticiones melódicas que quieras hacer.

Tipos de género: ejemplo

El ejemplo que nosotros hemos seleccionado es el siguiente:

- Música culta, ya que tendrá un tratamiento específico por parte del compositor.
- Música profana, porque no estará relacionada con la liturgia religiosa.
- Música pura, porque no estará inspirada en un tema extramusical.
- Música instrumental, ya que la voz no intervendrá.

actividades

1. Ahora es el momento de hacer la primera elección de género musical. Escribe las características que prefieras.

2. De nuevo, tienes que escoger. Escribe las características que prefieras. En los apartados en que sea posible, procura buscar alternativas diferentes de las de nuestro ejemplo.

1.3 Ingredientes

Debemos escoger entre:

- La **métrica** o el **compás**.
- El **sonido** o el **ruido**, sin olvidar la direccionalidad y la continuidad o intermitencia, y el **silencio**, con pausas musicales.
- La altura, con las combinaciones de las **notas musicales**, los **intervalos** y las **fórmulas rítmicas** que integrarán la **melodía**. Lo escribiremos todo en el **pentagrama**.
- La intensidad, mediante los **indicadores de dinámica** y los **reguladores**.
- El **movimiento** y el **carácter**.

actividad

3. Ahora escoge tú. Escribe las características que prefieras. Siempre que puedas, busca alternativas diferentes de las propuestas.

1.4 Series

Ya establecidos los elementos y los parámetros que caracterizan la composición, hace falta que nos organicemos. También podemos recurrir a la inspiración, pero en este primer intento deberemos ser más sistemáticos.

Usaremos un método que se llama **serial**. Una versión mucho más sofisticada de este método fue utilizada por los compositores del siglo XX de la escuela de Viena. Nosotros hemos adaptado el funcionamiento del método para nuestra obra.

En primer lugar, estableceremos un orden básico o serie para las notas musicales, las figuras rítmicas, las indicaciones de dinámica y los acordes que formarán la armonía.

1.4.1 Serie de notas musicales

La serie de notas musicales tiene nueve notas, las ocho de la escala de do a do' y otra nota repetida que escogeremos y que será el comodín. El orden de las notas es libre.

A continuación te presentamos la serie de notas que hemos escogido:

DO	SI	SOL	DO	RE	FA	MI	LA	*

Instrumentos, voces y forma: ejemplo

El ejemplo que nosotros hemos escogido es el siguiente:

- Instrumentos membranófonos (producen el sonido gracias a la vibración de una o más membranas).
- Instrumentos idiófonos de madera, de metal y de otros materiales (producen el sonido con la vibración de su cuerpo, que actúa como caja de resonancia).
- Instrumentos aerófonos (producen sonidos con la vibración de una columna de aire).
- Forma ternaria llamada *lied* (A-B-A'). Composición de tres frases en que la segunda es diferente de la primera y la tercera es prácticamente igual a la primera, con pequeños cambios.

Ingredientes: ejemplo

El ejemplo que nosotros hemos seleccionado es el siguiente:

- Compás o métrica binaria.
- Una melodía con intervalos de 2.ª a 8.ª; fórmulas rítmicas con blancas, negras, corcheas y semicorcheas, y pausas o silencios de negra y de blanca. Lo escribiremos en el pentagrama.
- Indicadores de dinámica de *pp*, *p*, *mf*, *f* y *ff*, y reguladores, <y>.
- Orden de los acordes que forman la melodía.
- Movimiento *moderato* y carácter *scherzando*, es decir, «juguetón», porque se trata de un juego.

1.4.2 Serie de figuras rítmicas

Para elaborar la serie de figuras rítmicas hemos optado por los ritmos más comunes. El orden es libre, y el último recuadro corresponde a una figura rítmica de libre elección: el comodín. Entonces, nuestra serie es:

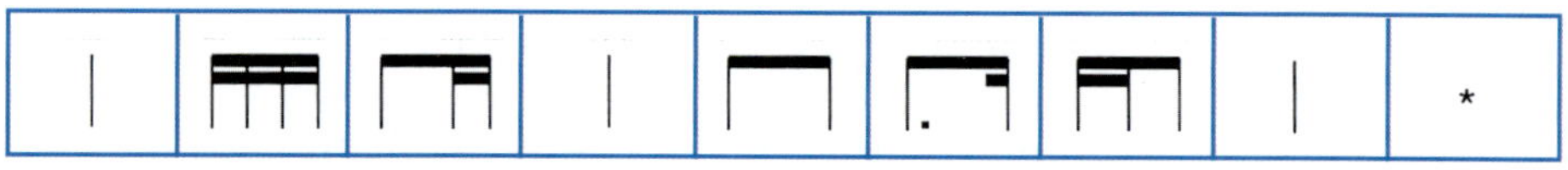

1.4.3 Serie de indicadores de dinámica

Usaremos las indicaciones de dinámica que hemos trabajado hasta ahora (*pp*, *p*, *mf*, *f*, *ff*) y los reguladores < y >. De todos modos, el último recuadro corresponde a una indicación de dinámica de libre elección.

mf	*ff*	>	*p*	*f*	<	*pp*	<	*

1.4.4 Serie de acordes

Para la serie de acordes usaremos el mismo orden de la serie de notas musicales. A partir de cada una de las nueve notas de la serie formaremos un acorde de tríada con las dos notas siguientes. De esta manera obtendremos estos nueve acordes.

SOL	DO	RE	FA	MI	LA	*	DO	SI
SI	SOL	DO	RE	FA	MI	LA	*	DO
DO	SI	SOL	DO	RE	FA	MI	LA	*
1	2	3	4	5	6	7	8	9

Una vez hayamos establecido las series según el orden de las figuras rítmicas, las notas, las indicaciones de dinámica y los acordes, escribiremos números de teléfono conocidos dentro de cada uno de estos apartados.

notas musicales	figuras rítmicas	indicaciones de dinámica	acordes
916278356	937263487	972647918	638146705
609472652	937169679	957528453	639554823
639172839	941132376	907082819	917268415
972740368	689501445	609394954	972765843
670271350	653230231	600682293	609754137
629516903	616518695	932806021	937278680
637458712	918762435		
936748951	606452137		

Aplicaremos la serie de notas en los cuatro primeros números de teléfono de las notas musicales: **916278356** / **609**472652 / 639172839 / 972740368.

DO	SI	SOL	DO	RE	FA	MI	LA	*	
1	2	3	4	5	6	7	8	⑨	*sol
①									do
	1	2	3	4	5	⑥			mi
							①	②	*re
1	2	3	4	5	6	⑦			mi
							1	2	
3	4	5	6	7	⑧				fa
						1	2	③	*sol
1	2	3	4	⑤					re
					1	2	3	4	
5	⑥								si
		1	2	3	4	5	⑥		la
							⓪		la
								1	
2	3	4	5	6	7	8	⑨		la

Etcétera.

Para saber qué nota musical corresponde al número 9, contaremos a partir del primer recuadro; el resultado será 9 = *. Este recuadro corresponde a la nota comodín, y nosotros hemos querido que sea la nota **sol**. El siguiente número es el 1. A partir de este recuadro, contaremos 1 = **do**; a partir del siguiente contaremos 6 = **mi**; y así sucesivamente: número 2 = * (nosotros hemos escogido la nota **re**); número 7 = **mi**; número 8 = **fa**; número 3 = * (**sol**); número 5 = **re**; número 6 = **si**.

Las notas que corresponden al primer número de teléfono quedan en el siguiente orden: **sol**, **do**, **mi**, **re**, **mi**, **fa**, **sol**, **re**, **si**. A continuación haremos lo mismo con el siguiente número de teléfono y así, sucesivamente. El resultado de la elección anterior es:

audio

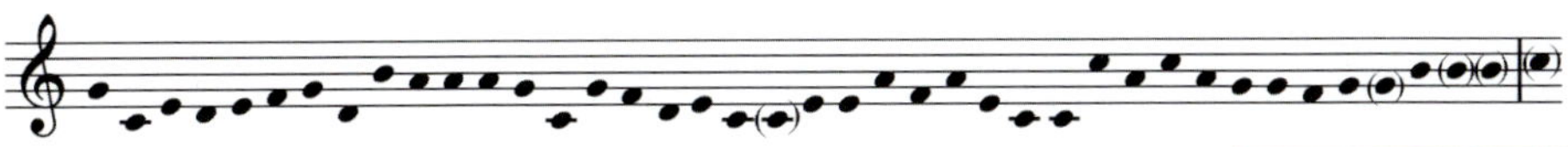

Si aplicamos el mismo sistema a la serie de figuras rítmicas, obtendremos los valores de las notas anteriores. Puede que en algunos casos tengamos que realizar un reajuste, como repetir una o más notas para poder cuadrar el número de notas con el número de figuras rítmicas.

Para la serie de figuras rítmicas hemos usado los dos primeros números de teléfono propuestos: **937263487** y **937169679**. Veámoslo a la derecha:

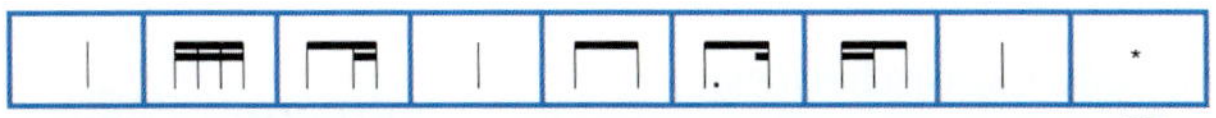

								*
1	2	3	4	5	6	7	8	⑨
1	2	③						
			1	2	3	4	5	6
⑦								
	1	②						
			1	2	3	4	5	⑥
1	2	③						
			1	2	3	④		
							1	2
3	4	5	6	7	⑧			
						1	2	3
4	5	6	⑦					

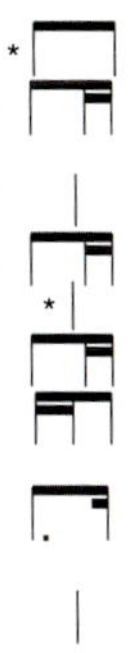

El resultado de la elección anterior es el que transcribimos a continuación:

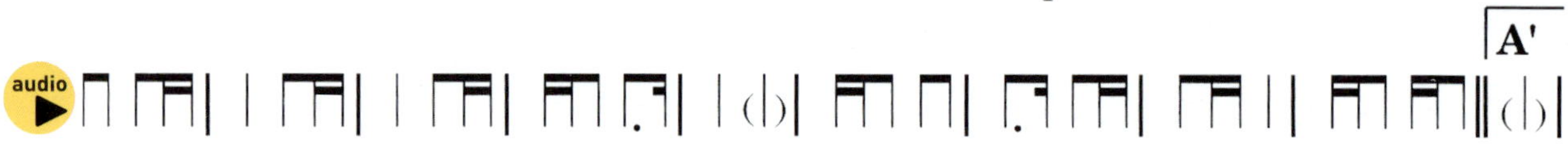

Para la serie de las indicaciones de dinámica hemos usado el primer número de teléfono y parte del segundo: **972647918** y 957528453. Para no complicar la interpretación, cambiaremos la indicación de dinámica en cada compás.

mf	*ff*	>	*p*	*f*	<	*pp*	<	*	
1	2	3	4	5	6	7	8	(9)	**p*
1	2	3	4	5	6	(7)			***pp***
							1	(2)	**p*
1	2	3	4	5	(6)				<
						1	2	3	
(4)									***mf***

Etcétera.

El resultado de la elección anterior es el que transcribimos a continuación:

A'

p | ***pp*** | ***p*** | < | ***mf*** | < | < | ***pp*** | < ‖ < |

Para la serie de los acordes hemos utilizado el primer número de teléfono y parte del segundo: **638146705** y 639554823. Los acordes serán de dos tiempos cada uno.

SOL	DO	RE	FA	MI	LA	*	DO	SI	
SI	SOL	DO	RE	FA	MI	LA	*	DO	
DO	SI	SOL	DO	RE	FA	MI	LA	*	
1	2	3	4	5	(6)				FA/MI/LA
						1	2	(3)	*MI/DO/SI
1	2	3	4	5	6	7	(8)		LA/*SOL/DO
								(1)	*MI/DO/SI

Etcétera. audio

El resultado de la elección anterior es el siguiente:

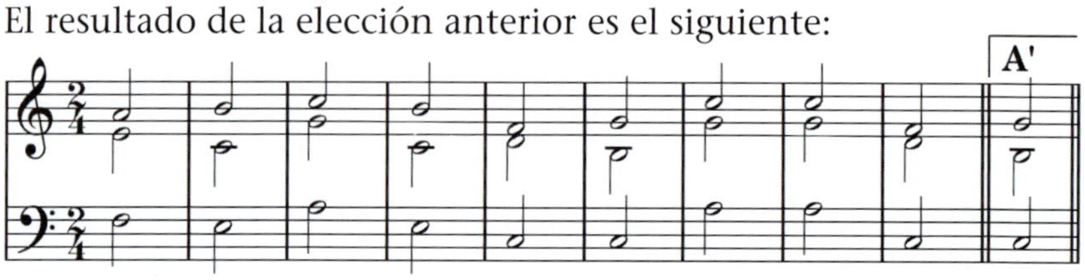

A continuación hemos resumido nuestro ejemplo en una ficha técnica, que mostramos a la izquierda.

ficha técnica

- **Género:** música culta, profana, pura e instrumental.
- **Instrumentos**: aerófonos, membranófonos e idiófonos.
- **Forma:** ternaria, *lied*, A-B-A' (de ocho compases cada frase).
- **Compás o métrica:** binaria, 2/4.
- **Melodía:** combinación de notas y fórmulas rítmicas según las series correspondientes.
- **Dinámica:** *pp*, *p*, *mf*, *f* y *ff*, y los reguladores, siguiendo la serie y la frecuencia propuestas.
- **Acordes:** nueve acordes tríadas, resultado de la serie propuesta y con valores de blanca.
- **Movimiento:** *moderato*.
- **Carácter:** *scherzando*.

La partitura que corresponde a la melodía, al ritmo y a los acordes de las frases A y A' es ésta:

Acompañaremos la frase A con un obstinado rítmico. Hemos usado el número de teléfono **941132376** y parte del cuarto número **689**501445 de las fórmulas rítmicas.

A

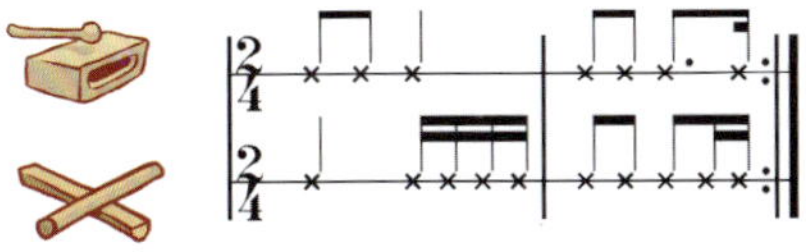

A'

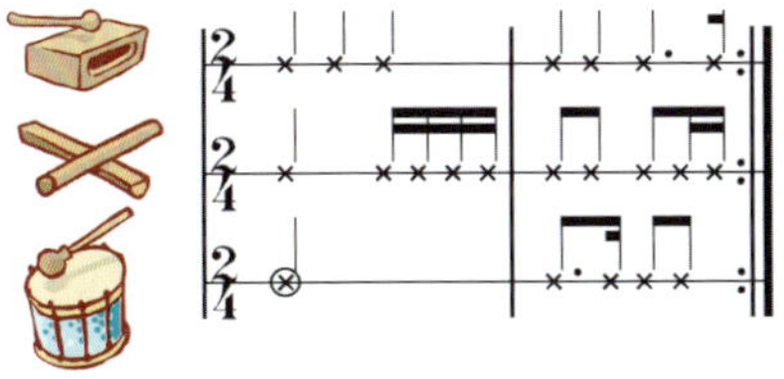

Para la frase **B** hemos usado los números de teléfono de las notas musicales siguientes: 670271350, **629516**903, 637458712 y 936748951. Los números 653230231 y 616518695 pertenecen a las fórmulas rítmicas. Para la dinámica, los ocho últimos números del **957528453**, y para los acordes, los ocho últimos números del **6895544823**.

El resultado de las notas musicales, las figuras rítmicas, las indicaciones de dinámica y los acordes de la frase **B** es la partitura de la derecha:

Para el acompañamiento rítmico también haremos un obstinado. Hemos escogido los números 6165186**95** y **918762**435.

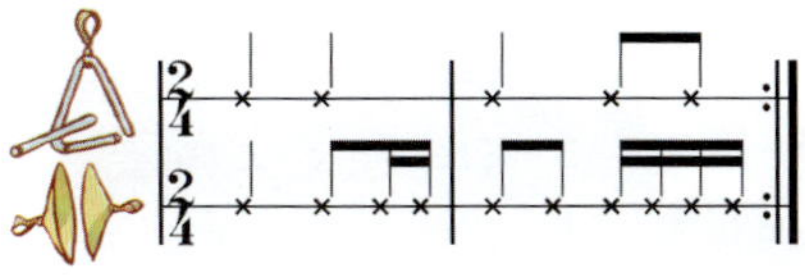

actividad

1. Ahora te toca escoger a ti. Escribe en la libreta las series con las que trabajarás. En los apartados en los que sea posible, busca alternativas a las que hemos propuesto en nuestro ejemplo. Selecciona el título de la composición, escríbelo en el inicio de la partitura e interprétala.

«Danza del furor, para las siete trompetas», del *Cuarteto para el fin de los tiempos*, de Olivier Messiaen

Tímpano del portal de la gloria de la catedral de Santiago de Compostela, en que se representa la visión apocalíptica de Cristo, con los cuatro evangelistas, ángeles con los atributos de la Pasión y una multitud de figuras en representación de los justos que participan de la gloria de Dios.

Obra

Este «cuarteto» tiene ocho movimientos. ¿Por qué? Siete es el número perfecto, la creación en seis días santificada por el sabbat divino. El siete de este reposo se alarga en la eternidad y llega al ocho de la luz indefectible, de la paz inalterable.

La obra está escrita para piano, violín, violonchelo y clarinete, y los cuatro se mueven por octavas paralelas. Tiene una estructura entre divisorias, sobre todo basada en series de cinco, siete, once y trece sonidos diferentes. Los ritmos, fuera de toda medida, contribuyen a alejar la temporalidad. En algunos fragmentos son en forma de arco o simétricos, tratados de forma retrógrada dentro de cada línea divisoria.

Compositor

Olivier Messiaen (1908-1992) compositor y organista francés. A los 22 años era organista de la iglesia de la Trinidad y se convirtió así en el organista más joven de Francia. Messiaen incorporó varios parámetros, desconocidos o poco utilizados hasta entonces, en sus composiciones. Los más representativos son la incorporación del llamado *serialismo integral*.

Esta técnica trataba de manera organizada o de serie, no sólo las notas, sino que podía llegar a organizar todos los parámetros que entran en una partitura, dinámicas, duraciones, articulaciones, etc. También enriquece la melodía, debido a su gran afición por las aves. Llegó a grabar el canto de centenares de aves, publicados en siete volúmenes llamados *Catalogue d'Oiseaux* (1956-1958).

En cuanto al ritmo, sus obras rompen la métrica regular con los llamados *valores añadidos*. En esta técnica, cada compás tiene diferentes duraciones. Normalmente a medida que avanza la obra aumenta el número de notas distintas.

actividades audio

1. Escucha la *Danza del furor, para las siete trompetas* mientras marcas la pulsación. Después, señala la afirmación correcta:

   - La pulsación siempre es binaria 2/4.
   - La pulsación es binaria, pero a veces también es ternaria 3/4.
   - La pulsación es totalmente irregular.

2. Escucha el primer fragmento de la audición, su composición se basa en el ritmo simétrico entre cada una de las divisorias. Busca en la partitura la nota central del compás teniendo presente esta simetría.

3. Este fragmento también tiene la particularidad de tener un ciclo de notas que se va repitiendo. Búscalo y escríbelo.

4. Escucha el segundo fragmento y fíjate en las notas diferentes que hay entre cada una de la divisorias. Escríbelas.

   Después, señala la afirmación correcta.

   - Hay siete notas diferentes.
   - Hay cinco notas diferentes.
   - Hay ocho notas diferentes.

5. Escucha el tercer fragmento y di cuántas notas diferentes hay entre cada una de las divisorias. Escríbelas en forma de escala.

El tablón

opiniones, curiosidades...

Olivier Messiaen se inspiró en estos versos del *Apocalipsis* de San Juan:

«Vi un ángel poderoso
que descendía del cielo
envuelto en una nube
y coronado con el arco iris;
su rostro era como el sol,
y sus piernas como columnas de fuego.
Puso su pie derecho sobre el mar
y el izquierdo sobre la tierra...
Después el ángel alzó
la mano derecha y juró
por el que vive por los siglos
de los siglos, diciendo:
"No habrá más demora.
El día en que suene la trompeta
del séptimo ángel y se escuche
su voz, se cumplirá el misterio
de Dios".»

Del capítulo 10 del *Apocalipsis*

Durante la Segunda Guerra Mundial, Olivier Messiaen fue encarcelado por los nazis en Nancy, y posteriormente fue trasladado a un campo de prisioneros en Görlitz (Polonia). En este campo de prisioneros conoció a tres músicos (Jean Le Boulaire, violín, Henri Akoka, clarinete, y Étienne Pasquier, violoncelo).

Estos músicos estrenaron el *Cuarteto para el fin de los tiempos* en el Stalag VIII el 15 de enero de 1941, ante unos cinco mil prisioneros. De aquel concierto, Messiaen dijo: «nunca me han escuchado con tanta atención y comprensión».

vídeo

I Fall in Love Too Easily, de Miles Davis

A lo largo de la historia de la música el compositor ha dejado un margen en el que el intérprete pueda improvisar en su interpretación. Al principio, la partitura servía como punto de partida. Recordemos el bajo cifrado en el barroco, las cadencias de los conciertos en el clasicismo y el romanticismo. En el siglo XX, el *jazz* también es un exponente de la improvisación, el intérprete, en el más estricto de los casos, sigue un patrón armónico a partir del que improvisa la melodía. Olivier Messiaen y Miles Davis son claros exponentes de la improvisación del siglo XX, uno como compositor y otro como intérprete.

actividades

vídeo

1. Contesta a estas preguntas sobre el intérprete principal en el inicio del DVD.

- **a** Escribe el nombre del instrumento y el intérprete.
- **b** ¿Realiza una melodía fácil de recordar?
- **c** ¿Con qué instrumentos comparte este fragmento?

2. Contesta a estas preguntas sobre el segundo instrumento protagonista.

- **a** Escribe el nombre del instrumento y del intérprete.
- **b** ¿Con qué instrumentos comparte este fragmento el solista?

3. Di si son verdaderas (V) o falsas (F) las siguientes afirmaciones:

- **a** Los intérpretes siguen la partitura con bastante fidelidad.
- **b** En los solos predominan las melodías.
- **c** Esta versión tiene una aire de *jazz* clásico.
- **d** Todos los intérpretes improvisan a la vez, en mayor o menor grado.

4. ¿Qué dirías que pretende Miles Davis con esta versión?

- **a** Realizar innovaciones en el estilo de *jazz* interpretado hasta entonces.
- **b** Seguir fiel al estilo de *jazz* de principios del siglo XX.

5. Nombra las familias de instrumentos que has escuchado en la grabación de *I Fall in Love Too Easily*.

6. ¿Qué tienen en común *Danza del furor, para las siete trompetas*, y *I Fall in Love Too Easily?*

- **a** Transmiten una sensación agradable al oyente.
- **b** Permiten experimentar diferentes maneras de componer o interpretar la música.
- **c** Siguen modelos de la música tradicional.

audio

Ring-ring-ring

Te presentamos la partitura que hemos compuesto en esta unidad.

Obstinados rítmicos

A B A'

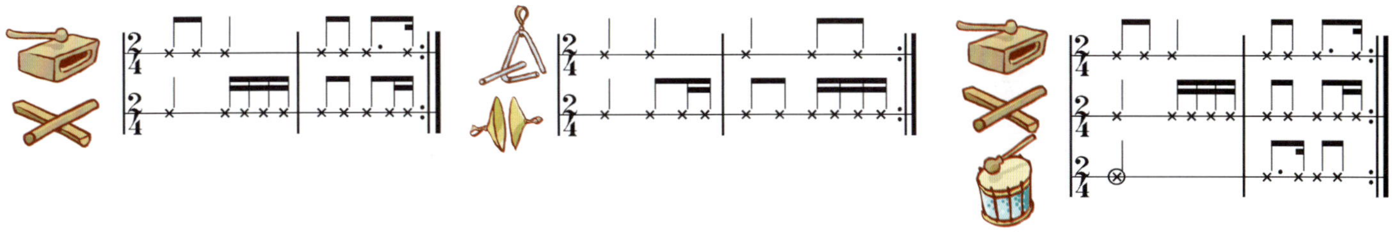

actividad

1. Interpretad la partitura. Podéis usar flautas y también algunos instrumentos de placa. El obstinado rítmico os puede ayudar a enriquecer la obra.

manipula

doc

En esta unidad has creado una nueva obra. Ahora, con la ayuda del programa MuseScore escríbela en un archivo, asigna los instrumentos que correspondan a cada parte y escucha el resultado.

La creatividad

Los **géneros musicales** clasifican los diferentes tipos de música. Los géneros más relevantes son:

- música **popular** y música **culta**
- música **religiosa** y música **profana**
- música **descriptiva** y música **pura**

Los **instrumentos musicales** producen sonidos musicales. Se pueden clasificar en:

- **cordófonos**
- **membranófonos**
- **idiófonos**
- **aerófonos**
- **electrófonos**

El **compás** es la unidad de medida de la pulsación. La regularidad de los acentos de la pulsación se llama ***métrica***.

El **movimiento** o *tempo* es la velocidad de una obra musical. Se representa con las **indicaciones** de *tempo*.

El **carácter** es la intención o el sentimiento de una obra musical.

La **forma musical** es la estructura de una composición, y viene determinada por la **repetición** y el **contraste** de sus elementos melódicos.

Instrumentos

Los **acordes** son tres o más notas que suenan simultáneamente.

La **dinámica** es la intensidad del sonido en una obra musical. Se representa con las **indicaciones de dinámica**.

La **melodía** es una sucesión de sonidos de altura y duración determinadas. Se representan con **notas** y **figuras** musicales.

		C	F
1	El nombre de *música popular* deriva del pueblo.		
2	La música descriptiva es la que está inspirada en elementos ajenos a la música.		
3	Los instrumentos aerófonos son los que pueden llegar a notas muy agudas.		
4	Los instrumentos membranófonos son los que no pueden separar ninguna de sus partes.		
5	Los instrumentos cordófonos emiten el sonido mediante la vibración de una o más cuerdas.		
6	La viola es un instrumento de cuerda pulsada.		
7	El piano es un instrumento de cuerda percutida.		
8	Los timbales son un instrumento membranófono de sonido determinado.		
9	Los instrumentos idiófonos son aquellos en que el cuerpo del instrumento actúa como caja de resonancia.		
10	Todos los instrumentos aerófonos tienen embocadura para conducir el aire hacia el tubo.		
11	La flauta dulce es un instrumento con embocadura de bisel frontal.		
12	Los instrumentos electroacústicos son aquellos cuya señal la emiten directamente los generadores y los transformadores electrónicos.		
13	La repetición insistente de una célula rítmica se llama *isorritmia*.		
14	Los acordes forman la armonía mediante la superposición de notas.		
15	El timbre es la cualidad del sonido que agrupa las figuras rítmicas.		
16	La altura es la cualidad del sonido determinada por la colocación de las notas en el pentagrama.		
17	La duración es la cualidad del sonido que está relacionada con las indicaciones de dinámica.		
18	La intensidad es la cualidad del sonido que está relacionada con las indicaciones de dinámica.		
19	*Allegro* es una terminología que indica un género musical.		
20	La música programática está considerada como un género musical.		
21	*Scherzando* es una palabra italiana que indica el carácter de una obra.		
22	Las palabras *forma ternaria* indican la métrica de una obra.		
23	El carácter es la intención o el sentimiento de una obra musical.		
24	El movimiento o *tempo* hace referencia a la velocidad de una obra musical.		
25	Olivier Messiaen fue un compositor americano.		
26	En las obras de Olivier Messiaen encontramos un estilo neorromántico.		
27	La métrica de las obras de Olivier Messiaen rompe la métrica regular con los llamados *valores añadidos*.		
28	Olivier Messiaen publicó siete volúmenes sobre los cantos de las aves.		
29	Miles Davis es un compositor de *jazz* tradicional.		
30	El *free jazz* no fue practicado por Miles Davis.		
31	Miles Davis toca habitualmente el teclado.		
32	La versión que has escuchado de *I Fall in Love Too Easily* corresponde a Miles Davis.		

Hasta ahora hemos visto varios ejemplos de elementos extramusicales (la naturaleza, el tiempo...) que han inspirado obras musicales. De la misma forma que un escritor puede basarse en una obra literaria ya escrita o un director de cine, en una película ya rodada, ¿crees que un elemento musical de un compositor puede inspirar a otro?

audio *Fantasía para un gentilhombre*, de Joaquín Rodrigo.

El año 1954 el compositor valenciano Joaquín Rodrigo compuso *Fantasía para un gentilhombre* para guitarra y orquesta. El gentilhombre del título es Gaspar Sanz, un compositor barroco que escribió un tratado sobre guitarra del que Rodrigo extrajo los temas para su fantasía con guitarra y orquesta.

1. Escucha la obra y sigue las intervenciones de los diferentes instrumentos en el musicograma.

clip

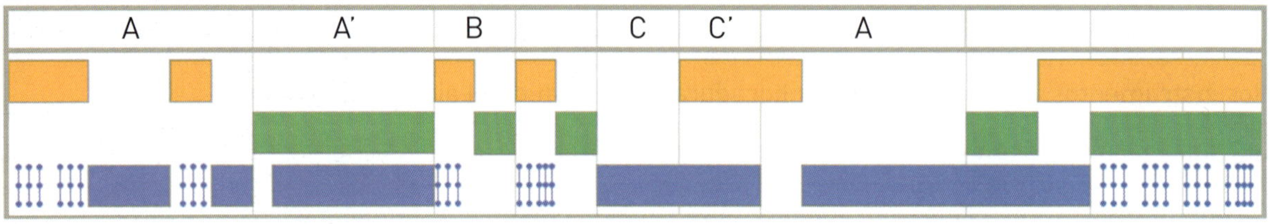

Instrumentos de cuerda — Instrumentos de viento — Guitarra solista

2. ¿Qué crees que nos indica el signo ⁝?

- cambio de movimiento
- síncopa
- acorde de acompañamiento

3. Ahora fíjate en la parte superior del musicograma. Hemos indicado con letras las diferentes partes de la obra. Vuelve a escuchar la canción y escribe las indicaciones que faltan donde corresponda (A, B' o C'').

PINTURA... Y PINTURA

La Joconde aux clés ou Mona Lisa, de Fernand Lèger (1881-1955). *La Gioconda*, de Leonardo da Vinci, es una de las obras de arte más reproducida de la historia del arte.

CINE... Y CINE

8 ½ (1963), de Federico Fellini. El director Fellini plasmó en esta película una reflexión sobre su obra como director de cine. La película fue premiada con un Oscar.

{10}

El director de orquesta Pierre Boulez dirigiendo la orquesta filarmónica de Viena.

ESCUCHARÁS ENTRE OTROS...

«On the trail», de *Grand Canyon Suite*, de F. Grofé

Tema de la película *Piratas del Caribe*: *La maldición de la Perla Negra*, de K. Badelt

¡Oh, Susana!, popular norteamericana

ORQUESTA TUS COMPETENCIAS...

Comunicativa: transmisión de una historia, de emociones y sentimientos mediante la música.

Interacción con el mundo físico: relación entre la música descriptiva y los espacios naturales.

Cultural y artística: los acontecimientos históricos como fuente de inspiración para los compositores.

E. Grieg
Klaus Badelt
Ferde Grofé

1. La melodía

1.1 Las escalas

Una **escala** es, como ya sabes, una sucesión de siete notas colocadas de forma ascendente o descendente. Seguramente también recuerdas que la distancia entre notas consecutivas puede ser de un tono o de un semitono, de manera que si modificamos esta distancia alterando alguna de las dos notas, hacemos que cambie el tipo de escala. Fíjate en estos tres ejemplos.

- Escala en do mayor:

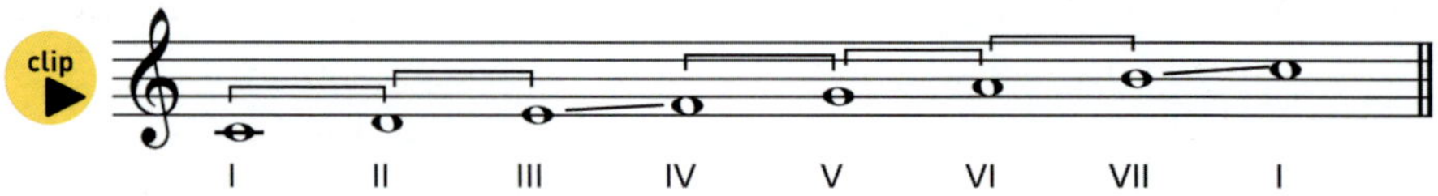

- Escala en la menor melódica:

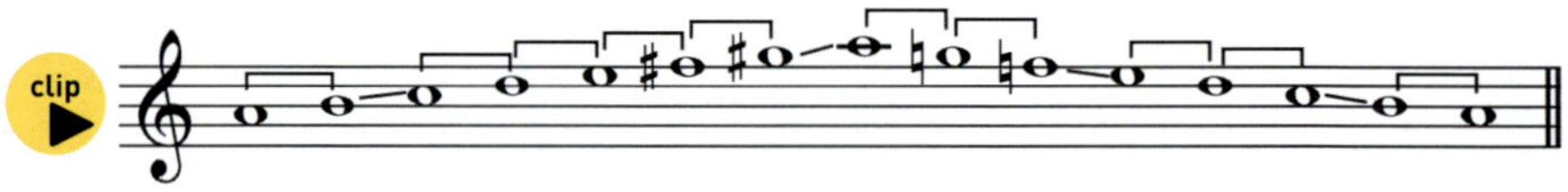

- Escala cromática a partir de la nota do:

Una obra escrita, por ejemplo, en do mayor, significa que para componerla se han utilizado notas de esta escala, sobre todo al principio y al final de la pieza.

Hay **tipos de escalas** diferentes según su distribución en tonos y semitonos.
La posición de cada nota en la escala recibe el nombre de ***grado***.
Los **acordes** están formados por tres o más notas que suenan simultáneamente.
Pueden ser **mayores** o **menores** según el intervalo que genere la fundamental y su tercera (mayor o menor).

1.2 Los grados

Se llama *grado* la posición que ocupa cada nota en la escala, y se indica mediante un número romano y un nombre. Los grados más importantes son los que más se repiten en una composición y sus notas sirven como punto de apoyo del resto de notas dentro de la melodía. A la izquierda puedes ver cuáles son, en la escala mayor de do verás su situación.

I	Tónica (T)
IV	Subdominante (SD)
V	Dominante (D)
VII	Sensible (S)

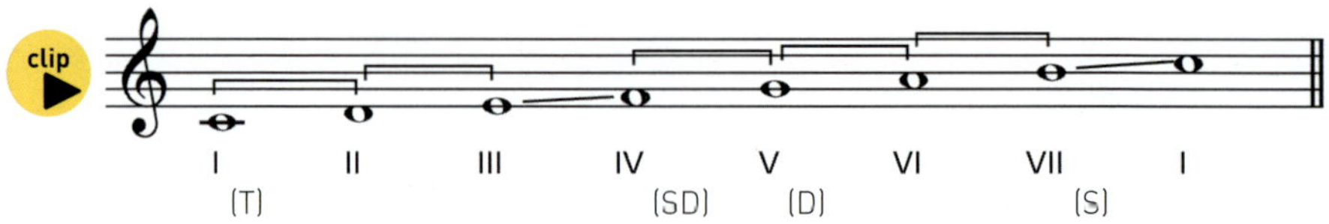

1.3 Los intervalos

Observa los dos intervalos de la izquierda. Verás que la distancia que hay entre sus notas no es la misma, a pesar de que en ambos casos es de tercera. El primero tiene dos tonos y el segundo, un tono y un semitono. Tampoco suenan igual; por eso tienen nombres diferentes. Decimos que el primero es de tercera **mayor** y que el segundo es de tercera **menor**. La elección de los intervalos influye en la construcción de los acordes.

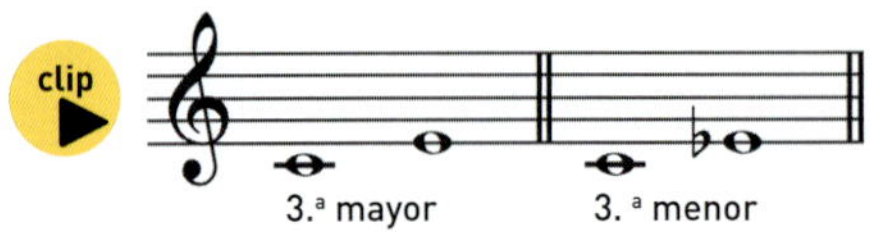

1.4 Los acordes

Si seguimos unas normas básicas y muy pautadas, podemos construir acordes sobre cada nota. Para ello, debemos sumar notas a la fundamental, generalmente su tercera y su quinta. Observa los acordes del ejemplo de la derecha. Sobre la nota **do** colocamos su tercera (mi en el primer caso y mi bemol en el segundo) y su quinta (sol), de manera que de do a sol haya tres tonos y un semitono en ambos casos.

La diferencia está en la distribución de tonos y semitonos entre las dos terceras que forman el acorde. Los dos primeros intervalos tienen dos tonos (do-mi) y un tono y un semitono (do-mib), respectivamente. Los dos segundos intervalos tienen un tono y un semitono (mi-sol) y dos tonos (mib-sol), respectivamente. Por eso decimos que el primer acorde es de **do mayor**, y el segundo, de **do menor**. Su sonido es diferente: el primero es más brillante, y el segundo, más íntimo y triste.

clip

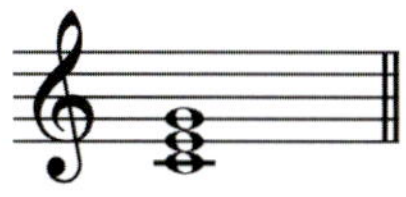

Acorde de do mayor

clip

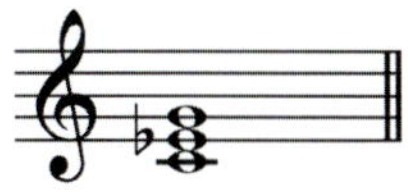

Acorde de do menor

1.5 La tonalidad

La tonalidad de una obra musical indica la escala principal en que se basa. Una obra en do mayor usará la escala de do mayor. El resto de tonalidades utilizan **alteraciones**. Fíjate en la siguiente escala. Si mantenemos las distancias de tonos y semitonos de la escala de do mayor en esta escala, habrá que poner un sostenido a las notas fa y do.

clip

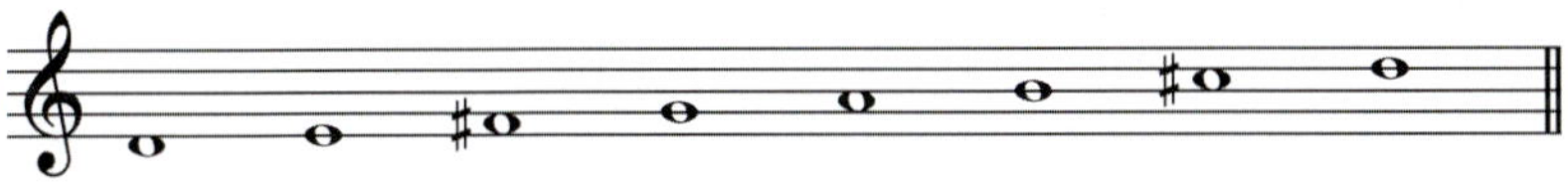

Escala de re mayor

Para no tener que escribir el sostenido cada vez que aparezca un fa o un do, los escribiremos al principio de la obra, justamente después de la clave y antes del compás. Estas **alteraciones** fijas son la armadura. Para anular el efecto de una alteración, al lado de la nota correspondiente escribiremos un signo llamado ***becuadro*** (♮).

> La **tonalidad** de una obra depende de su escala principal. Las armaduras nos indican las alteraciones fijas de la partitura. Los becuadros anulan las alteraciones de las notas.

actividades

1. ¿Qué distancia hay entre dos notas consecutivas de una escala cromática?

2. ¿Qué notas se repiten tres veces en esta melodía? ¿A qué grados de la escala mayor corresponden?

3. Escucha los fragmentos musicales de la derecha y di qué tipo de escala usan. Para saberlo, tienes que ordenar las notas de grave a agudo.

audio

audio

audio

1. Sol menor melódica 2. Escala cromática 3. Fa mayor

2. Las agrupaciones orquestales

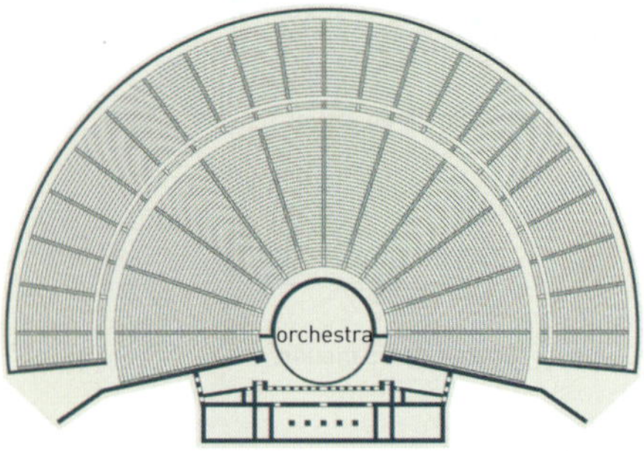

Recreación del teatro griego de Siracusa. La palabra *orquesta* tiene su origen en estas construcciones.

A lo largo de la historia de la música occidental, los compositores han necesitado **agrupaciones instrumentales** para interpretar sus obras. Al principio, bastaban unos pocos instrumentos de la misma familia; con el tiempo y según las necesidades expresivas del compositor, el círculo se amplió en número y variedad de instrumentos. De esta manera, en una misma obra podían coexistir instrumentos de familias diferentes.

La **orquesta** es una de las agrupaciones más comunes y evolucionadas. La palabra *orquesta* tiene su origen en el teatro griego, ya que la *orchestra* era el espacio en el que se narraba la acción entre la escena y el coro (ver la imagen de la izquierda). El concepto de orquesta nace durante el barroco (siglo XVII), pero es a lo largo del clasicismo (siglo XVIII) cuando se consolida de forma más estable.

Actualmente, la orquesta es un conjunto de instrumentos agrupados por familias. Cuando una orquesta interpreta las diferentes partes de una obra, lo hace de manera coral, es decir, a cada voz le corresponde más de un instrumentista. De esta manera, un familia de instrumentos toca la melodía, otra la segunda melodía, otra hace la armonía, otra el ritmo, etc. Así, todo el conjunto, llamado ***orquesta sinfónica***, funciona como si fuera un solo instrumento.

audio ▶ Escucha un fragmento interpretado por una orquesta de cuerda.

La **orquesta de cuerda** nació en el siglo XVIII. Está formada por catorce o quince músicos que tocan violines, violas, violoncelos y clavicémbalo.

2.1 La orquesta de cuerda

La orquesta de cuerda nació en el barroco. La forman catorce o quince músicos de cuerda que tocan el violín, la viola, el violoncelo, el contrabajo y el clavicémbalo. A veces también se incorpora algún instrumento aerófono como solista (una flauta travesera, un oboe, una trompeta *piccolo*, etc.). Hay obras para orquesta de cuerda que incorporan la percusión y que refuerzan los momentos de mayor intensidad con timbales.

audio ▶ audio ▶ Escucha dos fragmentos. El primero lo interpreta una orquesta de mediados del siglo XVIII, y el segundo, una de finales del XIX.

La **orquesta sinfónica** nació en el siglo XVIII. Está formada por instrumentos de cuerda frotada, aerófonos, membranófonos e idiófonos.

2.2 La orquesta sinfónica

La orquesta sinfónica nace en el siglo XVIII, durante el periodo clásico. Al principio, estaba formada por instrumentos cordófonos, sobre todo de cuerda frotada, más algún instrumento aerófono de viento-madera (oboe) y viento-metal (trompas), o membranófono (timbales). A lo largo de la historia, el número y la variedad de instrumentos ha ido creciendo. Su colocación en el escenario responde a criterios basados en el equilibrio tímbrico y sonoro.

Los criterios de colocación generales de la orquesta sinfónica son los siguientes:

- Agrupar los instrumentos de la misma sonoridad.
- Alejar del público los instrumentos de sonido más potente.
- Separar y contrastar los graves y agudos.

2.3 La banda de música

El origen de las bandas de música se remonta a la antigüedad y está relacionado con situaciones bélicas. Las bandas de música han subsistido a lo largo de la historia por la simplicidad de sus instrumentos. Suelen ser aerófonos (viento-madera y viento-metal), membranófonos e idiófonos. En el siglo XIX, gracias a la evolución de los instrumentos aerófonos, se consigue mejorar la calidad musical de las bandas. Por eso proliferan las bandas militares, municipales y privadas. En tierras valencianas es donde hay más tradición de bandas de música, por lo que es muy frecuente encontrar músicos de viento de origen valenciano.

audio — Escucha un fragmento interpretado por una banda.

La **banda** es una agrupación musical muy antigua. Está formada por instrumentos aerófonos, membranófonos e idiófonos.

actividades

4. Escucha la interpretación de las tres siguientes partituras. ¿Para qué agrupación dirías que está escrita cada una? Razona tu respuesta.

	orquesta de cuerda	orquestra sinfónica	banda de música
audio «Suite Peer Gynt», *Death of Asse*, de E. Grieg			
audio *Pompas y circunstancias*, de E. Elgar			
audio *El gato montés*, de M. Penella			

clip

5. Escribe los instrumentos siguientes en cada una de las partituras. Recuerda que los instrumentos van agrupados por familias y de arriba abajo van por orden de tesitura, de agudo a grave.

- **a** Violoncelo, violín II, violín I, viola y contrabajo
- **b** Trombón 1, 2 y 3, clarinete en B 1 y 2, percusión, violoncelo, trompa en F 1, 2, 3 y, flauta 1 y 2, fagot, oboe 1 y 2, violín II, viola, tuba, trompeta en B 1 y 2, timbales, violín I y contrabajo
- **c** Saxo alto 1 y 2, flauta, oboe, clarinete pequeño (requinto), trombón 1, 2 y 3, saxo barítono, clarinete solista, trompa, clarinete 1 y 2, trompeta 1 y 2, tuba, saxo tenor, platos y caja

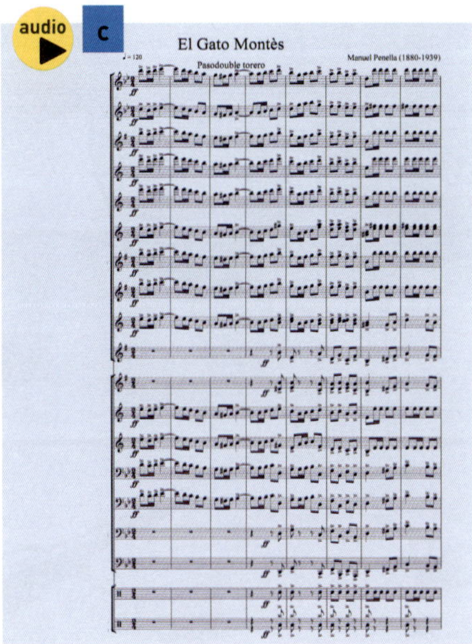

«On the Trail», de *Grand Canyon Suite*, de Ferde Grofé

El Gran Cañón del Colorado, en Estados Unidos.

Obra

La imagen representa el Gran Cañón, un espectacular congosto de 347 km de longitud por el que pasa el río Colorado. La inmensidad del paisaje, una de las maravillas naturales más impresionantes de los Estados Unidos y del mundo, inspiró a Ferde Grofé para su obra *Grand Canyon Suite*. Está formada por cinco piezas descriptivas y aparecen rasgos de la vida en el congosto: el alba, el desierto, un diluvio...

La audición que te presentamos es la tercera pieza: *On the Trail* (En el camino). El título alude a la ruta que hace un vaquero por los valles y los canales del congosto guiando un grupo de mulas. Cuando escuches la pieza verás que el viaje avanza tranquilamente, aunque a veces parece que las mulas se alteran y el vaquero debe amansarlas.

Compositor

Ferde Grofé (1892-1972) nació en Nueva York a finales del siglo XIX. Aunque pertenecía a una familia de músicos, su etapa de formación no fue fácil. De joven tuvo que compaginar los estudios de piano y violín con trabajos tan diversos como repartir periódicos, conducir camiones y ser acomodador o ascensorista. Después de tocar en diferentes orquestas sinfónicas y de *jazz*, entró a formar parte en la banda de Paul Whiteman, una de las agrupaciones más famosas de la década de 1930, con la que obtuvo sus primeros éxitos.

Con la llegada del cine sonoro, la composición de música para películas fue otro aspecto fundamental en su carrera. Además de la *Grand Canyon Suite*, sin duda su obra más popular, Grofé compuso *Death Valley Suite*, *Mississippi Suite*, *Niagara Falls Suite* y *Broadway by Night*. Estas obras destacan por su gran capacidad descriptiva.

actividades audio

1. Escucha la audición de Grofé y presta atención a los instrumentos que intervienen. ¿Qué tipo de agrupación interpreta esta obra?

2. Escucha unos fragmentos de los dos temas de *On the Trail* mientras sigues la partitura. Cuenta cuántas veces aparece el grado de tónica y de dominante de sol mayor e indica debajo la cifra romana correspondiente.

3. Ahora que ya has visto ambos temas por separado, vuelve a escuchar la canción e intenta reconocerlos. Rellena los siguientes recuadros con un «1» o un «2» para el primero y el segundo tema, respectivamente. Pon atención, ya que pueden sonar los dos a la vez. Si ocurre, escribe «1 y 2».

0'01''	1'10''	2'19''	3'18''

4. Ya debes de haber visto que la obra de Grofé tiene cuatro partes. Indica si las afirmaciones siguientes son verdaderas (V) o falsas (F).

1.ª parte No hay instrumentos de viento.

2.ª parte El 2.º tema lo tocan instrumentos de cuerda frotada.

3.ª parte El acompañamiento rítmico difiere de los anteriores.

4.ª parte La dinámica es *piano*.

5. El acompañamiento rítmico de la percusión es un elemento muy importante en *On the Trail*. ¿En cuál de las cuatro partes no aparece?

El tablón

opiniones, curiosidades...

Una vez, un amigo de Grofé, elogiando la facilidad del compositor para componer música descriptiva, le dijo que podía inspirarse en cualquier cosa, incluso en el pinchazo de una rueda de bicicleta. A pesar de que Grofé tenía sentido del humor, se tomó la broma como un reto, ya que al cabo de poco tiempo presentó la obra *Tema y variaciones sobre los sonidos de un garaje*.

vídeo

Tema de la película *Piratas del Caribe: la maldición de la Perla Negra*, de Klaus Badelt

Uno de los géneros más utilizados en la historia de la música es el descriptivo. En la audición anterior, *Grand Canyon Suite* de Grofé, el compositor quiso plasmar la emoción que le producía la contemplación de un paisaje. En el fragmento del vídeo que te proponemos verás cómo la música potencia las acciones que acompaña.

actividades

vídeo

1. En la escena 1 aparecen tres temas (A, B y C). Escoge la respuesta correcta.

a ¿Qué instrumento es el protagonista en el tema B, cuando aparece «*»?

☐ violín ☐ trompeta ☐ flauta travesera

b ¿Cuál de los tres temas se repite al final? ☐ tema A ☐ tema B ☐ tema C

2. En la escena 2 la música es trepidante y sugiere una escena de acción, de huida. Al final de esta escena aparece uno de los temas anteriores, con un *tempo* distinto. ¿Cuál?

☐ tema A ☐ tema B ☐ tema C

3. En la escena 3 observamos que la música acompaña la acción de una película. ¿Cómo?

☐ La escena no tiene música para que no nos distraiga de la acción o el diálogo.

☐ Potencia los gestos de los protagonistas y los movimientos que hacen.

☐ La música substituye los diálogos.

4. La música de la escena 4 tiene un *tempo* muy rápido y marcado. Los instrumentos protagonistas son los sintetizadores y la percusión. Sigue la pulsación y di cómo es el compás.

☐ ternario (3) ☐ cuaternario (4) ☐ impreciso

5. En las escenas 5 y 6 aparecen unos signos o palabras. Di si son verdaderos (V) o falsos (F):

a El signo ------ nos indica que la intensidad de la música no varía. ☐

b La música que acompaña al signo ------ es un poco disonante. ☐

c En el signo ------ oímos una música que suscita una tensa espera. ☐

d El *leitmotiv* es uno de los temas principales que aparece en las bandas sonoras. ☐

6. ¿A qué géneros musicales pertenecen las dos audiciones de esta unidad?

☐ descriptivo ☐ instrumental ☐ culto

¡Oh, Susana!, popular norteamericana

La música popular norteamericana es muy conocida más allá de sus fronteras, en buena parte gracias a las películas del Oeste producidas en Estados Unidos. Te proponemos el arreglo de una canción muy conocida: *¡Oh, Susana!*

Obstinato rítmico

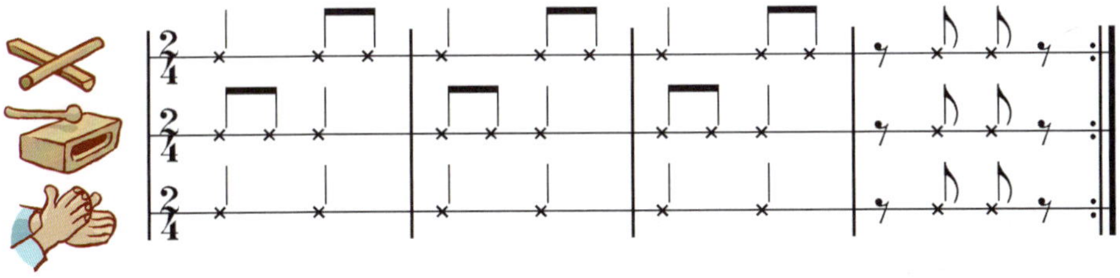

actividad

1. Interpretad en grupo la partitura propuesta. El profesor o la profesora os sugerirá la combinación instrumental más adecuada. Podéis ensayar el obstinado rítmico y después lo podéis añadir a la canción. Cuando los sepáis bien, intentad tocar la melodía sobre la grabación.

manipula

Sobre el tema del *Orfeo en los infiernos* de Offenbach, trabaja algunos de los conceptos de esta unidad con el programa MuseScore, como marcar los grados tonales, añadir una segunda voz a un intervalo de tercera o cambiar la tonalidad transportándola un tono.

La melodía

Las **escalas** son sucesiones de notas ordenadas de manera ascendente o descendente.
Los tipos de escala dependen de los tonos o semitonos que hay entre las notas sucesivas.
Las escalas más importantes son las **mayores**, las **menores** y la **cromática**.

clip

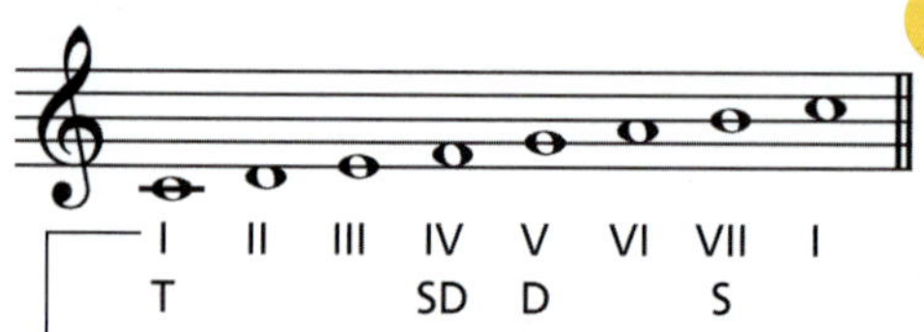

La posición de cada nota recibe el nombre de ***grado***.

Los **intervalos** son las distancias que hay entre las notas. Podemos distinguir intervalos **mayores** y **menores**, según el número de tonos y semitonos que tengan.

clip

Tercera major

2 tonos

Tercera menor

1 tono y 1 semitono

La **tonalidad** de una obra la determina la escala principal y se indica en la partitura mediante la **armadura**. Para anular el efecto de una alteración usamos el **becuadro**.

Armadura

Becuadro

Los **acordes** son tres notas o más que suenan simultáneamente.
Podemos distinguir acordes **mayores** y **menores** según el intervalo de tercera que utilicen.

clip Do mayor

clip Do menor

Las agrupaciones orquestales

ejecutan las interpretaciones corales de las partes de una obra. A cada voz le corresponde más de un instrumentista. Las agrupaciones orquestales más importantes son:

- audio **Orquesta de cuerda**
  - Cordófonos
- audio **Orquesta sinfónica**
  - Cordófonos
  - Aerófonos
  - Membranófonos
  - Idiófonos
- clip / audio **Banda de música**
  - Aerófonos
  - Idiófonos
  - Membranófonos

		C	F
1	Una escala cromática se caracteriza por una distancia de medio tono entre notas consecutivas.		
2	En la tonalidad de re mayor, la tónica es el la.		
3	Llamamos *dominante* al quinto grado de una escala.		
4	Los intervalos son las pausas que hay entre nota y nota.		
5	Un acorde son dos notas que suenan simultáneamente.		
6	El intervalo de tercera menor tiene un tono y medio.		
7	La sonoridad de un acorde mayor es más fuerte que la de un acorde menor.		
8	En la armadura de la tonalidad de do mayor no aparece ninguna alteración.		
9	El becuadro nos recuerda la alteración que tiene aquella nota en la tonalidad.		
10	Las notas sol-si ascendentes forman un intervalo de tercera mayor.		
11	En una orquesta sinfónica no hay instrumentos aerófonos.		
12	Una orquesta de cuerda está formada por todo tipo de instrumentos cordófonos.		
13	En una banda podemos encontrar instrumentos aerófonos, cordófonos y de percusión.		
14	En una orquesta sinfónica podemos encontrar todas las familias de instrumentos.		
15	Una banda sólo interpreta bandas sonoras de películas.		
16	En la partitura de una orquesta sinfónica, los instrumentos de cuerda-arco están situados bajo los demás.		
17	La banda es una agrupación musical moderna.		
18	La palabra *orchestra* tiene su origen en el teatro griego.		
19	El orden de una orquesta en el escenario sigue principios de equilibrio tímbrico y sonoro.		
20	La orquesta de cuerda excepcionalmente puede tener algún instrumento aerófono y alguno de percusión para resaltar los momentos más intensos.		
21	Los instrumentos de sonido más potentes son los que se suelen colocar más lejos del público.		
22	La orquesta se consolida durante el clasicismo.		
23	El Gran Cañón es una de las maravillas naturales de los Estados Unidos.		
24	La *suite* «En el camino», de Grofé está formada por cinco piezas descriptivas.		
25	Ferde Grofé no pertenecía a una familia de músicos.		
26	Ferde Grofé nació en Nueva York.		
27	Grofé es el autor de *Tema y variaciones sobre los sonidos de un garaje*.		
28	La formación musical de Grofé incluía estudios de piano y violín.		
29	En la producción musical de Grofé hay bandas sonoras de películas.		
30	Entre las obras de Grofé se cuentan *Broadway by Night* y *Grand Canyon Suite*.		
31	Klaus Badelt es el compositor de la banda sonora de *Piratas del Caribe: la maldición de la Perla Negra*.		
32	El *leitmotiv* se usa a menudo en las bandas sonoras de películas.		

¿Alguna vez te has emocionado viendo la victoria de tu equipo en la retransmisión de un partido jugado antes de que nacieras? Un acontecimiento histórico nos puede alegrar o entristecer tanto como cualquier vivencia del presente. Por eso mismo, muchos compositores, impresionados por la vida de personajes como Julio César, Jesucristo, Juana de Arco o Napoleón, se han inspirado en éstos para crear algunas de sus mejores obras.

audio *Obertura 1812,* de P. I. Chaikovsky

El 1812, después de haber conquistado buena parte de Europa, el emperador francés Napoleón envió a sus tropas a conquistar Rusia. Años después, Chaikovsky, un músico ruso, dio su versión musical de los acontecimientos.

1. Escucha, en este orden, a los protagonistas de la historia.

clip

Rusia en paz

Rusia en guerra

La amenaza

El Ejército ruso

El Ejército francés

2. Sigue la evolución de los personajes en este musicograma y adivina cuál fue el Ejército ganador, que debería estar representado en el último recuadro.

clip

audio

3. Seguro que te has dado cuenta de que hay un personaje que no te hemos presentado: los cañones. Vuelve a escuchar la obra y cuenta cuántos cañonazos dispara el Ejército francés y cuántos el Ejército ruso.

HISTORIA... Y PINTURA

El juramento del juego de la pelota (1791), de J.-L. David. Su obra plasmó varias escenas de la Revolución Francesa. Ésta representa el momento en que los diputados del tercer estado deciden no separarse hasta conseguir una constitución para Francia.

HISTORIA... Y CINE

Matar a un rey (2003), de Mike Barker. En esta película se narra la revolución de Oliver Cromwell y el capitán Fairfax contra el rey Carlos I. El film profundiza en los conflictos entre ambos, que acabarán con la ejecución del rey.

11

The Platters, grupo de *rhythm and blues* norteamericano de cinco voces armoniosamente conjuntadas. Fueron una leyenda musical.

ESCUCHARÁS ENTRE OTROS...

«Scherzo» del *Quinteto op. 30*, de L. Farrenc

Eleanor Rigby y *Help*, de The Beatles

Sentimentale, de C. Bolling

ORQUESTA TUS COMPETENCIAS...

Cultural y artística: valoración de la figura de Louise Farrenc como precursora del acceso de la mujer a la música en la sociedad parisina del siglo XIX.

Comunicativa: capacidad de la música para transmitir emociones mediante la melodía.

Louise Farrenc

C. Bolling

The Beatles

1. El ritmo

clip

1.1 Los compases simples y los compuestos

Si seguimos la pulsación de una melodía descubriremos la métrica y nos daremos cuenta de los acentos que se van repitiendo periódicamente.

En el primer ejemplo usamos un compás compuesto, y en el segundo, un compás simple.

En los **compases simples** el numerador es 2, 3 o 4 si la métrica es binaria, ternaria o cuaternaria, respectivamente. En los compases compuestos el numerador es 6, 9 o 12 si la métrica es binaria, ternaria o cuaternaria, respectivamente.

En los dos fragmentos anteriores la métrica es cuaternaria. ¿Cuál crees que será el numerador para cada una de las canciones?

audio Escucha estos dos ejemplos y subdivide la pulsación. En uno, cada pulsación tiene tres subdivisiones iguales, y en el otro, dos.

Los **compases** pueden ser simples o compuestos, según la subdivisión de la pulsación.

- Los compases de 2/4, 3/4 y 4/4 son **simples**. Tienen 2, 3 y 4 pulsaciones, respectivamente. Cada pulsación tiene el valor de una negra.
- Los compases de 6/8, 9/8 y 12/8 son **compuestos** y de métrica binaria, ternaria y cuaternaria, respectivamente. Cada pulsación tiene el valor de una negra con punto.

1.2 La síncopa y el contratiempo

Cuando cantamos o tocamos una melodía, a veces las notas vienen ligadas desde el tiempo anterior. Observa el siguiente ejemplo:

Las notas con una «S» no nacen con la pulsación. No obstante, su sonido se alarga hasta la siguiente pulsación, ya que una ligadura las une a la nota que sigue. Este efecto recibe el nombre de **síncopa** y se usa muy a menudo en el *jazz* y la música moderna, aunque no es exclusivo de estos estilos.

Cuando la nota que no coincide con la pulsación va precedida por un silencio, se produce un **contratiempo**. Observa el ejemplo: cada una de las cuatro notas hace contratiempo.

Éstos son dos ejemplos de ritmo que hacen contratiempo:

És muy probable que en un concierto, sobre todo de música pop, cuando el público sigue el ritmo con las manos, marque el contratiempo.

Cuando la pulsación no coincide con una nota, se produce un efecto rítmico. Si la nota se prolonga con una ligadura hasta la siguiente pulsación, hablamos de **síncopa**. Si la nota va precedida de un silencio, se trata de un **contratiempo**.

audio Escucha un ejemplo de síncopa.

audio Escucha un ejemplo de contratiempo.

actividades

1. Toca esta polirritmia mientras escuchas un fragmento de *Only you*, de The Platters.

mano derecha – subdivisión

mano izquierda – pulsación

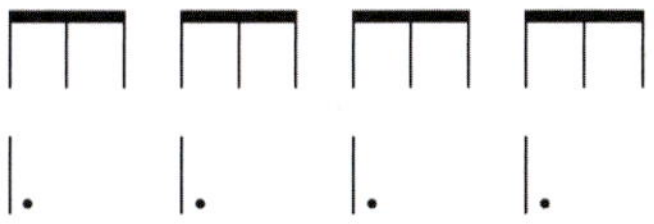

2. Haz lo mismo con el fragmento de *Love me do*, de The Beatles.

mano derecha – subdivisión

mano izquierda – pulsación

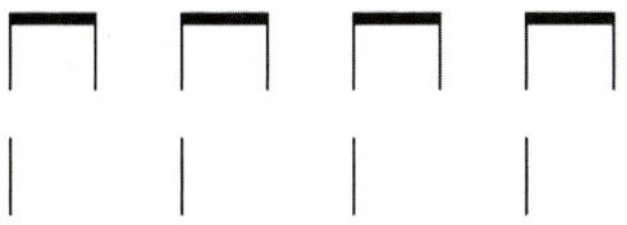

3. Escucha los fragmentos de audio, marca la pulsación y la subdivisión y di si tienen un compás simple o compuesto.

- Tema principal de la banda sonora de *Ghost*
- *Aria núm. 3*, de J. S. Bach
- Fragmento de *El cascanueces*, de P. I. Chaikovsky

4. El tema principal de un *ragtime* de Scott Joplin, *The Entertainer*, está lleno de síncopas y contratiempos. Señala estos fenómenos rítmicos con una «S» (síncopa) o una «C» (contratiempo). No olvides marcar la pulsación bajo el pentagrama.

5. Escucha estos fragmentos musicales. ¿Qué es el ritmo que marca la batería con la caja o con las manos? Intenta marcarlo sobre la grabación.

	la subdivisión	el contratiempo	la pulsación
I Want to Break Free, Queen			
Crazy Little Thing Called Love, Queen			

6. Escucha la melodía del cantante y di si son ciertas o no las siguientes afirmaciones:

a La melodía coincide con la pulsación del bajo.

b No coincide con la pulsación y por eso hace síncopas.

c La melodía está escrita en compás simple.

Cuarteto de cuerda.

2. Los grupos de cámara

En una reunión de amigos o en un programa de debate se produce un diálogo en que todos los participantes intervienen. Cada uno de ellos habla por turnos, formándose así el diálogo o el debate.

En música pasa una cosa parecida: cuando un número reducido de instrumentistas se reúne para interpretar una obra musical, forman un grupo de cámara. Todos los instrumentos que integran el **grupo de cámara** actúan como si fuesen solistas. Cada músico interpreta una parte diferente del resto, y entre todos forman el diálogo musical.

grupos de cámara más comunes			
dueto	piano , instrumento aerófono o cordófono	**quinteto (de cuerda)**	dos violines, viola, violoncelo/viola, violoncelo
trío	piano, violín, violoncelo	**quinteto (de viento-madera)**	flauta, oboe, trompa, clarinete, fagot
cuarteto (de cuerda)	violín, violín, viola, violoncelo	**quinteto (de viento-metal)**	trompeta, trompeta, trompa, trombón, tuba

La expresión *de cámara* (*da cambra*) proviene del siglo XVII. En esta época los grupos de cámara actuaban en pequeñas salas o en los salones de los palacios. Los músicos, profesionales o aficionados, se reunían para interpretar música sin la necesidad de recurrir a grandes salas de concierto. Estas reuniones constituían tanto un hecho social como musical.

Durante el siglo XIX, a finales del clasicismo y en pleno romanticismo, las dificultades técnicas de la partitura aumentaban y precisaban un intérprete profesional para ejecutarlas. A continuación veremos los grupos de cámara más habituales.

2.1 Duetos y tríos

Hay diversas combinaciones de instrumentos aptas para formar duetos y tríos. Los instrumentos que habitualmente forman el dueto son el piano y un instrumento aerófono o cordófono. El trío más característico y para el que están escritas la mayoría de composiciones es el de cuerda, formado por piano, violín y violoncelo.

audio

Escucha un fragmento interpretado por un dueto (piano y violín).

audio

Escucha un fragmento interpretado por un trío (piano, violín y violoncelo).

Los **grupos de cámara** reciben diferentes nombres según los instrumentos que los forman: dueto, trío, cuarteto, quinteto y otras formaciones, desde el sexteto hasta el noneto.

2.2 Cuartetos y quintetos

Se pueden hacer varias combinaciones de instrumentos para formar cuartetos y quintetos. No obstante, la combinación predilecta de muchos compositores ha sido el cuarteto de cuerda formado por dos violines, una viola y un violoncelo. Esta formación nace y se afianza en la época clásica, en el siglo XVIII, gracias a la obra de J. Haydn.

El quinteto de cuerda, formado por dos violines, dos violas y un violoncelo (o una viola y dos violoncelos) surge de la ampliación del cuarteto.

También hay agrupaciones de quintetos de viento-madera y viento-metal. Los de viento-madera normalmente están formados por una flauta, un oboe, una trompa, un clarinete y un fagot. Los quintetos de viento-metal están formados por dos trompetas, una trompa, un trombón y una tuba, o una trompeta, una trompa, dos trombones y una tuba.

audio ▶ Escucha un fragmento interpretado por un cuarteto de cuerda

audio ▶ Escucha un fragmento interpretado por un quinteto formado por dos trompetas, una trompa, un trombón y una tuba.

2.3 Otras formaciones

A lo largo de la historia, los compositores han usado diferentes agrupaciones instrumentales para expresarse. Estas formaciones van desde el sexteto (seis intérpretes) hasta el noneto (nueve intérpretes) según el número de instrumentos que participen.

audio ▶ Escucha un fragmento interpretado por un septeto.

actividades

7. Escucha los siguientes fragmentos musicales que te proponemos. ¿Cuál de estas obras no la interpreta un grupo de cámara?

- audio ▶ *Estudio op. 10, núm. 1*, de F. Chopin ☐ ☐
- audio ▶ Tercer movimiento de la sonata *Primavera*, de L. V. Beethoven ☐ ☐

8. ¿Qué formación la interpreta?

☐ banda de música ☐ piano ☐ orquesta sinfónica

audio ▶ **9.** Escucha el siguiente fragmento musical y señala la formación que lo interpreta.

☐ piano y violín ☐ cuarteto de cuerda ☐ quinteto de viento-madera

10. ¿Qué instrumentos forman el quinteto de viento-metal? Señala el grupo correcto.

☐	☐	☐
flauta travesera	trompeta	trompeta
saxo	trompeta	saxo
trompeta	trompa	trombón
trombón	trombón	trombón
tuba	tuba	tuba

«Scherzo» del *Quinteto op. 30*, de Louise Farrenc

Música de cámara en verano, de E. Antoine Durenne. Se aprecia la participación femenina en la música de cámara.

Obra

En el siglo XIX, la música de cámara estaba presente en muchos hogares de la burguesía europea, en veladas musicales y pequeños conciertos con una participación mayoritariamente femenina. De ahí el gran número de obras de cámara compuestas en ese período. Pero la cantidad de mujeres compositoras es escasa.

En aquella época, las familias pudientes procuraban a sus hijas una formación musical, pero a la vez limitaban su actividad al entorno doméstico. Aunque demostrara tener más capacidades que la mayoría de los chicos, a una chica difícilmente se le permitía una dedicación profesional a la música. Afortunadamente, algunas lo consiguieron.

Ahora escucharás el tercer movimiento del *Quinteto op. 30* de Louise Farrenc: es una gran obra de cámara.

Compositor

Louise Farrenc (1804-1875) nació en París en una familia de artistas, principalmente dedicados a la pintura y a la escultura. Gracias a su talento y a la insistencia de sus padres, consiguió ser admitida en las clases de piano y composición del conservatorio, al que las chicas en principio no podían acceder.

Inició la actividad profesional al lado de su marido, el flautista Aristide Farrenc, y consiguió paulatinamente que su tarea fuese reconocida. Compaginó la carrera de pianista con la composición de música para piano solo y de cámara. En el campo orquestal nos dejó tres sinfonías y dos oberturas estrenadas con éxito en diferentes países.

Su fama como intérprete le permitió ocupar una plaza fija de profesora de piano en el conservatorio en que estudió, siendo así la única mujer del siglo XIX que pudo acceder a un cargo de este nivel.

actividades audio

1. Escucha el *Scherzo* de Farrenc y di cuál de estos cuatro instrumentos no aparece:

- piano
- flauta
- fagot
- violín

2. Escucha los temas A y C del *Scherzo* siguiendo la partitura.

3. Fíjate en los ritmos de los temas A y C en la partitura. ¿Hay alguno que tenga síncopas? ¿En qué compases? ¿Y notas a contratiempo?

4. Vuelve a escuchar el *Scherzo* de Farrenc y rellena los recuadros vacíos del musicograma con «A» o «C».

		B				D			B	

5. Completa las siguientes frases con alguna de las opciones.

a La métrica del *Scherzo* de Farrenc es....

- binaria
- ternaria
- cuaternaria

b El compás del *Scherzo* de Farrenc es... porque cada pulsación tiene tres subdivisiones.

- simple
- doble
- compuesto

c El *Quinteto op.30* de Louise Farrenc tiene este nombre porque tiene cinco...

- movimientos
- instrumentos
- ritmos

El tablón

opiniones, curiosidades...

A parte de sus obras, Louise Farrenc contribuyó a hacer que la sociedad francesa cambiara algunas ideas sobre el papel de las mujeres en la música.

«[En referencia a la 2.ª obertura de L. Farrenc]... bien compuesta y bien orquestada, con un talento difícil de encontrar en una mujer.»

H. Berlioz (compositor)

«Con su rigor musical absolutamente masculino, madame Farrenc ha obtenido el reconocimiento de los expertos. Sus obras muestran una fuerza intelectual considerada casi inaccesible a las personas de su sexo...»

F. J. Fétis (musicólogo)

vídeo

Eleanor Rigby y *Help*, de The Beatles

A lo largo del tiempo, la producción de música de cámara ha sido muy numerosa: obras para tríos, cuartetos, quintetos... y muchas otras formaciones instrumentales. La música moderna también incorpora, de vez en cuando, elementos de la música de cámara.

Aunque eran un grupo de dos guitarras eléctricas, un bajo y una batería, The Beatles usaba otras instrumentaciones, por ejemplo, el cuarteto de cuerda como el que oirás en este tema.

actividades

vídeo *Eleanor Rigby*, de The Beatles, usa un doble cuarteto de cuerda, formado por cuatro violines, dos violas y dos violoncelos. Verás que una parte de la canción se canta a una voz y otra, a varias voces.

1. En *Eleanor Rigby*, hay números del 1 al 4. Relaciónalos con estas características musicales.

a	Todos cantan, acompañados por la cuerda.	**1**
b	Todos cantan con la cuerda: McCartney, la estrofa y las voces, la vuelta.	**2**
c	Paul McCartney canta solo acompañado por una guitarra.	**3**
d	Paul McCartney canta solo acompañado por el grupo de cuerda.	**4**

2. En el segundo fragmento puedes ver una actuación en directo del grupo interpretando la canción *Help*. La instrumentación ha cambiado, es la que se usa habitualmente. Escribe los instrumentos que identifiques.

3. Ahora relaciona los instrumentos con el nombre de cada miembro de la banda.

miembro de la banda	instrumento	miembro de la banda	instrumento
1 Paul McCartney	bajo eléctrico	**3**	
2		**4**	

4. La forma de la canción *Help* es muy común. Está formada por estrofa (A) y estribillo (B). Mirando y escuchando el fragmento, completa la forma musical utilizada. Ten en cuenta que, como en muchas canciones, comienza con una introducción.

Intro	A	A	B						

5. Teniendo en cuenta que el compás utilizado es binario, sigue el metrónomo y di cuántos compases tiene la estrofa y cuántos tiene el estribillo. Escoge la opción correcta.

- 8 la estrofa y 8 el estribillo
- 8 la estrofa y 16 el estribillo
- 16 la estrofa y 8 el estribillo
- 16 la estrofa y 16 el estribillo

6. ¿Qué familia de instrumentos aparece en *Eleanor Rigby* de The Beatles?

Yellow Submarine, de The Beatles

La música de The Beatles es muy conocida. En esta unidad ya has escuchado un pequeño fragmento de sus canciones y en las próximas unidades escucharás más. Ahora te proponemos la canción *Yellow Submarine*, que apareció en una de las películas protagonizadas por el grupo de Liverpool.

Obstinado rítmico

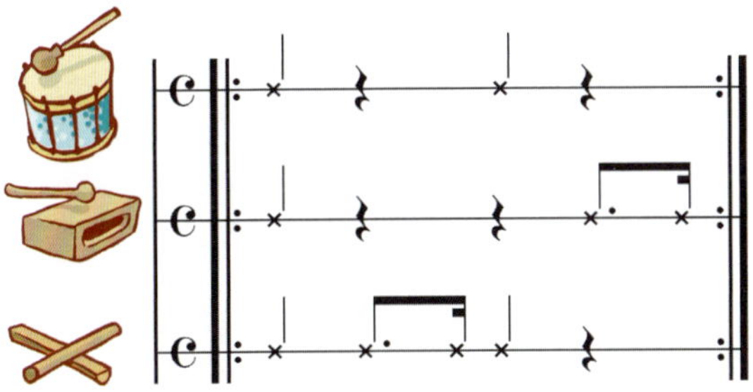

actividad

1. Interpretad en grupo esta propuesta musical. Si os falta alguno de los instrumentos, podéis sustituirlo por otro que os sugiera el profesor o la profesora. A continuación, tocad el obstinado rítmico con la melodía o encima de este arreglo.

manipula

Con el programa MuseScore, añade un ritmo de batería a dos temas muy conocidos, *Memory*, y *¡Oh, Susana!* El primero, en compás compuesto y el segundo, en compás simple. El ritmo será un juego entre la pulsación y la subdivisión.

El ritmo

Los **compases simples** tienen dos, tres y cuatro pulsaciones. Cada pulsación tiene el valor de una negra.
La división natural de cada pulsación es de dos subdivisiones.

Los **compases compuestos** tienen dos, tres y cuatro pulsaciones. Cada pulsación tiene el valor de una negra con punto.
La división natural de cada pulsación es de tres subdivisiones.

Compases simples		Compases compuestos
2/4	**métrica binaria**	6/8
3/4	**métrica ternaria**	9/8
4/4	**métrica cuaternaria**	12/8

La **síncopa** y el **contratiempo** son efectos rítmicos que alteran los acentos métricos habituales.

audio

La **síncopa** se produce cuando una nota que no coincide con la pulsación se alarga con una ligadura.

pulsación

audio

El **contratiempo** se produce cuando una nota que no coincide con la pulsación viene precedida de un silencio.

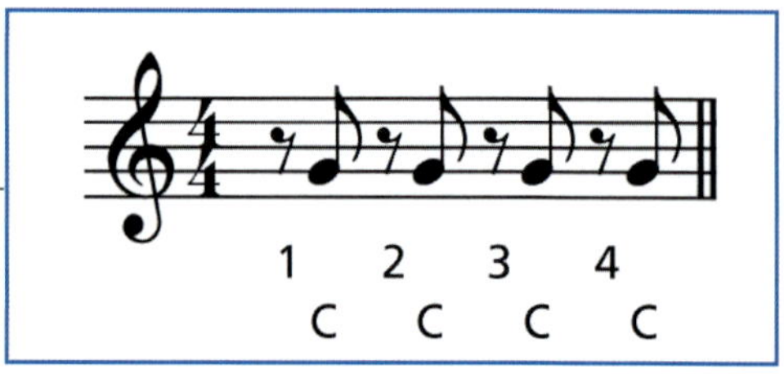

Los grupos de cámara

hacen una **interpretación solista** de las partes de una obra, es decir, a cada voz le corresponde un solo instrumentista.
Se clasifican, según el número de integrantes, en:

- audio **Dueto**
- audio **Trío**
- audio **Cuarteto**
- audio **Quinteto**
- audio **Septeto**
- ...

		C	F
1	Un compás simple puede tener dos, tres o cuatro pulsaciones.		
2	El compás 2/4 tiene dos pulsaciones.		
3	En el compás 6/8, la negra con punto tiene una pulsación.		
4	En el compás 3/4, la negra tiene una pulsación.		
5	El compás 6/8 tiene una métrica binaria.		
6	En la subdivisión de un compás simple escuchamos dos figuras.		
7	La síncopa no se produce al inicio de una pulsación.		
8	Una nota hace contratiempo cuando va después de un silencio que cae en una pulsación.		
9	Los instrumentos que habitualmente integran un trío son la flauta, el clarinete y el fagot.		
10	El cuarteto de cuerda está formado por dos violines, dos violas y un violoncelo.		
11	El contrabajo, habitualmente, no forma parte de un cuarteto de cuerda.		
12	El quinteto de cuerda puede estar formado por dos violines, dos violas y un violoncelo.		
13	El tradicional trío de cuerda está formado por un violín, una viola y un violoncelo.		
14	En el siglo XVII nació la expresión *música de cámara*.		
15	Un noneto está formado por ocho músicos, como mucho.		
16	El quinteto viento-madera está formado tradicionalmente por una flauta, un oboe, una trompa, un clarinete y un fagot.		
17	La trompa es un instrumento de metal que puede estar integrado con el quinteto de viento-madera.		
18	Una de las formaciones clásicas de viento-metal es: dos trompetas, dos trombones y una tuba.		
19	Cuando el número de instrumentistas de una agrupación supera los cinco componentes, se llama por su nombre genérico de *grupo de cámara*.		
20	La trompa es un instrumento de viento-metal que encontramos en agrupaciones de cámara de viento-madera y de viento-metal.		
21	En el siglo XIX hubo muchas mujeres compositoras.		
22	La música de cámara fue muy importante en el siglo XIX.		
23	Louise Farrenc fue compositora y flautista.		
24	Las tres sinfonías de Farrenc fueron estrenadas con éxito.		
25	La familia de Louise Farrenc se dedicaba principalmente a la música.		
26	El quinteto del tercer *scherzo* de Farrenc tiene cuatro movimientos.		
27	Louise Farrenc fue la única profesora del conservatorio de París en el siglo XX.		
28	La maestría de Farrenc como compositora sorprendió a los músicos de la época.		
29	The Beatles es uno de los máximos exponentes del pop americano.		
30	La formación instrumental de The Beatles era de dos guitarras eléctricas, un bajo y una batería.		
31	The Beatles se formó durante la década de 1960.		
32	The Beatles era un grupo eminentemente instrumental.		

¿Alguna vez te has preguntado por qué puede emocionarnos una melodía que oímos por primera vez y no relacionamos con nada? Es difícil saber por qué reacciona así el cerebro, pero a veces la emoción no procede de ningún recuerdo, sino que son las propias notas quienes provocan sensaciones en nosotros.

audio *Sentimentale*, de C. Bolling

El pianista y compositor francés C. Bolling compuso para su amigo, el flautista Jean-Pierre Rampal, una *suite* para flauta y piano. Bolling quería mezclar el lenguaje de la música clásica y del *jazz*, así que añadió una batería y un contrabajo al conjunto. Una de las piezas de esta *suite* es *Sentimentale*.

audio **1.** Escucha la obra y sigue las intervenciones de los instrumentos en el musicograma.

clip

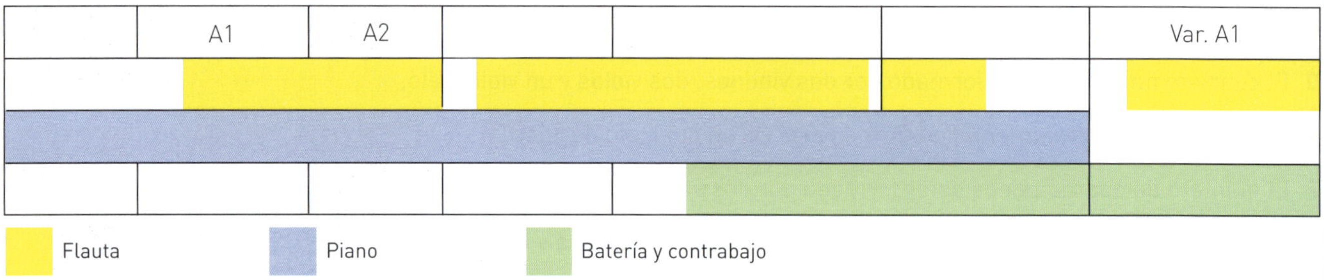

audio **2.** Vuelve a escuchar la obra y fíjate en los motivos de las partituras **a**, **b** y **c**. Di a cuál de las secciones A1, A2, Var. A1 (variación rítmica de A1) del musicograma corresponde cada uno.

a 

b 

c 

3. Completa ahora el resto de secciones del musicograma con A1, A2, B, Int. (introducción).

SENTIMIENTOS... Y PINTURA

El grito, de Edvard Munch. De espíritu inquieto y pesimista, exploró en sus cuadros la angustia y la soledad del ser humano.

SENTIMIENTOS... Y CINE

La lista de Schindler (1993), de Steven Spielberg, película que despertó todo tipo de sentimientos alrededor del mundo.

12

Lorena McKennitt, una de las intérpretes de música celta más reconocidas.

ESCUCHARÁS ENTRE OTROS...

«La danza de Zorba», de la película *Zorba el griego*, de M. Theodorakis

«Gavota I y II» de la *Suite núm. 3 en Re Mayor BWV 1068*, de J. S. Bach

We are the World, de M. Jackson y L. Richie

ORQUESTA TUS COMPETENCIAS...

Interacción con el mundo físico: conocimiento de las agrupaciones musicales, instrumentos y danzas de nuestro país y del mundo.

Social y cultural: implicación de la música en actos solidarios sobre los derechos humanos.

Theodorakis
J. S. Bach
M. Jackson

1. El folclore

El término *folclore* se aplica a todas las tradiciones, costumbres, canciones y bailes que el pueblo crea y se transmite de generación en generación de forma espontánea.

La canción popular tiene asignadas varias funciones, como la expresión religiosa, festiva, infantil (para acompañar juegos), narrativa (explican hechos pasados), de ocio, amor, trabajo, etc.

1.1 Las agrupaciones populares

Si lees una publicación de tu localidad seguro que encontrarás información sobre actuaciones de grupos musicales populares. ¿Pero qué es una agrupación musical popular? Son grupos de música y danza relacionados con el folclore y la música tradicional de una zona o de un grupo cultural del que interpretan danzas y canciones.

La pervivencia de estas agrupaciones ha permitido llevar a cabo un trabajo de investigación y reactivación de las tradiciones, las creencias y las costumbres existentes en determinadas zonas.

El folclore de nuestro país es rico y variado, a pesar de lo cual muestra características comunes: todas las canciones son populares, se transmiten oralmente y otorgan mucha importancia al ritmo y la melodía.

1.2 Los instrumentos

En la mayoría de actos en que interviene una agrupación popular, los instrumentos utilizados –que pueden llegar a ser muy antiguos y hasta rudimentarios– están pensados para ser tocados al aire libre en fiestas y acontecimientos de todo tipo. Cada región usa sus propios instrumentos, que a menudo coinciden con los de otras zonas.

La tradición folclórica ha utilizado varios instrumentos relacionados con canciones y bailes. El más usado es la guitarra y otros instrumentos de cuerda (la bandurria, el tiple, el laúd). Hay todo tipo de flautas y dulzainas. En muchos lugares se usa la gaita y otros instrumentos de viento (el flautín o la chirimía). Hay, por último, una gran variedad de instrumentos de percusión que ayudan a marcar el ritmo.

Las **agrupaciones populares** son propias de una zona geográfica o cultural determinada. Están muy relacionadas con el folclore, ya sea cantado o bailado. Se suelen utilizar instrumentos propios de cada región.

Las agrupaciones populares conservan la tradición cultural.

La **danza** es tan antigua como el ser humano. Expresa sentimientos, creencias y ritos.

clip

El folclore usa varios instrumentos relacionados con las canciones y los bailes.

1.3 La danza

Las pinturas rupestres más antiguas ya nos hablan de la existencia de las danzas en la prehistoria. Encontramos muestras de danzas en todas las culturas, desde los pueblos más primitivos hasta nuestros días.

Desde siempre, la danza ha servido para expresar los sentimientos más profundos del ser humano, como la adoración, la gratitud, el amor, las creencias (en las ceremonias rituales), la alegría (en las festividades)...

La danza popular es fruto de una evolución transmitida de generación en generación. En distintos lugares del mundo hay bailes de características parecidas en lo relativo a la formación, el estilo, el aire, el carácter... Proceden de danzas que han ido cambiando para adaptarse a las diferentes zonas geográficas. Este hecho constata la enorme variedad de bailes que podemos encontrar en la península ibérica.

Sara Baras, bailaora de flamenco. El flamenco tiene sus raíces en el folclore andaluz.

actividades

clip

1. Relaciona las canciones y danzas folclóricas que escucharás con la comunidad adecuada.

2. Trabajad en grupo una danza típica de vuestra localidad o zona geográfica. Tendréis que encontrar una grabación con la música correspondiente, escucharla varias veces y analizarla. Podéis seguir este guión para completar la actividad:

Título de la obra	
Agrupación o instrumentos que interpretan la música	
Motivo y tema de la danza	
Forma de la danza (número de bailarines, características...)	
Estructura de la danza (repeticiones, estrofas, estribillos...)	
Otras curiosidades	

3. Os proponemos que, en grupos, escojáis un instrumento folclórico que esté relacionado con la música tradicional más cercana. Haced un pequeño estudio de este instrumento a partir del siguiente guión:

Historia resumida del instrumento	¿Qué origen tiene? ¿En qué época tuvo más importancia?
Características del instrumento	¿Cómo es? (las partes, los materiales, los tipos, si es un instrumento solista o de grupo...)
Grabación	Facilitad una grabación que tenga una buena sonoridad.

2. La textura musical

El tejido de muchas piezas de ropa está hecho con una trama de hilos: la urdimbre (la disposición vertical de los hilos) y la trama (la disposición horizontal de los hilos). El resultado es la textura. En música también hablamos de **textura**.

En este caso, nos referimos a la combinación de las diferentes voces o melodías (la disposición horizontal de las notas) con la armonía (la disposición vertical). Las texturas más convencionales y características son:

Textura homofónica.

- **La homofónica**

Los elementos de la composición, de acordes y figuraciones rítmicas de la textura homofónica se suceden de manera más o menos simultánea.

Textura contrapuntística.

- **La contrapuntística**

La textura contrapuntística concede más independencia rítmica y melódica a los diferentes elementos de la trama musical. El diálogo está formado por la superposición de diferentes melodías.

Textura de polaridad melodía-bajo.

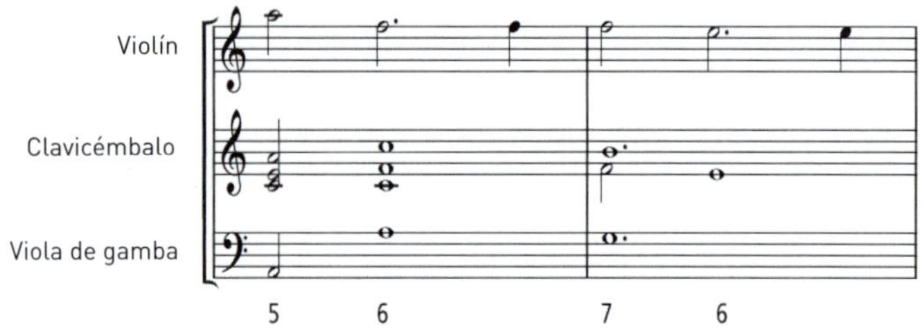

- **La de polaridad melodía-bajo**

La textura basada en la polaridad melodía-bajo es típica de la época barroca (siglo XVII) y de mediados del siglo XVIII. La forman un bajo, ejecutado por un instrumento grave, una parte central, generalmente interpretada por un instrumento de tecla que toca la armonía, y una melodía aguda.

Melodía acompañada.

- **La melodía acompañada**

La melodía acompañada es característica de las obras del clasicismo (siglo XVIII) y del romanticismo (siglo XIX). La melodía se erige como la protagonista principal y los acordes forman la armonía.

> La **textura** es el resultado de combinar las diversas voces con su armonía o acompañamiento. Las texturas musicales más características son: la homofónica, la contrapuntística, la de polaridad melodía-bajo y la melodía acompañada.

3. Los instrumentos antiguos

El origen de casi todos los instrumentos actuales, exceptuando los electrófonos, se remonta a épocas pasadas. Algunos instrumentos han evolucionado hasta convertirse en los que actualmente conocemos; otros se han ido perfeccionando o bien se han dejado de tocar.

Órgano y clavicémbalo.

3.1 El *traverso*

El *traverso* es un instrumento aerófono de madera que se tocaba en las épocas medieval, renacentista y barroca. Posteriormente evolucionó hacia la flauta travesera que, con el tiempo, pasó a ser metálica para darle mayor potencia sonora dentro de la orquesta sinfónica.

Traverso de madera.

3.2 El órgano

El órgano es un instrumento aerófono cuyo origen se remonta al siglo III a.C. Desde entonces se ha perfeccionado hasta la actualidad. A lo largo de la historia el órgano ha estado muy vinculado a la música religiosa.

3.3 El clavicémbalo

El clavicémbalo es un instrumento cordófono de gran importancia entre los siglos XVI y XVII como instrumento de bajo continuo o solista. En el siglo XX se recuperó en parte el interés pasado por este instrumento.

actividades

4. Escucha este fragmento musical. ¿Qué textura utiliza?

- [ ] homofónica
- [ ] de polaridad melodía-bajo

5. ¿Cuál es el instrumento principal?

- [ ] el *traverso*
- [ ] el clavicémbalo
- [ ] el órgano

6. ¿Qué tipo de música es?

- [ ] sinfónica
- [ ] de cámara
- [ ] para solista

7. ¿A qué familia pertenecen los instrumentos que has oído?

- [ ] aerófonos
- [ ] cordófonos
- [ ] electrófonos

Algunos instrumentos antiguos han evolucionado hasta los actuales. Otros han sido perfeccionados o se han dejado de tocar. Los más característicos son el ***traverso***, el **órgano** y el **clavicémbalo**.

«La danza de Zorba», de la película *Zorba el griego*, de Mikis Theodorakis

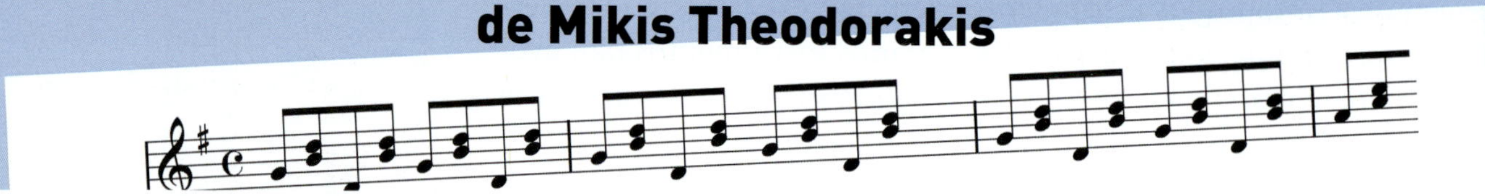

Fotograma de la película *Zorba el griego* (1964), de Michalis Kakoyannis.

Obra

En Creta, una de las islas más grandes del Mediterráneo, las danzas populares forman parte de la vida diaria. Por este motivo, cuando Nikos Kazantzakis escribió la novela *Zorba el griego* –la historia de un pescador solitario de Creta–, hizo bailar al personaje en numerosas ocasiones a lo largo de la obra.

Posteriormente, esta novela se adaptó al cine y, como ves en la imagen, también se incluyó una danza. El encargado de escribir la música fue el compositor griego Mikis Theodorakis. De acuerdo con los ritmos de una de las danzas más típicas de su país, el *sirtaki*, y con el sonido de un instrumento popular griego, el *bouzouki*, Theodorakis compuso la pieza que te presentamos.

Compositor

Para entender la importancia de **Mikis Theodorakis** (1925) en el mundo de la música, basta con repasar sus obras. Ha escrito música para centenares de poemas de autores griegos; ha compuesto sinfonías, óperas, conciertos, música de cámara... y la banda sonora de más de treinta películas.

Este catálogo es impresionante, pero también es necesario hablar de la personalidad de Theodorakis. Además de ser un excelente músico, es un hombre comprometido con sus ideas. El compromiso, siempre a favor de la paz y contra la opresión, le llevó a ser diputado del Parlamento griego y posteriormente, durante la dictadura militar, estuvo en la cárcel tres años.

El año 2000, miles de firmas de Grecia y del resto del mundo le propusieron como candidato al premio Nobel de la paz.

actividades audio

1. Escucha el primer tema de *La danza de Zorba* y sigue la partitura. ¿A qué tipo de textura pertenece?

2. Escucha el principio del segundo tema y el tercero. Después señala con una cruz cuál de las siguientes afirmaciones es correcta:

   - ☐ El segundo tema tiene un *tempo* más lento, aunque su pulsación se acelera progresivamente.
   - ☐ El tercer tema tiene un *tempo* más rápido, porque lo tocan instrumentos populares.
   - ☐ El *tempo* de los dos temas es el mismo, ya que ninguno de los dos tiene pulsación.

3. Ahora que ya conoces los tres temas, escucha la audición entera. Completa los recuadros con las letras «A», «B» o «C», según si escuchas la primera, la segunda o la tercera melodía, respectivamente.

0'01''	0'27''	0'52''	1'23''	2'05''	2'35''

4. Completa las siguientes frases con una de las opciones:

   a En *La danza de Zorba* puedes oír el ..., un instrumento típico de la tradición griega.

   - ☐ *sirtaki*
   - ☐ *bouzouki*
   - ☐ Kazantzakis

   b A medida que avanza la audición, el número de instrumentos ...

   - ☐ aumenta
   - ☐ disminuye
   - ☐ se mantiene igual

   c La métrica de la danza es ...

   - ☐ binaria
   - ☐ ternaria
   - ☐ cuaternaria

El tablón

opiniones, curiosidades...

El éxito de la película *Zorba el griego* hizo que se adaptara a un musical. Asignaron el papel de Zorba al mismo actor que lo interpretó en el cine: Anthony Quinn. Al preguntarle por la danza de la película, dijo:

«La magia de este baile no está en los pies, sino en lo que se está expresando. Para bailarla hace falta sentir la vida y estar algo loco».

«Gavota I y II», de la *Suite núm. 3 en Re Mayor BWV 1068*, de J. S. Bach

La danza es una de las manifestaciones culturales más antiguas de nuestra civilización. En la mayoría de acontecimientos festivos no falta la música ni la danza, ya sean folclóricas o actuales. En la música clásica también hay bailes: el vals, la mazurca, el minué, la giga, la zarabanda o la gavota... En esta unidad te proponemos la audición de una gavota de J. S. Bach.

actividades

Ya sabes que la gavota es una danza cortesana. Tiene una estructura que se repite en todas las gavotas. Además, como obra barroca, tiene contrastes de dinámicas apreciables y su *tempo* es constante a lo largo de la obra.

1. Fíjate en el ritmo de la melodía del inicio del fragmento y di a cuál de estos ritmos corresponde:

a 

b 

c 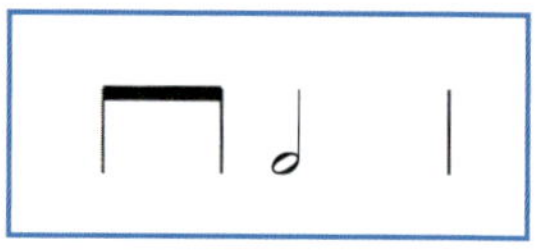

2. La formación instrumental utilizada por Bach está formada por un grupo de cuerda, tres trompetas, dos oboes, timbales y el clavicémbalo para acompañar el bajo continuo. Coloca estos instrumentos en la tabla según el número que lleven.

1	
2	
3	
4	
5	

3. La forma musical de la gavota es binaria. En este fragmento hay dos gavotas que te indicamos como Gavota I y Gavota II. También señalamos la estructura de la primera: un tema A y un tema B que se repiten. Completa el cuadro de la derecha:

Tema (A o B)	Gavota (I o II)
A	Gavota I
A	Gavota I
B	Gavota I
B	Gavota I
A	Gavota II
A	Gavota II
B	Gavota II
	Gavota I

4. En el fragmento hay contrastes de dinámicas: *f* (fuerte) y *p* (piano). Escoge la opción correcta cuando aparezca en la pantalla.

f			

5. Di si las siguientes alteraciones sobre las audiciones de Theodorakis y Bach son ciertas o falsas:

a En las dos, el *tempo* es constante a lo largo de la obra.

b Las familias de instrumentos utilizadas son las mismas.

c Las dos son bailes característicos de las épocas en que fueron compuestas.

audio

Koko leo ko (popular del Senegal)

La música popular africana es muy rica. Esta vez te proponemos *Koko leo ko,* una canción popular originaria del Senegal.

Obstinado rítmico

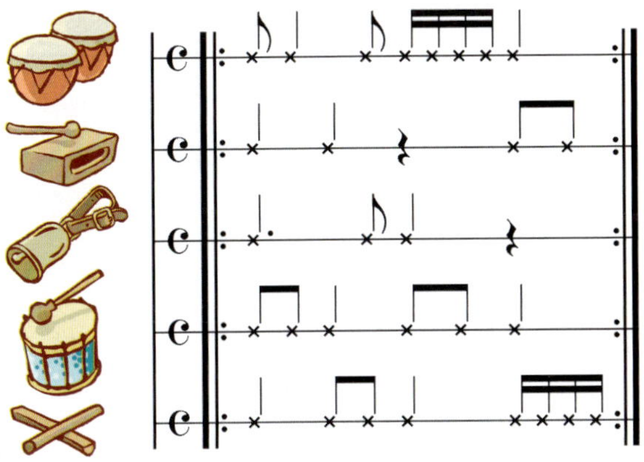

actividad

1. Leed la partitura y cantad la canción en grupo. Haced las repeticiones tantas veces como os lo pida el profesor o la profesora. También podéis tocar el obstinado que os proponemos y añadirlo a la canción que acabáis de cantar, o incluso tocar la melodía sobre la base rítmica de la grabación.

manipula

doc

Combina diferentes archivos con los programas MuseScore y Audacity para obtener texturas distintas. Te damos el violín primero, el violín segundo, el contrabajo y el piano del «Himno a la alegría» de la *Novena Sinfonía* de Beethoven. Haz una textura homofónica y una de melodía acompañada.

El folclore

es el conjunto de las tradiciones, costumbres y artes de una comunidad. El folclore musical se manifiesta mediante:

- sus **agrupaciones musicales**
- sus **instrumentos** característicos
- sus **danzas**

La textura musical

es el resultado de combinar las melodías de las diferentes voces con su armonía. Puede ser:

audio

homofónica, aquella en que todas las voces tienen el mismo ritmo.

audio

contrapuntística, aquella en la que cada voz tiene independencia melódica y rítmica.

audio

de polaridad melodía-bajo, que combina dos voces independientes: la más aguda y la más grave. Las voces centrales forman los acordes.

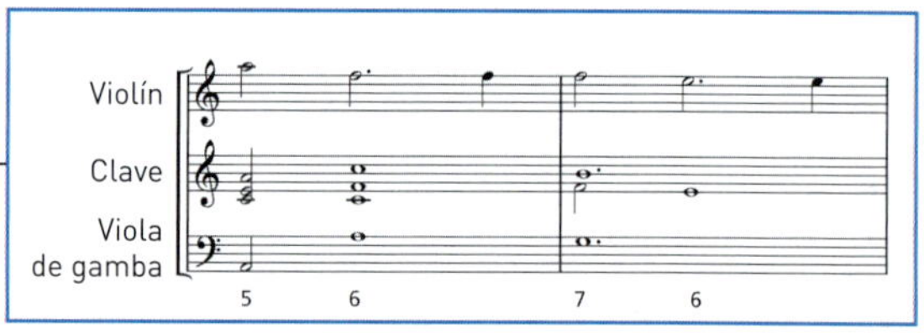

audio

melodía acompañada, que tiene una voz independiente: la melodía. El resto de voces se supeditan a la formación de los acordes que acompañan a la melodía.

Los instrumentos antiguos

son propios de un momento determinado de la historia de la música. Actualmente sólo se usan para interpretar composiciones de su época.

- audio *Traverso*
- audio **Órgano**
- audio **Clavicémbalo**

		C	F
1	El folclore es el conjunto de tradiciones, costumbres y artes de una región.		
2	Los instrumentos electrófonos tienen mucha relación con el folclore y la música popular.		
3	La música folclórica se transmite generalmente de forma oral.		
4	El instrumento más utilizado en la música tradicional es la guitarra.		
5	Para marcar el ritmo se utilizan instrumentos de percusión.		
6	El ritmo y la melodía de las canciones populares suelen ser sencillos.		
7	La gaita es un instrumento típico de Galicia.		
8	La mayoría de canciones del folclore son anónimas.		
9	Una *suite* es una obra con diferentes partes o movimientos.		
10	Bach sólo compuso obras de música profana.		
11	La gavota es una danza del folclore alemán.		
12	Casi toda la familia Bach se dedicó a la música.		
13	La textura es el arte de combinar los diferentes instrumentos.		
14	La textura es el arte de aplicar el texto a una melodía.		
15	Se llama *textura homofónica* la que es cantada por un hombre.		
16	La textura contrapuntística es la que concede mayor independencia rítmica y melódica a todas las partes que intervienen en ella.		
17	La textura basada en la polaridad melodía-bajo es típica del romanticismo.		
18	La textura de melodía acompañada es típica de la época barroca.		
19	A lo largo de la historia, el órgano ha estado vinculado a la música religiosa.		
20	El *traverso* es una textura en que todos los instrumentos actúan de una manera transversal.		
21	La mayoría de instrumentos actuales tienen su origen en los instrumentos antiguos.		
22	Hay instrumentos antiguos que se han perfeccionado técnicamente y que todavía se utilizan para la interpretación de obras.		
23	La música antigua se puede interpretar con instrumentos actuales.		
24	En los siglos XVI y XVII, el clavicémbalo se usaba como bajo continuo y como solista.		
25	En la isla de Creta, las danzas populares forman parte de la vida cotidiana de la gente.		
26	Nikos Kazantzakis es uno de los nombres más importantes de la música griega.		
27	La música de *La danza de Zorba* fue compuesta para una película.		
28	El *sirtaki* es un instrumento popular de la música griega.		
29	El compositor Mikis Zorba es de origen griego.		
30	Theodorakis es autor de sinfonías, conciertos y música de cámara.		
31	Theodorakis no es sólo músico, también fue diputado en el Parlamento griego.		
32	El año 2000 Theodorakis fue propuesto para la candidatura al premio Nobel de la paz.		

We are the World es un tema de Michael Jackson y Lionel Richie del año 1985. Se grabó con la intención de recaudar fondos para ayudar a Etiopía. Participaron varios cantantes famosos, encabezados por el propio Jackson. Como todo el mundo quería cantar, la melodía de los temas (A y B) es interpretada por una voz, a veces por dos o por el coro. Fíjate en que el timbre de la voz cambia continuamente.

audio *We are the World*, de Michael Jackson y Lionel Richie.

audio

1. Escucha el fragmento propuesto y sigue el esquema. Fíjate en que los temas son de 8 compases.

clip

TEMA	A	A	B		A	B
CORO						
2 voces						
1 voz						
Duración en compases	8	8	8	1	8	8
Tiempo	0'00''	0'28''	0'52''		1'22''	1'48''

TEMA	C	B				
CORO						
2 voces						
1 voz						
Duración en compases	8	8	8	8	8	8
Tiempo	2'15''	2'41''	3'07''	3'34''	4'00''	4,26''

2. ¿Cuál de los dos temas es el que se utiliza a partir del 3' 07''?

3. ¿En qué momento se produce una subida de tonalidad?

DERECHOS HUMANOS... Y ESCULTURA

Non violence (1968), de Carl F. Reutersward. Esta escultura se encuentra en la entrada de la sede de la ONU, en Nueva York.

DERECHOS HUMANOS... Y CINE

Johnny Mad Dog (2008), de Jean-Stephane Sauvaire, una película que denuncia la situación de los denominados *niños de la guerra*.

13

Norah Jones, compositora y arreglista, que combina elementos de *jazz*, *soul*, *country* y folk-pop.

ESCUCHARÁS ENTRE OTROS...

Selección de temas de *El señor de los anillos*, de H. Shore

Rondó en Re Mayor para piano y orquesta K 382, de W. A. Mozart

Río Ancho, de P. de Lucía

ORQUESTA TUS COMPETENCIAS...

Comunicativa: reconocimiento del papel que juega la música en los medios de comunicación.

Comunicativa: relación de bandas sonoras de películas con el significado que quieren transmitir.

Cultural y artística: rondó y tema con variaciones en la historia de la música.

Howard Shore
W. A. Mozart
P. de Lucía

Marconi inició unos experimentos con las ondas de la radio y en el año 1901 envió el primer mensaje de radio a través del océano Atlántico. El aparato llegó a los hogares a partir del 1920. Desde entonces, las emisoras comenzaron a emitir programas en que la música era protagonista.

1. La música y los medios de comunicación

1.1 La música y la radio

Hasta el invento de la radio en la primera década del siglo XX, la música se escuchaba en conciertos o grabaciones (discos) que no estaban al alcance de todo el mundo. Gracias a la radio, cualquier tipo de música –desde la culta hasta la moderna o la folclórica– pudo llegar al gran público.

La música tiene varias funciones en la radio:

Función programática	Se produce cuando la música es el principal objetivo del programa o la sección. Aquí podemos incluir los programas especializados en diferentes tipos de música (moderna, *rap*, de autor, clásica, *jazz*...). El principal objetivo del programa es emitir música.	
Función descriptiva y ornamental	A menudo se utilizan ciertos convencionalismos como músicas populares para situarnos en un país o región, determinados estilos musicales para provocar un estado de ánimo, algunos efectos sonoros para acompañar una narración, etc.	
Función publicitaria	Hay melodías asociadas a productos comerciales. Hasta la aparición de la televisión, la radio era el principal medio publicitario. Actualmente podemos encontrar la versión radiofónica de un anuncio televisivo.	
Función sintactico-gramatical	La música se utiliza para ordenar y distribuir los contenidos de un programa. Es muy habitual en los programas informativos. La música que se oye puede presentarse de diferentes maneras:	
	Sintonía	Nos permite identificar el programa o la cadena que escuchamos. Su elección puede despertar el interés del oyente. Puede ir acompañada de un texto anunciando el nombre del programa, quién es el locutor o locutora y los contenidos.
	Cortinas o ráfagas	Su función es separar los contenidos o apartados del programa. Son más cortas que la sintonía.
	Golpes musicales	Suelen ser muy breves y separan noticias o contenidos de una misma temática (como noticias de deportes diferentes, por ejemplo).

1.2 La música y la televisión

Durante la década de 1930 nació la televisión. Este aparato que hoy es tan común condujo hacia una **nueva era de la información y la comunicación de masas**, transformó el mundo del espectáculo e influyó en la producción del mercado musical. En este medio de comunicación podemos encontrar música en muchas situaciones diferentes:

- En bandas sonoras de películas o telenovelas.
- En anuncios publicitarios.
- En sintonías de programas.
- En dibujos animados.
- En programas especializados en diferentes tipos de música: culta, moderna...
- En videoclips.

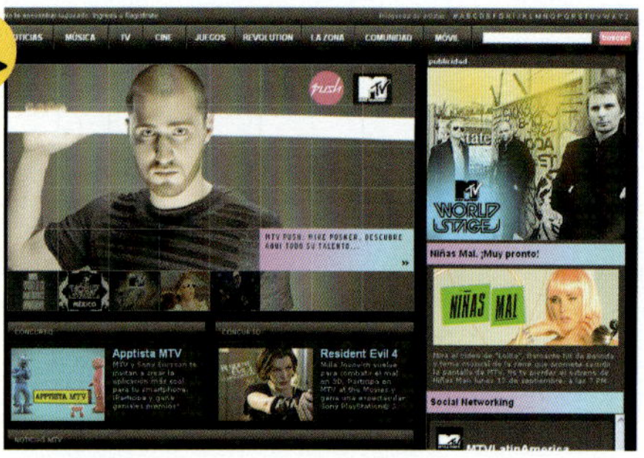

El poder de la televisión como medio propagandístico musical es tan grande que todas las discográficas acompañan la promoción de un artista con un videoclip dirigido a la audiencia televisiva.

1.3 La música y el cine

En el cine distinguimos entre **música de fondo** y **música de pantalla**. La música de fondo ambienta escenas en las que no aparecen los intérpretes. La banda sonora crea una atmósfera determinada. La música de pantalla, en cambio, está integrada en la escena, y aparece representada visualmente.

Las funciones que cumple la música en el cine son:

- Situar la película en un lugar o una época determinados.
- Dar a la acción un aire trepidante o lento gracias al uso del *tempo*.
- Intensificar el mensaje de una escena o atraer la atención del espectador.
- Identificar y recordar personajes, escenarios o diferentes elementos mediante la repetición de motivos musicales concretos.

Gladiator (2000), de Ridley Scott. Su banda sonora es del compositor alemán Hans Zimmer.

actividades

1. Escucha los siguientes ejemplos de audio que puedes encontrar en la radio y di qué función te parece que tienen y por qué.

Ejemplo	1	2	3	4	5	6
Función						
Motivo						

2. Escucha los siguientes fragmentos. Son músicas que han aparecido en televisión. ¿Dónde? Pon el número de la audición donde lo creas oportuno.

1 audio 2 audio 3 audio 4 audio

- Sintonía de una serie de TV.
- Banda sonora de una serie de TV americana de mucho éxito.
- Efectos musicales de un concurso de TV.
- Música para un anuncio.

3. Identifica en las bandas sonoras de las siguientes películas alguna de las funciones que hemos explicado de la música en el cine:

Psicosis · *Titanic* · *Blade Runner* · *El último emperador* · *Por un puñado de dólares*

4. Escucha y di cuáles de estos fragmentos de bandas sonoras de películas que te proponemos son obras compuestas expresamente para el cine (1) y cuáles son obras clásicas utilizadas posteriormente en bandas sonoras (2).

2001: Una odisea del espacio · *Avatar* · *Fantasía* · *Up* · *Excalibur*

Manuscrito de la *Boda de Robin y Marion*, de Adam de la Halle. Esta obra del siglo XIV es un interludio con forma de rondó.

2. Formas musicales (I)

Recuerda que las obras musicales tienen una estructura o forma que nos permite conocer sus características. Los principales procedimientos formales que han utilizado los compositores occidentales a lo largo de la historia son: repeticiones, contrastes, variaciones, desarrollo de los temas e imitaciones.

Se usa la misma nomenclatura que en las formas simples –consultad la unidad 8–. Se usan las letras del abecedario (A, B, C, etc.) y si hay una repetición con una variación, usamos la misma letra con un apóstrofo, que se llama prima (').

2.1 La forma rondó

La forma rondó emergió en la época del Ars Nova (siglo XIV). Posteriormente, los compositores han recurrido a ella a menudo para componer música instrumental. La forma rondó se caracteriza por la repetición y el contraste. Básicamente, consiste en intercalar un tema principal, el **estribillo** (A), con un tema o más, las estrofas (B, C...). Te presentamos las estructuras más comunes de la forma rondó:

- A-B-A-B-A, si intercalamos un tema diferente del estribillo (B).
- A-B-A-C-A, si intercalamos dos temas diferentes del estribillo (B y C).

También hay rondós de siete secciones. El más frecuente es A-B-A-C-A-B-A. Podemos encontrarlos en los movimientos de las grandes obras del clasicismo y el romanticismo.

audio

Escucha el fragmento siguiente. Es una forma rondó (A-B-A-C-A).

A clip

B

C

2.2 El tema con variaciones

Uno de los recursos compositivos más antiguos de la historia de la música es la variación. En el siglo XVI ya se usaba esta técnica para componer piezas como la chacona, la *passacaglia* y repeticiones de danzas ornamentales llamadas *dobles*. En ocasiones, los músicos improvisaban sobre un mismo bajo, otras veces eran los compositores quienes, de forma más organizada, lo escribían en una partitura.

A partir del clasicismo (siglo XVIII), el tema con variaciones se expone a partir de una pequeña idea con alguna característica fácil de recordar. El compositor repite el tema tantas veces como quiere, pero lo transforma modificando algunos elementos (melodía, timbre, armonía, textura, métrica, articulación, *tempo*, etc.).

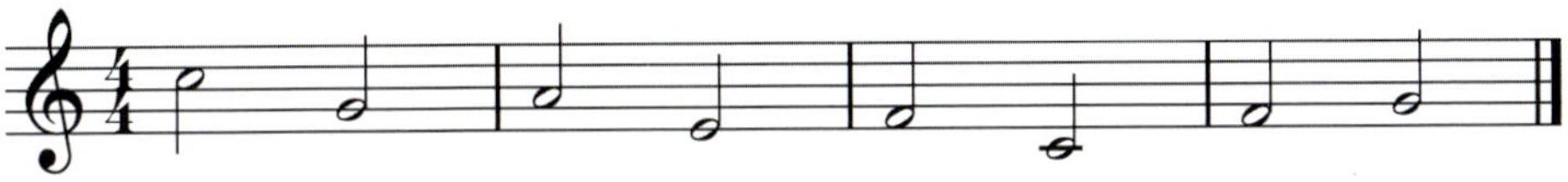

Canon de Pachelbel con bajo continuo.

Melodía popular que W. A. Mozart utilizó para un tema con variaciones para piano.

audio Escucha este fragmento. Tiene forma de tema con variaciones. Es del siglo XVII.

audio Escucha este fragmento. Tiene forma de tema con variaciones. Es del siglo XVIII.

El rondó y el tema con variaciones son formas musicales presentes en toda la historia de la música. El **rondó** puede tener dos o tres temas de cinco o siete secciones. El **tema con variaciones** a menudo tiene una melodía corta seguida por unas repeticiones con modificaciones.

actividades

5. Inventa tres frases con contrastes rítmicos y melódicos de ocho compases cada una. Piensa en una dificultad que te veas capaz de interpretar y escríbela en el programa MuseScore. Con las frases anteriores, haz alguna de las propuestas siguientes.

A	B	C
A-B-A-C-A	A-B-A-C-A-B-A	A-B-A-B-A

6. Observa las dos partituras. Señala las nueve variaciones que hay en la segunda respecto a la primera. Di qué elementos están modificados (melodía, ritmo, armonía, dinámica, *tempo*, métrica, etc.).

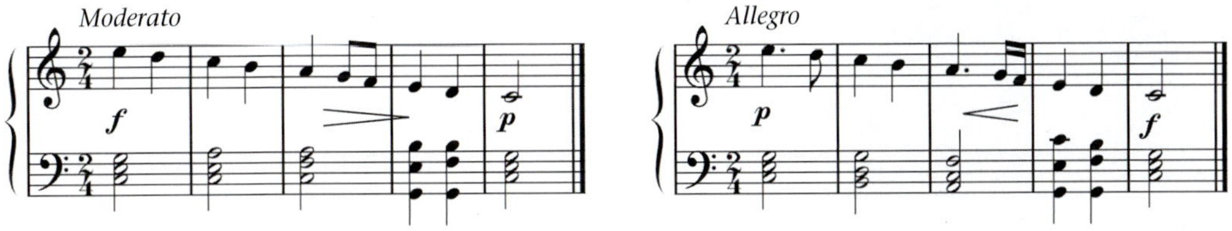

audio **7.** Escucha el tema y dos variaciones de *Ah!, Vous dirai-je, maman*, de W. A. Mozart. Di qué elemento (melodía, ritmo, armonía, timbre, textura, métrica, articulación, *tempo*, etc.) ha modificado el compositor en cada una de las variaciones.

Selección de temas de *El señor de los anillos*, de Howard Shore

Fotograma de la película *El señor de los anillos. La comunidad del anillo* (2001), en que la poderosa elfa Galadriel bendice a Frodo para desearle suerte en su aventura.

Obra

Basada en la obra literaria de J. R. R. Tolkien, la trilogía cinematográfica explica la lucha de dos bandos por recuperar un anillo con un poder incalculable. En la banda sonora hay temas que remarcan los diferentes elementos de cada bando. Por un lado tenemos:

- Los **hobbits**, una raza de hombres de estatura media y carácter pacífico.
- La ciudad de **Rivendel** y los bosques de **Lothlorien**, habitados por elfos, seres inmortales y sabios.
- El reino de **Gondor**, antes un esplendoroso territorio de los hombres, ahora sin rey y en decadencia.
- **Rohan**, un pueblo nómada.
- La **Comunidad del Anillo**, una alianza entre varios pueblos para poner fin al poder del mal.

Por el otro lado hay:

- La torre de **Mordor**, fortaleza de **Sauron**, que quiere usar el anillo para someter la Tierra Media.
- La torre de **Isengard**, donde vive Saruman, mago que se corrompe y se alía con Sauron.
- Los **nazgul**, seres atrapados bajo el poder del anillo.
- Y por último, el **anillo**.

Compositor

El año 2000, el compositor canadiense **Howard Shore** (1946) recibió el encargo de poner música a la versión cinematográfica de *El señor de los anillos*.

Por un lado, la gran extensión del fascinante relato de Tolkien obligaban a hacer no una, sino tres películas. Por otro lado, el escritor inglés había creado un mundo fantástico para desarrollar la acción y lo había descrito con una precisión extraordinaria. Recrearlo musicalmente era muy complicado, y no hacerlo podía decepcionar a miles de lectores de Tolkien.

A pesar de las dificultades, Shore aceptó el encargo. Para abarcar la magnitud de la obra tuvo que componer más de nueve horas de música.

actividades audio

1. Éstos son los temas relacionados con la destrucción del anillo. Escúchalos y numera las partituras por orden de aparición.

Hobbits

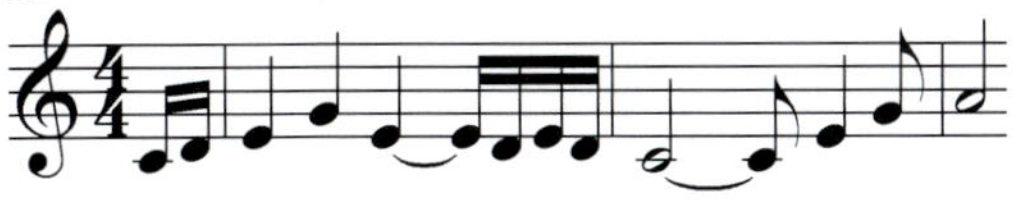

Rivendel

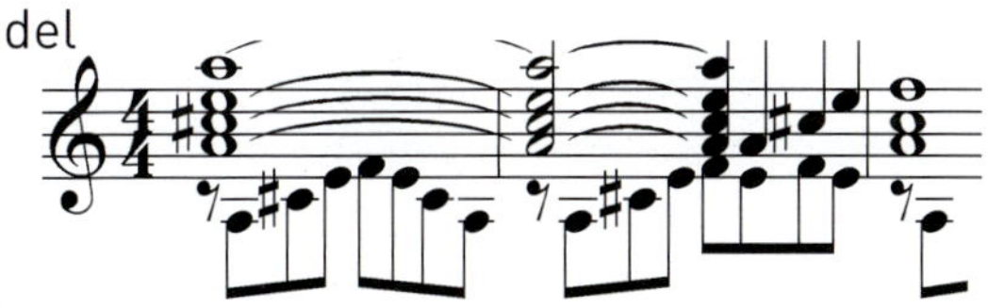

Lothlorien

Gondor

Rohan

La Comunidad

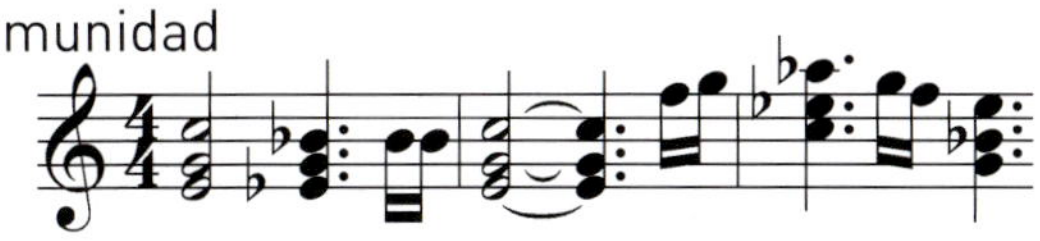

2. Ahora escucha los temas de la facción opuesta y numera las partituras.

Mordor

Isengard

Nazgul

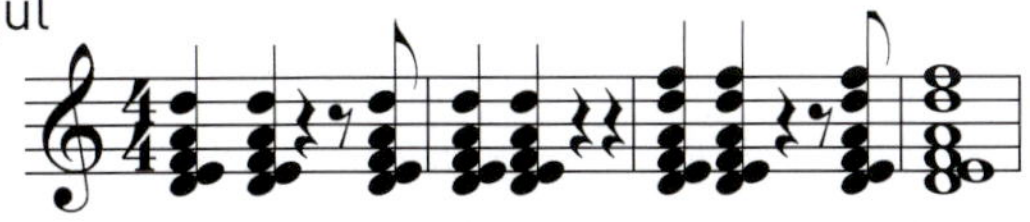

Anillo

3. Finalmente, escucha cuatro fragmentos nuevos de *El señor de los anillos*. Después, completa las siguientes frases:

a En el primer fragmento hay una variación del tema...

- de Rohan
- de los hobbits
- de los nazgul

b En el segundo aparece el tema de Gondor con una variación...

- rítmica
- tímbrica
- melódica

c El tercer fragmento pertenece al momento en que los elfos de...

- Rivendel
- Lothlorien

... se dirigen a la guerra. Se trata de música de...

- fondo
- pantalla

d En el cuarto fragmento hay una variación del tema...

- del anillo
- de Isengard
- de la Comunidad

El tablón

opiniones, curiosidades...

«Tolkien describe a los Rohan como una cultura bastante similar a la de los pueblos vikingos; por ese motivo he usado el violín noruego para su tema... quería crear una música que pudiera haber formado parte de una cultura como la de Rohan.»

H. Shore

«Compuse el tema de los hobbits en octubre, y el de la Comunidad en noviembre [del 2000]. Pero antes de eso estuve cuatro meses investigando. Había leído los libros de Tolkien en los años sesenta, pero ahora, además de leerlos, investigué la mitología del anillo.»

H. Shore

Rondó en Re Mayor para piano y orquesta K 382, de W. A. Mozart

Como forma musical, las variaciones sobre un tema son muy antiguas, pero todavía sigue siendo una forma vigente. Las encontramos en obras modernas, como *El señor de los anillos*, de H. Shore, o en el *Rondó con variaciones para piano y orquesta* de W. A. Mozart. Recuerda que las variaciones pueden ser rítmicas, armónicas, melódicas, etc.

actividades

vídeo **1.** Contesta a las preguntas:

a ¿Quién presenta el tema? ☐ el piano ☐ la orquesta

b ¿Qué estructura o forma tiene este tema? ☐ ABAB ☐ AABB ☐ ABBA

2. En la primera variación (var. 1) hay cambios importantes en relación con el tema. A pesar de que nos sigue recordado al tema anterior, encontramos los siguientes cambios:

a tímbricos: el instrumento que toca solo es ....

b melódicos: la melodía cambia.

c ....: el ritmo también cambia.

3. Completa las frases referentes a las siguientes variaciones con estas palabras: *lenta*, *menor*, *tema*, tempo, *orquesta*.

a En la segunda variación (var. 2) y en la tercera (var. 3) el instrumento protagonista está acompañado por la ...., que hace un discreto acompañamiento armónico.

b La cuarta variación (var. 4) altera la modalidad, mucho más triste, de mayor a ....

c En la quinta variación (var. 5) el solista hace el .... con una mano y con la otra toca notas de adorno.

d La sexta (var. 6) y la séptima (var. 7) son variaciones totalmente opuestas. La sexta es más lírica y ...., mientras que la séptima es más trepidante y mucho más rápida. Estas dos variaciones modifican el ....

4. A lo largo del DVD verás aparecer unos números referidos a algunos instrumentos que intervienen en la obra. Completa el cuadro.

	1	2	3	4	5
Instrumento					

5. ¿Qué tipo de variaciones has escuchado en las audiciones de esta unidad?

☐ rítmicas ☐ melódicas ☐ tímbricas ☐ métricas

interpreta

audio

***Rondó chino*, de F. Vila**

Ahora ya sabes qué es un rondó y qué forma tiene. La canción que te proponemos tiene tres partes y las hemos dividido en A, B y C. Para desarrollar el rondó correctamente tendrás que interpretarlo de esta forma: A-B-A-C-A.

actividad

1. Interpretad la partitura. Formad grupos para que cada uno interprete una parte. Tened en cuenta el orden de las partes del rondó. Después aprended las melodías de cada una de las partes y tocadlas a la vez que escucháis la grabación.

manipula

doc

Construye un rondó de cinco o siete secciones con Audacity y algunos de los seis archivos de audio que te proporcionamos. Cada archivo será alguna de las secciones del rondó. Puedes elegir los que más te gusten y combinarlos como quieras. Recuerda que si utilizas dos veces el mismo archivo, la letra que representa la sección será igual.

Los medios de comunicación

han contribuido a la difusión de la música.
Los medios más importantes de la primera mitad del siglo XX son:

la radio

la televisión

el cine

La música de cine puede ser de dos tipos:

- **música de fondo** (no está presente en la escena)

- **música de pantalla** (aparece en la escena)

Las formas musicales

audio

El **rondó** se basa en la alternancia **estribillo – estrofas**.
Hay rondós de cinco o siete secciones.

7 secciones

A	B	A	C	A	B'	A'

5 secciones

A	B	A	C	A
A	B	A	B	A

audio

El **tema con variaciones** es una composición basada en la repetición de **un solo tema**.
Cada repetición presenta el tema con uno o más elementos modificados.

Tema	Var. 1	Var. 2	Var. 3	Var. 4	Var. 5	...

		C	F
1	La radio se inventó durante el siglo XIX.		
2	Hasta la aparición de la radio la música sólo se escuchaba en directo.		
3	Gracias a la función programática de la música en la radio, en todos los programas se oye música.		
4	Cuando escuchamos música, la solemos relacionar con el país del que procede. Esta función se llama *descriptiva*.		
5	La sintonía de un programa informativo de radio es más larga que la llamada *cortina musical*.		
6	La televisión nació en la década de 1930.		
7	Actualmente, todas las discográficas quieren que sus grupos o cantantes aparezcan en la televisión en videoclips.		
8	El cine se inventó en el año 1927.		
9	En la música de pantalla podemos ver a músicos tocando o cantando.		
10	La música de fondo obliga al director a poner a los músicos en escena.		
11	Todas las bandas sonoras para cine son compuestas expresamente para cada película.		
12	La banda sonora nos ayuda a entender el significado de una película.		
13	La repetición de una melodía con algún elemento cambiado se llama *tema repetitivo*.		
14	La forma musical se representa mediante letras y números.		
15	Las letras A-B-A-C-A pueden representar un rondó.		
16	Cuando hay una pequeña variación se escribe la misma letra con un apóstrofo.		
17	El tema con variaciones ha estado presente a lo largo de toda la historia de la música.		
18	La secuencia A-B-A indica que es un tema con variaciones.		
19	Hay rondós de siete secciones.		
20	En grandes obras del clasicismo y romanticismo encontramos rondós.		
21	El tema con variaciones puede tener un número indeterminado de variaciones.		
22	El rondó surgió en la época del Ars Nova como forma literaria.		
23	Las variaciones pueden ser instrumentales, melódicas, armónicas, rítmicas, etc.		
24	La forma *lied* ternario se puede representar con la secuencia de letras B-A-B'.		
25	El compositor Howard Shore nació en Inglaterra.		
26	La banda sonora de *El señor de los anillos* tiene tres temas principales.		
27	La banda sonora de Tolkien para *El señor de los anillos* comprende tres películas.		
28	En *El señor de los anillos* la ciudad de Rivendel está habitada por elfos.		
29	Entre los instrumentos que aparecen en *El señor de los anillos* está el violín noruego.		
30	El guión de *El señor de los anillos* está basado en una novela de Howard Shore.		
31	La versión cinematográfica de *El señor de los anillos* dio a conocer el libro original.		
32	En *El señor de los anillos*, Gondor es un mago malvado.		

A menudo, la biografía de los autores sirve de inspiración para la creación de sus obras. De hecho, se trata de la fuente de información más directa. A veces el artista se siente inspirado por un hecho vivido por él mismo, como los recuerdos o las experiencias de su propia vida.

audio *Río Ancho*, de Paco de Lucía

clip

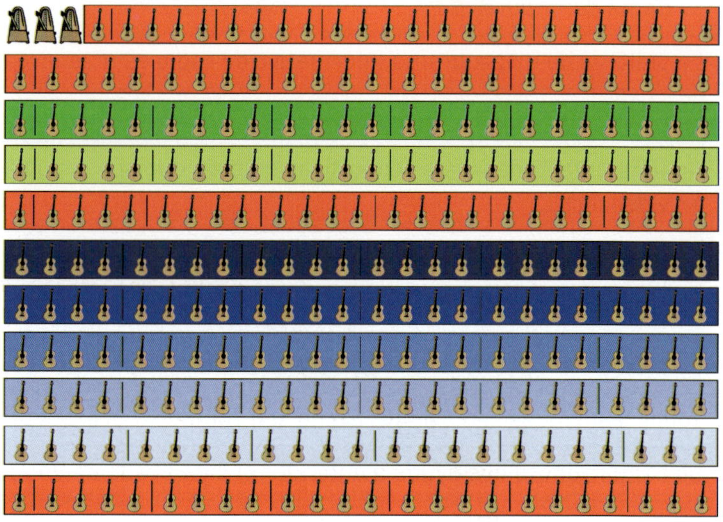

El 1975, el guitarrista y compositor andaluz Paco de Lucía dio un impulso modernizador a la música flamenca con el disco *Almoraima*. Los temas de este trabajo se inspiran en lugares de su tierra: *La cueva del gato*, unas cuevas en la sierra de Ronda; *Cobre*, en referencia a las minas de Río Tinto, o *Río Ancho*, la pieza que ahora escucharás, inspiradas en las aguas de Guadalquivir.

1. Escucha la obra marcando la pulsación en los iconos del musicograma.

2. Fíjate en los tres colores del musicograma (temas A, B y C) y en los cambios de matiz de un color (variaciones del tema), y completa los siguientes recuadros. Después, vuelve a escuchar la pieza y acierta el momento en que cambia de recuadro.

A	A	B V1					C V3			

LA VIDA DE LOS AUTORES... Y LA PINTURA

Roots (1943), de Frida Kahlo, pintora mexicana que retrató en sus obras su vida: su amor, sus miedo, sus inquietudes, la muerte...

LA VIDA DE LOS AUTORES... Y EL CINE

Volver (2006), de Pedro Almodóvar. El director reflejó en algunas de sus películas situaciones y personajes de su vida.

{14}

La factoría Disney promociona sus series y películas musicales mediante Disney Channel. Algunas, como *Camp Rock 2*, se estrenan en exclusiva en este canal, y no en las salas de cine.

ESCUCHARÁS ENTRE OTROS...

Sinfonía núm. 5, de L. V. Beethoven

Come Softly to Me, de A. Franklin

Primavera porteña, de A. Piazzolla

ORQUESTA TUS COMPETENCIAS...

Comunicativa: conocimiento de la incidencia que tiene la música en el mundo de la publicidad y el valor que le aporta.

Cultural y artística: identificación de formas musicales en la historia de la música.

Interacción con el mundo físico: las estaciones del año como fuente de inspiración para los compositores.

Aretha Franklin

Piazzolla

Beethoven

vídeo

El mundo de la publicidad también aprovecha la imagen de músicos famosos, como en este vídeo.

1. La música y la publicidad

¿Alguna vez te has preguntado qué relación hay entre las melodías o las canciones y los productos que anuncia la televisión o la radio?

La música en la publicidad tiene cada vez más importancia. La imagen, el guión, el mensaje y el lanzamiento del producto no cumplirían su objetivo si no fueran acompañados por la música adecuada. Tanto es así, que la ausencia de sonido en algunos anuncios también se ha convertido en un reclamo.

Un dato que nos permite reflexionar sobre la importancia de la música es que cada vez hay más discos que recogen música de anuncios. Estas recopilaciones permiten recuperar canciones de generaciones anteriores que vuelven a estar de moda.

La música en la publicidad se presenta de diferentes maneras. Éstos son algunos ejemplos:

jingle	Es cantado y el anunciante pone música al texto. Un ejemplo puede ser el anuncio de una marca de bolígrafos en que se cantaban las cualidades del producto con un contrabajo de base. Generalmente acaba con un eslogan fácil de recordar.
logo musical	Es mucho más corto y puede ser cantado o instrumental. A veces es el eslogan de un anuncio más largo.
música incidental	Música que aparece en el anuncio y que tiene relación con lo que se anuncia (una samba brasileña para anunciar una agencia de viajes, por ejemplo).

La publicidad de los medios de comunicación usa la música para **potenciar el mensaje**.

La publicidad tiene un conjunto de recursos que hacen destacar el aspecto musical de los anuncios:

- crear un motivo melódico,
- uso de música compuesta años atrás,
- invención de sonidos,
- intervención de cantantes famosos,
- asociación del tipo de música con el público al que va dirigido el anuncio...

Analicemos algunos de los recursos más habituales en la música de la publicidad:

a La invención de una frase o motivo melódico que se repite cuando se anuncia el producto, año tras año, aunque cambien los anuncios.

b La asociación de un tipo de música con el público al que va dirigido el producto. Por ejemplo: si el destinatario es el público adolescente, la música escogida será más rítmica y moderna; para los niños se utilizan voces agudas, y en ocasiones, un tono cómico.

c La utilización de música compuesta hace muchos años y de estilos muy distintos. A veces descubrimos una canción de hace treinta años o un tema clásico cuyo compositor desconocemos y lo reconocemos porque lo asociamos con un producto. Por ejemplo: anuncios de automóviles, de productos alimentarios (sopas, infusiones, miel...).

d La invención de sonidos –musicales o no– que refuercen el efecto visual. A veces se pueden mezclar con la música. Por ejemplo: ritmos producidos por objetos que, al combinarse con otros, forman uno más atractivo.

e La intervención de cantantes famosos que interpretan alguna de sus canciones o que, incluso, componen música para el anuncio. Por ejemplo: los tonos de los teléfonos móviles.

actividades

1. Estos tres ejemplos de música de publicidad son: música incidental, un logo y un *jingle*. Tras haberlos visto, di cuál es cada uno.

A vídeo

B vídeo

C vídeo

A	B	C
☐ *jingle*	☐ *jingle*	☐ *jingle*
☐ logo musical	☐ logo musical	☐ logo musical
☐ música incidental	☐ música incidental	☐ música incidental

2. Di qué recursos de los enunciados de esta unidad utiliza la música que aparece en estos anuncios que te proponemos.

A vídeo

B vídeo

C vídeo

3. Haz un trabajo sobre diez anuncios publicitarios. Recoge los datos que te proponemos y coméntalos con el resto de compañeros y compañeras. Recomendamos que cada alumno o grupo de alumnos trabaje sobre distintas franjas horarias y cadenas de televisión.

Hora en que se emite	Producto	¿Tiene música?	Importancia de la música: mucha bastante/poca	Estilo: moderna/ clásica

4. Formad un grupo de cuatro miembros e inventad un anuncio. Para hacerlo, seguid estas indicaciones, que os pueden ayudar.

a Inventad un producto y ponedle un nombre comercial.

b Pensad a quién puede ir dirigido, el destinatario principal (adultos, adolescentes, niños).

c Escoged un texto que ocupe un máximo de 20 segundos (a veces, con una o dos frases será suficiente).

d Escoged una música que tengáis en casa y que se adapte al producto que anunciáis.

e Grabad el anuncio. Podéis jugar con el volumen para destacar más o menos el texto o la música.

audio

Escucha los fragmentos declamados de manera escalonada. Escucha la palabra *canta* y fíjate cómo destaca entre el resto. La palabra está presente en los tres fragmentos.

audio

Escucha un fragmento de la *Fuga en Si Bemol Mayor, núm. 21*, de J. S. Bach. Síguela en la partitura.

2. Formas musicales (II)

2.1 Forma fuga

Lee los siguientes fragmentos que te proponemos. Corresponden a poemas de Antonio Machado.

Canciones

Canta, canta *en claro ritmo, el almendro en verde rama y el doble sauce del río.*

Soledades a un maestro

En su claro verso se ***canta*** *y medita sin grito ni ceño.*

De mi cartera

Canto y cuento es la poesía. Se ***canta*** *una viva historia, contando su melodía.*

Con la forma **fuga** pasa algo parecido. Normalmente, una fuga es una obra instrumental de un solo movimiento y de textura contrapuntística. El compositor usa un tema principal que se puede oír a lo largo de toda la composición y a diferentes alturas. Es una de las formas más complejas de la historia de la música. Su momento culminante se da en el siglo XVIII con la música de J. S. Bach.

La **fuga** es una forma musical de la época barroca. Sus características son: textura contrapuntística, técnica imitativa e instrumental.

2.2 Forma sonata

Durante el siglo XVI, la mayoría de obras compuestas para instrumentos, excepto las que eran para teclado, recibían el nombre de ***sonata***. Las obras para teclado se llamaban ***tocata***, y la mayoría de obras pensadas para ser cantadas, ***cantata***.

A lo largo del siglo XVIII, el término *sonata* adquiere un significado diferente. Por un lado, se llaman de esta manera las obras de dos a cuatro movimientos que son interpretadas por uno o dos instrumentos. Por otro, nace la forma musical más prolífera de todas las épocas: la **forma sonata**. Desde que apareció, esta forma se aplica a casi todas las grandes obras: las sinfonías, los conciertos, las oberturas y, por descontado, las sonatas.

La forma sonata tiene una exposición repetida, un desarrollo y una reexposición o recapitulación que también se repite. La exposición la forman dos temas: A, en el tono de la tónica (I grado) y B, en el tono de la dominante (V grado).

Estos dos temas generalmente van unidos por un puente. El desarrollo es de estructura y contenido más libre; de hecho, en cada obra son diferentes. En la reexposición o recapitulación se repite el esquema de la exposición, aunque aquí el tema **B** es en la tonalidad de la tónica.

Exposición	Desarrollo	Reexposición/Recapitulación
A puente B :‖	‖: Estructura libre	A puente B :‖
I V		I I

audio Escucha la exposición del primer movimiento de la sonata *Pequeña serenata nocturna*, de W. A. Mozart.

La **forma sonata** nace en el siglo XVIII. Se aplica a la sinfonía, el concierto, la obertura, etc. Su característica principal es que es bitemática.

Su estructura incluye los temas **A** y **B** unidos por un puente. En la exposición, el tema **A** está en la tonalidad principal, y el **B**, de dominante. En la recapitulación, **A** y **B** están en el tono de la tónica.

actividades

5. Observa la partitura de la fuga de la página anterior. ¿En qué fragmentos J. S. Bach usa una línea monódica?

6. Con tres compañeros de la clase, busca fragmentos de poesías que contengan una misma palabra. Interpretad una fuga a cuatro voces como la que hemos propuesto en el principio de este apartado.

audio audio

7. Escucha los siguientes fragmentos musicales. ¿Cuál crees que pertenece a una sonata? ¿Y a una fuga? Razónalo.

Sinfonía núm. 5, de L. V. Beethoven

En el otoño del año 1826, Beethoven viajó a Gneixendorf para pasar unos meses en casa de su hermano (en la imagen). De vuelta a Viena en un carruaje descubierto el primer día de un mes de diciembre muy frío, cogió una neumonía que finalmente acabó con su vida el 26 de marzo de 1827.

Obra

Cuando Beethoven notó los primeros síntomas de sordera decidió luchar con todas las fuerzas para vencer la enfermedad. A pesar de todos sus esfuerzos, el oído de Beethoven empeoraba día tras día. Finalmente tuvo que aceptar que su afección era incurable y que, por tanto, el destino le había vencido. Fue entonces cuando compuso su quinta sinfonía.

Él mismo dijo de esta obra: «Así es como el destino llama a la puerta». Ahora escucha el inicio de la obra, probablemente uno de los fragmentos más conocidos de la historia de la música.

Compositor

El compositor alemán **Ludwig van Beethoven** (1770-1827) vivió un momento histórico que marcó su personalidad. La Revolución Francesa, que comenzó cuando tenía sólo diecinueve años, le hizo partidario de nuevas ideas de libertad e igualdad, que él mismo trasladó al mundo del arte.

Hasta entonces la vida de un músico no iba más allá de ser miembro al servicio de un palacio. Beethoven, a pesar de que desde joven se relacionó con príncipes, nunca aceptó órdenes de nadie. Durante toda su vida propugnó la independencia del artista a la hora de crear su obra según sus impulsos. Por este motivo sus sinfonías, sonatas, conciertos, cuartetos de cuerda, etc. marcan un antes y un después en la historia de la música.

Durante la última etapa de su vida, por culpa de la sordera, Beethoven sólo podía comunicarse mediante un cuaderno de conversación. Esto acentuó su carácter difícil, y le convirtió en una persona arisca y desconfiada. En *El tablón* encontrarás algunas muestras de su mal genio.

actividades audio

1. Escucha el inicio de esta audición. Marca la pulsación de blancas. Cada pulsación corresponderá a uno de los compases de la partitura, que tendrás que señalar sucesivamente a partir del número 1. Te ayudamos con un fragmento de cuatro pulsaciones de metrónomo.

2. Ahora escucha todo el fragmento y marca la pulsación señalando las letras del musicograma. La primera letra corresponde al compás número 1, y así sucesivamente. Los colores azul, verde y rojo nos indican los temas A, B y el puente.

A I A I A I A I A I A I A I A I A I A I A I A I A I A I A I p I p I p I
p I p I p I p I p I p I p I p I p I p I p I p I p I p I p I p I p I p I p I B
I B I B I B I B I B I B I B I B I B I B I B I B I B I B I B I B I B I B I B
I B I B I B I B I B I B I B I B I B I B

3. Ten en cuenta la presencia de los temas A y B y señala con una cruz la forma musical que usó Beethoven para su *Quinta Sinfonía*.

☐ fuga ☐ sonata ☐ tema con variaciones

El tablón

opiniones, curiosidades...

«Estos vieneses no valen nada, desde el emperador hasta el último limpiabotas.»

Ludwig van Beethoven

«La nueva cocinera parece más servicial, aunque hoy he tenido que soportarle demasiadas cosas. Le he lanzado media docena de libros con mis mejores deseos para el año nuevo.»

Carta de Beethoven a su mayordoma

«¡Iros al infierno! Me niego a escuchar cualquier opinión vuestra en lo referente a puntos de vista morales.»

Carta de Beethoven a uno de sus mejores amigos

If You Leave Me Now, de Chicago Transit Authority

La forma y la estructura ayudan a analizar y componer las obras musicales. Algunas estructuras formales evolucionan, y otras pierden vigencia y caen en desuso con el paso del tiempo. En la música pop también se adivina una estructura. Veámoslo en la canción *If You Leave Me Now,* de Chicago Transit Authority.

actividades

vídeo **1.** La canción está hecha en compás cuaternario. ¿De cuántos compases consta la introducción (Intro)?

☐ dos ☐ cuatro ☐ ocho

2. La canción tiene dos partes melódicas bien diferenciadas, que se repiten. Las llamamos estrofa (A) y estribillo (B). Hay también fragmentos que funcionan como puente y algún solo. Hay dos momentos en que se vuelven a repetir estos temas, y aparecen en la imagen A o B. Marca qué tema suena en cada momento:

2'02''	A	B	2'49''	A	B

3. Hemos asignado números a los diferentes instrumentos de la banda. Di cuáles son:

	1	2	3	4	5	6	7	8
Instrumento								

4. ¿Qué instrumento hace el solo principal y con qué tema?

☐ el piano con el tema A ☐ la guitarra con el tema B
☐ el piano con el tema B ☐ la guitarra con el tema A

5. ¿Cuántas voces usan en cada uno de los temas?

☐ una voz en el tema A ☐ una voz en el tema B
☐ dos voces en el tema A ☐ dos voces en el tema B

6. ¿Qué productos anunciarías con fragmentos de las audiciones trabajadas en esta unidad? Decididlo entre todos y valorad vuestra elección.

Come Softly to Me, de Aretha Franklin

audio

Muchos productos publicitarios han utilizado la música *soul* de las décadas de 1960 y 1970 como fondo musical para sus anuncios. Uno de estos anuncios –de una conocida marca de automóviles– actualizó una canción que fue muy famosa hace casi cuarenta años: *Come Softly To Me*, interpretada por Aretha Franklin. Es común que los anuncios de automóviles, telefonía móvil y otros productos recuperen temas de épocas pasadas.

Obstinado rítmico

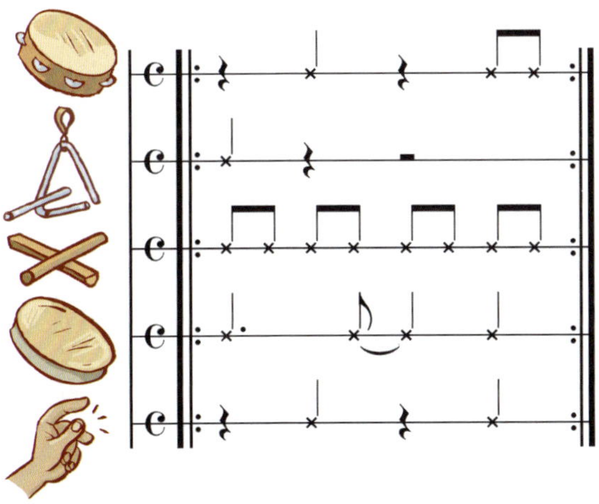

actividad

1. Toca la melodía de esta canción y apréndetela bien porque después la tendrás que tocar en grupo. A continuación, ensaya en grupo el obstinado y añádelo a la melodía anterior. También la podéis interpretar encima de la grabación.

manipula

doc

Escucha el archivo del programa MuseScore que te proporcionamos, correspondiente a un fragmento de la *Fuga en Do Mayor* de J. S. Bach. Las cuatro voces suenan con el mismo timbre. Después escribe las voces en pentagramas separados para poder escucharlas con un timbre diferente.

La música y la publicidad

La publicidad en los medios de comunicación usa la música para potenciar su mensaje.

formas de música
- *Jingle*
- Logo
- Música incidental

Algunos de los recursos usados en publicidad son:

- **motivos melódicos** asociados al producto
- obras que creen un **fondo musical** adecuado
- **sonidos** que refuercen el efecto visual de las escenas
- **intérpretes conocidos** que aumenten el atractivo del mensaje
- **estilos de música** relacionados con los clientes potenciales

Formas musicales

La fuga

La fuga es una composición instrumental de **textura contrapuntística**.

1.ª voz
2.ª voz
3.ª voz
4.ª voz

Está compuesta por diferentes voces de melodías independientes y basada en la imitación de un tema principal a lo largo de la obra.

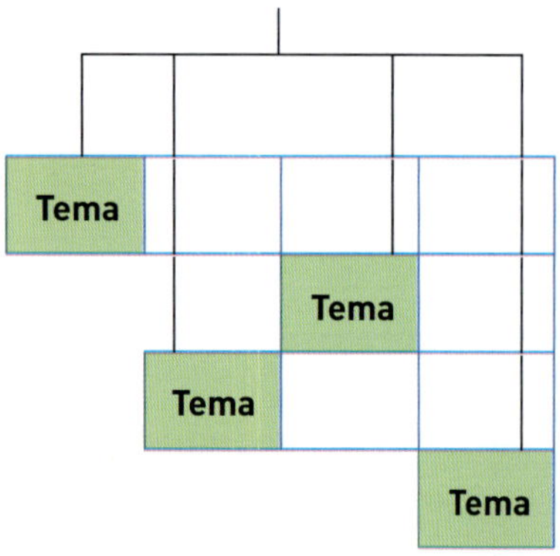

La sonata

es una composición basada en:

Dos temas — Tres partes

Exposición		Desarrollo	Reexposición	
A	B	Estructura libre	A	B

- La **exposición** y la **reexposición** presentan los dos temas de manera parecida y se diferencian en la tonalidad del tema B.
- El **desarrollo** es una sección más libre y presenta una estructura diferente en cada obra.

		C	F
1	La música es cada vez más importante en la publicidad.		
2	Generalmente, el *jingle* es cantado.		
3	El eslogan suele ser un motivo musical muy corto y fácil de recordar.		
4	El logo musical sirve para identificar la marca que anunciamos.		
5	Si los productos que anunciamos son actuales, se pone música actual o reciente.		
6	Algunos productos hacen que muchos cantantes famosos pongan a disposición sus últimos éxitos.		
7	En un anuncio, o escuchamos sonidos o escuchamos música.		
8	Se suele asociar un producto con un tipo de público.		
9	El grupo Chicago se llamó así desde sus inicios.		
10	Casi todos los discos del grupo Chicago tienen el mismo nombre.		
11	*If You Leave Me Now* nunca llegó a ser número 1 de ventas.		
12	El grupo Chicago incluye instrumentos de viento en su formación.		
13	La sonata es una obra generalmente contrapuntística con un tema que se repite en varias alturas.		
14	La forma sonata tiene una exposición en que se presentan los temas A y B.		
15	En la reexposición o recapitulación de una forma sonata se repite el esquema de la exposición.		
16	Normalmente, una fuga es una obra instrumental de un solo movimiento.		
17	El compositor más importante de fugas del siglo XVIII fue J. S. Bach.		
18	En el siglo XVI las obras compuestas para teclado se llamaban *tocata*.		
19	La cantata era una obra pensada para ser cantada.		
20	En la forma sonata, el fragmento que une los temas A y B se llama A'.		
21	En la exposición de una forma sonata los temas A y B están en la tonalidad principal.		
22	A lo largo del siglo XVIII la sonata adquiere un significado distinto y se transforma en una obra bitemática.		
23	La forma sonata también se aplica a algún movimiento de la sinfonía.		
24	La forma sinfonía se usa en todas las sinfonías.		
25	Gracias a los consejos médicos, la sordera de Beethoven fue disminuyendo con el tiempo.		
26	En su *Sinfonía núm. 5*, Beethoven evoca el sonido de las campanas.		
27	Ludwig van Beethoven era de origen alemán.		
28	Beethoven compuso una obra para celebrar el centenario de la Revolución Francesa.		
29	Beethoven llevó las ideas de la libertad y la igualdad al mundo del arte.		
30	Las obras de Beethoven tuvieron una gran trascendencia posterior.		
31	Al final de su vida, Beethoven utilizaba un cuaderno para comunicarse.		
32	En su vida privada, Beethoven era una persona de trato difícil.		

Astor Piazzolla compuso *Las cuatro estaciones porteñas*, inspirado en las conocidas *Las cuatro estaciones* de Vivaldi. Es una obra del Nuevo Tango Argentino, una corriente que inició este compositor argentino a finales del siglo XX.

audio *Primavera porteña*, de Astor Piazzolla

1. Escucha el principio de la obra: tiene un estilo fugado en el que se presenta el tema, o una variación de éste, de forma escalonada.

clip

Instrumento 5				A	A	A	A
Instrumento 4				A	A	A	A
Instrumento 3			T		C	T	A
Instrumento 2		T	C	T	T	A	A
Instrumento 1	T	C	C	T	T	T	T
Tiempo	0'00''	0'16''	0'30''	0'47''	1'02''	1'18''	1'33''

T =Tema   C = Contratema   A = Acompañamiento (rítmico y/o armónico)

2. Ayudado por el musicograma, y sabiendo que los instrumentos que intervienen son el bandoneón, el piano, el contrabajo, la guitarra eléctrica y el violín, di a qué color corresponde cada instrumento.

ESTACIONES... Y PINTURA

La primavera (1478), de Sandro Botticelli. Esta obra es una alegoría de la primavera. Aparece Venus en el centro, presidiendo la escena.

ESTACIONES... Y CINE

La última primavera (2004), de Charles Dance. Las estaciones sirven a menudo para representar el paso del tiempo en las historias.

{15}

La avenida Broadway es probablemente la calle más famosa de Manhattan, debido a la oferta de espectáculos.

ESCUCHARÁS ENTRE OTROS...

«Coro de gitanos», de la ópera *Il Trovatore* de G. Verdi

«Jellicle songs for Jellicle Cats», del musical *Cats*, de A. L. Webber

Preludio de *La verbena de la paloma*, de T. Bretón

ORQUESTA TUS COMPETENCIAS...

Tratamiento de la información y competencia digital: conocimiento de los recursos tecnológicos en el ámbito de la música.

Cultural y artística: apreciación y valoración de la ópera, la zarzuela, el teatro musical y el ballet como manifestaciones culturales.

Social y ciudadana: vincular la zarzuela con las fiestas populares.

G. Verdi
A. L. Webber
T. Breton

1. Música y tecnología

La aparición de nuevos elementos de reproducción y gravación ha llevado la música a todo el mundo.

Hasta el siglo XIX sólo se podía escuchar música en las actuaciones en directo, que a menudo estaban al alcance de muy pocos: los habitantes pudientes de las grandes ciudades, que eran los centros de producción musical.

La aparición de elementos, desde la radio y la televisión y de los aparatos de reproducción musical hasta las tecnologías más recientes (Internet y los ficheros comprimidos), ha permitido que todos los estilos de música estén al alcance de todos.

En 1877, el inventor Thomas Alva Edison cantó y grabó una canción infantil con un instrumento muy rudimentario, el **fonógrafo**. Más adelante se incorporó la electricidad al gramófono, el precedente del **tocadiscos**. Hacia la década de 1930 se inventó el **magnetófono**. Los discos de vinilo de 78 a 33 revoluciones por minuto y la cinta de casete de varios tamaños aparecieron más tarde. En los años ochenta surgió el **disco compacto** o **CD**, que almacena el sonido de forma digital.

Durante las últimas décadas del siglo XX, la grabación y la reproducción del sonido no han parado de evolucionar, proporcionándonos el DAT, el **minidisc** y el **DVD**. El siglo XXI ha visto cómo se consolidaban los archivos comprimidos y los reproductores de **MP3**, **MP4**, la aparición del **iPod**, la incorporación de reproductores de música en los móviles, etc., además de otros sistemas que pronto estarán al alcance de todos.

La evolución de la producción musical ha comportado dos hechos muy importantes: los cambios en la grabación y la reproducción del sonido y el desarrollo de la informática.

Para la grabación de música se usan aparatos electrónicos complejos que permiten conseguir el mejor sonido posible.

1.1 La grabación y la reproducción del sonido

El sonido se puede grabar y reproducir de dos maneras:

Sonido analógico	Las señales que se reproducen proceden de una señala sonora variable de forma análoga o parecida a la fuente original de la copia. Éste es el motivo por el que se oyen los ruidos de fondo, distorsiones o incluso defectos.
Sonido digital	El ordenador codifica la señal y le atribuye cifras que se pueden modificar posteriormente. Suprime los ruidos y aumenta las posibilidades sonoras. Cada segundo de sonido está dividido en diminutas células sónicas que tienen un número entre más de 65.000 posibilidades de dígitos. Así se consigue, en todo momento, la amplitud de onda exacta.

En los discos compactos se leen unas letras que nos indican si el proceso de grabación –la mezcla y la realización del original del que salen las copias– ha sido analógico (A) o digital (D). Esto significa que, cuanto más D tenga la grabación, mejor sonará. Cada vez hay más D en el proceso de grabación de los CD.

1.2 La música electrónica

Desde 1960 la música electrónica tiene un papel muy importante en el desarrollo tanto de la música clásica contemporánea como de la música pop, el cine o la publicidad. Entendemos que la música electrónica es aquella que generan instrumentos electrónicos como los sintetizadores, o, más recientemente, el ordenador.

El **sintetizador** se inventó en la década de 1950, y se popularizó con su uso en la música pop y el cine. Con un sintetizador se pueden hacer dos cosas:

a Imitar el sonido de otros instrumentos tradicionales.

b Cambiar parámetros de un sonido para crear uno nuevo.

El descubrimiento de los ***samplers*** (muestras) ayudó a imitar a otros instrumentos tradicionales. Su concepción es sencilla. De una muestra de audio de un instrumento, el *sampler* reproduce ese mismo sonido casi a la perfección. También puede modificar a voluntad el timbre y producir uno nuevo. Actualmente, podemos ver los sintetizadores en forma de teclado o en forma de tarjeta de sonido para ordenador.

1.3 La evolución de la informática musical

Los ordenadores han influido en la evolución de la grabación y la reproducción de música. Muchos músicos realizan sus propias grabaciones caseras con soporte informático. La evolución de los sistemas informáticos es tan veloz que supera su asimilación.

1.4 El MIDI

Las diferentes marcas de sintetizadores tenían sus sonidos y ponían en cada canal el instrumento que les convenía. En el año 1983 un acontecimiento marcó el tratamiento de la música: la invención del MIDI (*musical instrument digital interface*). El MIDI es un protocolo que hace que todos los instrumentos electrónicos se puedan comunicar entre sí. Todas las marcas se pusieron de acuerdo en poner los instrumentos en los mismos canales. (Piano en el canal 1, violín en el 40, clarinete en el 71, etc.). Así, un fichero MIDI se puede compartir, manipular, enviar, etc., como otro tipo de documento informático. Muchos instrumentos tradicionales tienen su formato MIDI. De esta manera, por ejemplo, con un violín MIDI, podemos tocar una orquesta completa.

¿Qué podemos hacer con un ordenador? Prácticamente todo. Podemos introducir notas y manipularlas cambiando las cualidades de su sonido. Hay 128 sonidos instrumentales desde que se inventó el MIDI, así que podemos variar la instrumentación y combinarla según los canales o pistas de los que disponemos, guardar la información en un soporte pequeño, como el CD, el DVD o un archivo comprimido, etc.

Edison inventó el fonógrafo en 1877. Fue el nacimiento del sonido grabado. Más tarde surgió el gramófono, se incorporó la electricidad y aparecieron el tocadiscos, el magnetófono, el casete, el CD, el DAT, el minidisc, el DVD y los aparatos de reproducción de ficheros de música comprimida, como los MP3 y MP4. En una grabación el sonido puede ser analógico o digital. El ordenador es un elemento excepcional para manipular y editar material sonoro.

actividades

1. Ordena por antigüedad los diferentes soportes de audio que te proponemos.

- ☐ MP3
- ☐ Disco de vinilo
- ☐ MP4
- ☐ CD
- ☐ iPod

2. Si disponéis de un ordenador con tarjeta de sonido –para grabar y manipular sonido– y unos altavoces, podéis grabar sonidos o experimentar con archivos de sonido que tengáis. Os proponemos lo siguiente:

- Poner notas en un pentagrama.
- Atribuir un timbre a las notas.
- Aumentar el *tempo*.
- Copiar, repetir o pegar secuencias.
- Reproducir sonidos.
- Manipular las ondas con ecos, realizar reverberaciones, cambiar la amplitud de las ondas, invertir el sonido...

audio Escucha un fragmento de una ópera.

audio Escucha un fragmento de una zarzuela.

audio Escucha un fragmento de un musical.

audio Escucha un fragmento de un ballet.

2. La música escénica

La música nos acompaña en momentos muy importantes de la vida. Si queremos que un episodio triste, romántico o alegre sea solemne, sólo es necesario acudir a la música, ya que este lenguaje conecta muy bien con nuestras emociones. Hay muchos compositores que han compuesto música para que sea interpretada paralelamente a otras manifestaciones artísticas: ópera, zarzuela, teatro musical… Es la **música escénica**, que remarca lo que pasa en el escenario y potencia la acción, los sentimientos, etc.

Si sólo escuchamos la parte musical, fuera del contexto escénico, hablamos de una **versión de concierto**. Cuando la música puede ser interpretada sin la representación escénica, se trata de **música incidental**.

2.1 Ópera, zarzuela y teatro musical

Las óperas, las zarzuelas y los musicales son obras independiente en las que el compositor toma como referente el libreto que relata la historia. El compositor se inspira en el argumento y compone las distintas partes de la obra. Estas composiciones no se suelen escuchar fuera de su contexto escénico, excepto la parte instrumental del principio: la **obertura**.

vídeo

vídeo

vídeo

Representación de la ópera *La flauta mágica* de Mozart, de la zarzuela *La Gran Vía* de F. Chueca, del musical *Cats*, de A. L. Webber y del festival de danza de Joinville.

2.2 Ballet

Los ballets pueden ser obras independientes o bien integradas en otras obras (óperas, zarzuelas, etc.). Los ballets, como obras independientes, siguen una trama o historia en que se inspira el compositor. A partir de la música y la historia se crea la coreografía. Las composiciones para ballet pasan a ser una obra incidental cuando las escuchamos sin ver la representación escénica.

vídeo

La **música escénica** potencia las escenas y acentúa la acción y las emociones. Los tipos más comunes de música escénica son:

- Ópera
- Teatro musical
- Zarzuela
- Ballet

3. Las agrupaciones vocales

Según el número de integrantes, las agrupaciones vocales se pueden clasificar en masas corales y grupos de cámara.

Las **masas corales** están formadas por muchos intérpretes. Las más comunes son:

- coro de voces blancas
- coro de voces masculinas
- coro de voces femeninas
- coro de voces mixtas

Los **grupos de cámara** integran un número de componentes mucho más reducido. Los más habituales son:

- duetos y tríos
- coros de cámara
- cuartetos y quintetos
- otras formaciones

Las agrupaciones vocales con pocos intérpretes son grupos de cámara:

- tríos
- cuartetos
- quintetos
- coros de cámara

Si el número de intérpretes es más elevado, hablamos de masa coral.

vídeo

vídeo

audio Escucha un fragmento interpretado por un cuarteto mixto.

audio Escucha un fragmento interpretado por un coro de voces blancas.

audio Escucha un fragmento interpretado por un coro de voces mixtas.

En la unidad 2 ya vimos que todas las familias de voces pueden ser graves, intermedias o agudas. Las voces masculinas incluyen los bajos, los barítonos y los tenores, y las femeninas, las contraltos, las *mezzosopranos* y las sopranos.

actividades

audio **3.** Escribe el orden en que has escuchado estos fragmentos de música escénica:

☐ ópera ☐ ballet ☐ zarzuela

audio **4.** Escucha el fragmento siguiente y di quién lo interpreta.

☐ cuarteto mixto ☐ coro de voces blancas ☐ coro de voces mixtas

«Coro de gitanos», de la ópera *Il trovatore*, de G. Verdi

Representación de *Il Trovatore*.

Obra

Il Trovatore es, junto a *Rigoletto* y *La Traviata*, la gran trilogía de la primera etapa musical de G. Verdi. La obra es un drama en el que se mezcla el amor, la venganza, las costumbres de los gitanos, la guerra, etc. En uno de los cuadros aparece una comunidad de gitanos que canta y lleva el ritmo golpeando el yunque. Escucha cómo algunos lo llevan *a tempo* y otros, entre ellos el tenor protagonista, lo lleva a contratiempo.

Compositor

Giuseppe Verdi (1813-1901) gozó en vida del éxito de sus obras. Cada una de las óperas que compuso llegó a ser un acontecimiento social. La gente cantaba sus melodías por la calle y las representaciones en los teatros batían récords. En poco tiempo, llegó a ser un héroe nacional.

Lee *El tablón* y te darás cuenta de hasta qué punto Verdi se convirtió en un símbolo para su país. Una gran multitud acompañó el féretro el día de su entierro. La orquesta y los coros de La Scala, el teatro donde había estrenado la mayoría de sus obras, interpretó el «Va pensiero», de su ópera *Nabucco*.

El tablón

opiniones, curiosidades...

Todos los que deseaban la expulsión de los austríacos estaban de acuerdo en quién era la persona que debía liderar la nueva Italia libre: Vittorio Emanuele, rey de la zona que actualmente se conoce como Piamonte. Desde la clandestinidad, se lanzó una consigna revolucionaria que se pudo ver en pintadas callejeras: «Viva Verdi». Pero en realidad, las palabras que escondían este grito eran «Viva Vittorio Emanuele Re d'Italia».

actividades audio

1. Escucha cuatro fragmentos de la audición y di a qué partitura corresponde cada uno (A, B, C, D).

A audio B audio C audio D audio

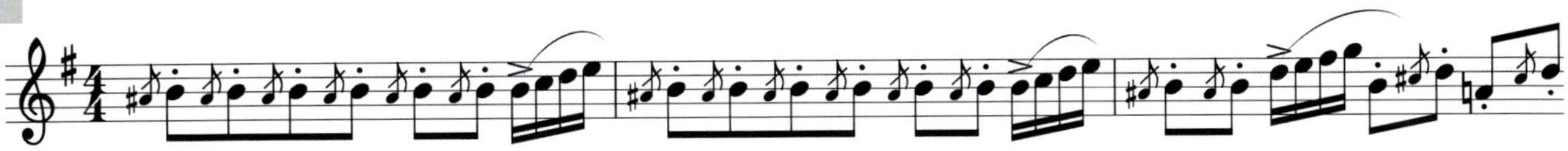

2. Ahora escucha la audición completa. Fíjate en cuándo aparecen los cuatro fragmentos anteriores y rellena las casillas vacías con A, B, C o D cada vez que reconozcas uno.

1		2		3		4
0'00''	0'07''	0'22''	0'29''	0'36''	0'43''	1'01''

	1				
1'09''	1'30''	1'38''	1'53''	1'59''	2'18''

3. Di cuáles de los cuatro fragmentos que has escuchado son instrumentales (I) y en cuáles interviene el coro (C).

Tema 1 audio		Tema 2 audio		Tema 3 audio		Tema 4 audio	

4. ¿Qué tipo de agrupación vocal interpreta este fragmento de Verdi?

- ☐ coro de voces blancas
- ☐ coro de voces masculinas
- ☐ coro de voces mixtas

vídeo

«Jellicle Songs for Jellicle Cats», del musical *Cats*, de A. L. Webber

Cantar en grupo es una de las formas más antiguas de hacer música. Aunque hablemos de épocas y estilos muy diferentes, tanto la ópera *Il trovatore* como el musical *Cats* incluyen fragmentos para masas corales.

actividades

vídeo Hemos escogido este fragmento por la combinación de música instrumental, música vocal y baile que caracteriza a un musical. Analizarás los diferentes tipos de voces que intervienen, si se canta a una voz o a más, la forma de la composición, etc.

1. Además de dos fragmentos corales (C), la canción que escucharás tiene dos partes que van repitiéndose con algunas pequeñas variaciones. Llamaremos a estas partes estrofa (A) y estribillo (B). Di el orden en que aparecen y completa el esquema:

A	B										C

2. En el estribillo oímos cantar a muchos personajes, pero a veces lo hacen al unísono –a una sola voz– y en ocasiones, en polifonía –a varias voces–. Completa el cuadro según creas si cantan al unísono o polifónicamente.

unísono	polifónicamente		

3. En *Cats* se utilizan diferentes registros de voz. Hemos marcado con los números 1, 2, 3 y 4 las cuatro voces más conocidas: soprano, contralto, tenor y bajo. Identifícalas.

1 ______ 2 ______ 3 ______ 4 ______

4. Relaciona los símbolos con lo que pasa musicalmente en el fragmento.

Cambio a compás ternario.
Presentación instrumental de las frases de la estrofa.
Repetición del fragmento coral.
Subida de tono al repetir el estribillo.

R

5. ¿Qué crees que tienen en común *Il trovatore*, de Verdi, y *Cats*, de A. L. Webber?

- Ambas pertenecen al género vocal-instrumental.
- Las dos combinan disciplinas como el teatro y la música.
- En las dos hay un grupo coral de voces mixtas.

audio *Va pensiero*, de G. Verdi

Los coros de las óperas son muy importantes. Hoy cantaréis «Va pensiero» de la ópera *Nabucco*, de G. Verdi.

actividad

1. Escuchad el coro de la ópera de Verdi y después intentad cantarlo todos juntos siguiendo el texto original. No olvidéis las indicaciones del profesor o profesora (entradas, intensidad, *tempo*...).

manipula

doc Lee un texto y graba tu voz con el programa Audacity. Después, escucha los distintos archivos que te proporcionamos con diferentes efectos de sonido y fragmentos musicales y combínalos como mejor te parezca para que suenen simultáneamente a tu lectura.

Música y tecnología

La aplicación de los **avances tecnológicos** ha mejorado la calidad de las **grabaciones** y ha facilitado su **difusión**.

Formas de grabación y reproducción del sonido.

El **sonido analógico** tiene como origen una señal grabada en un **soporte físico** que casi no se puede modificar y que se deteriora con el tiempo.

El **sonido digital** lo origina la **codificación numérica** de una señal que se puede modificar fácilmente para mejorar la calidad de la grabación.

La música escénica

ha sido creada para ser interpretada durante la representación de un arte escénico.

audio audio audio

Ópera, zarzuela y musical

audio

Ballet

Si la música se interpreta fuera de la representación, es una **versión de concierto.**

Cuando la música escénica no es imprescindible en la representación, se trata de **música incidental**.

Las agrupaciones vocales

Se clasifican en:

audio

Las **masas corales** están formadas por un gran número de cantantes que interpretan las obras de forma **coral**.

- Coro de voces blancas
- Coro de voces femeninas
- Coro de voces masculinas
- Coro de voces mixtas

audio

Los **grupos de cámara** están formados por un grupo reducido de cantantes que generalmente hacen una interpretación **solista**.

- Dueto
- Trío
- Cuarteto

- Coro de cámara

		C	F
1	La primera grabación que se conoce es de 1877, cuando Edison inventó el fonógrafo.		
2	El disco de vinilo podía ser de 78 a 33 revoluciones por minuto.		
3	El MP3 es un sistema de reproducción de archivos comprimidos.		
4	El *sampler* nos ofrece imitaciones de los instrumentos de una orquesta.		
5	El sintetizador se inventó en la década de 1950.		
6	El formato de muchos sintetizadores es el de un teclado.		
7	El MIDI se inventó en el año 1983.		
8	La grabación analógica es más fiel a lo que toca el músico.		
9	Cuantas más A tenga un CD, mejor se oirá.		
10	*Cats* es un musical de Andrew Lloyd Webber, estrenado en el 2003.		
11	*El fantasma de la ópera* también es un musical de Andrew Lloyd Webber.		
12	*Cats* está basado en textos y poemas del escritor inglés T. S. Eliot.		
13	La música escénica es la que se interpreta sobre un escenario.		
14	Si la música escénica se interpreta fuera de la representación, pasa a llamarse *música incidental*.		
15	Cuando se interpreta la música incidental se produce algún incidente.		
16	Si una ópera, zarzuela o musical se interpreta sin escena, se le llama *versión de concierto*.		
17	Se llama *coro de voces blancas* al formado por voces educadas para cantar óperas.		
18	Los grupos de cámara están formados por un número reducido de cantantes.		
19	El coro de voces blancas está formado por niños y niñas que no han cambiado la voz.		
20	El coro de voces blancas está formado por mujeres, niños y niñas.		
21	Los ballets pueden ser obras independientes o bien estar integradas en otra obra.		
22	La música de un ballet se llama *incidental* cuando la escuchamos sin ver la representación escénica.		
23	La coreografía de un ballet no está relacionada con la historia en que se ha inspirado el compositor.		
24	Los ballets están inspirados en una trama o historia.		
25	*Rigoletto*, *Il Trovatore* y *La Traviata* son conocidas como la trilogía de Verdi.		
26	El personaje principal de *Il Trovatore* es Nabucco, un viejo patriarca gitano.		
27	El *Coro de gitanos* fue compuesto por Trovatore.		
28	A pesar de su calidad, las óperas de Verdi no fueron apreciadas en su época.		
29	Los círculos intelectuales eran los únicos que disfrutaban con las óperas de Verdi.		
30	La mayoría de las obras de Verdi fueron estrenadas en el teatro La Scala.		
31	*Aida* es una de las óperas de Verdi más representadas en la actualidad.		
32	La expresión «Viva Verdi» escondía una consigna revolucionaria.		

En todas las culturas hay fiestas religiosas, culturales, deportivas, gastronómicas... Todas están arraigadas socialmente, forman parte de rituales y han servido de inspiración para obras de arte.

audio Preludio de *La verbena de la Paloma*, de T. Bretón

La verbena de la Paloma es una de las zarzuelas más conocidas. Su preludio presenta los temas de forma tan completa y ordenada que, como podrás ver, nos permitirá conocer un breve resumen del argumento de la obra.

1. Lee este guión y relaciónalo con las viñetas:

Todo está preparado para la verbena (1). Poco a poco, la gente comienza a salir a la calle (2). Se forma un corro alrededor de una chica que comienza a cantar (3). En un rincón está Julián, triste porque se ha peleado con Susana, su novia (4). Susana y su hermana, para provocar a Julián, van a la verbena con Don Hilarión, el rico del barrio (5). Julián se les acerca (6) y habla con Susana para hacer las paces (7). Susana se enternece, deja a Don Hilarión y vuelve con Julián (8).

2. Lee ahora las características musicales de las viñetas. Después escucha la obra e indica en cada casilla a qué viñeta del guión corresponden sus características.

- [ ] Melodía con la flauta
- [ ] Pequeño *ritardando* y tema más tranquilo.
- [ ] Tema interpretado por los violonchelos que después repite toda la orquesta.
- [1] Introducción breve y brillante.
- [ ] Sigue la melodía de la flauta y aparece una nueva interpretada por la cuerda.
- [ ] *Ritardando* muy largo.
- [ ] Solo de flauta; se añaden más instrumentos.
- [ ] De repente, tema de carácter alegre y saltarín.

16

Cotton Club, el famoso club de *jazz* y sala de baile de Harlem, Nueva York. Lugar mítico, en el que actuaron los mejores músicos de la época.

ESCUCHARÁS ENTRE OTROS...

Jam with Sam, de D. Ellington

«La primavera», de *Las cuatro estaciones*, de A. Vivaldi (primer movimiento)

La fundición de acero de A. Mossolov

ORQUESTA TUS COMPETENCIAS...

Interacción con el mundo físico: relación de la música con la religión y con la situación social, cultural y económica de una época.

Comunicativa: expresión de ideas y sentimientos mediante los instrumentos.

Cultural y artística: influencia del ámbito de la industria en la música.

A. Vivaldi

A. Mossolov

Duke Ellington

1. El origen de la música moderna: el final del siglo XIX y la década de 1910

audio

Escucha este espiritual y compáralo con las canciones religiosas europeas.

El origen de la mayoría de estilos de la música occidental moderna del siglo XX está en la expresión musical de la comunidad afroamericana. Las características de su lenguaje musical vienen de la mezcla del folclore de los esclavos africanos que fueron deportados a América con la tradición musical de los colonos americanos de raíces europeas. Ahora conoceremos algunas de las manifestaciones más importantes de esta música.

Los niños también trabajaban en las plantaciones de algodón. Para sobrellevar el trabajo, los esclavos lo acompañaban con cantos.

1.1 El espiritual negro

Los espirituales eran cantos de alabanza a Dios que cantaban los esclavos. Cantaban **himnos** de la iglesia protestante, que tenían influencias en sus raíces africanas. Generalmente, acompañaban los cantos con algún instrumento o simplemente cantaban *a capella*. Cantaban a la libertad, identificaban el sufrimiento del pueblo esclavo con el de Jesucristo o la esperanza de un mundo mejor.

Además de los cantos religiosos, la música les acompañaba durante el trabajo. Las canciones que los esclavos entonaban a lo largo de la jornada en las plantaciones de algodón de llamaban ***worksongs***.

vídeo

Feel Like Going Home (2003), de Martin Scorsese. En esta película aparecen unos hombres cortando árboles al ritmo de una fantástica *worksong*.

actividades

audio **1.** Escucha el espiritual *I'm Gonna Have a Happy Time* y responde:

- **a** ¿Cómo es el *tempo*? ¿Con qué marcamos la pulsación?
- **b** ¿Hay algún instrumento? ¿Cuál?
- **c** Se recurre al canto responsorial. ¿Recuerdas de qué se trata?

1.2 El *ragtime*

Más adelante, surgió un género instrumental que también está relacionado con el nacimiento del *jazz*: el *ragtime*. Sus obras eran, generalmente, compuestas para piano.

Scott Joplin (1868-1917) seguramente fue el compositor de *ragtime* más representativo.

Algunos compositores de música clásica como Debussy, Stravinsky o Ravel se interesaron por este estilo musical.

A parte de necesitar mucha técnica instrumental, la característica principal del *ragtime* es que la melodía no coincide con la pulsación exacta que marca el bajo (*ragtime* significa «tiempo hecho añicos»).

La música moderna occidental se inicia en las manifestaciones musicales de la comunidad afroamericana descendiente de los esclavos.

Sus obras más relevantes son el **espiritual negro**, las ***worksongs*** y el ***ragtime***.

audio Escucha un ejemplo de *ragtime*.

video

La película *Ragtime* (1981), de Milos Forman, explica la vida de un joven pianista de raza negra en Nueva York, en medio de las tensiones raciales de principios del siglo XX.

actividades

2. Escucha el *ragtime* de Scott Joplin *The Easy Winners* y contesta:

a ¿Qué instrumento suena?

b ¿Cómo es la pulsación, regular o irregular?

c ¿Qué forma tiene el *ragtime*? Completa el esquema con las letras correspondientes.

Intro	A		B		
0'01''	0'07''	0'29''	0'51''	1'14'	1'37''
puente	C		D		
1'59''	2'05''	2'28''	2'51''	3'14'	

d Todos los temas tienen el mismo número de compases y cada compás tiene dos tiempos; sabiendo esto, ¿sabrías decir cuántos compases tiene cada tema? Escucha uno cualquiera y lo sabrás.

audio

Escucha este fragmento de un blues.

vídeo

Feel Like Going Home (2003), de Martin Scorsese.

1.3 El *blues*

El *blues* surgió a finales del siglo XIX. Este estilo de música se cantaba en la calle acompañado de algún instrumento. La letra de los primeros *blues* tendía a la melancolía, a la vez que criticaba la situación social, cultural y económica de la población afroamericana.

Una misma melodía podía tener varios textos. Muchas veces, estos textos surgían de **improvisaciones** que se hacían en el escenario. Las melodías se podían improvisar o modificar, según el texto.

El *blues* también tiene una forma muy concreta. Generalmente, está formado por diferentes estrofas de doce compases y la mayoría se construye sobre unos acordes determinados, el de tónica (I), el de subdominante (IV) y el de dominante (V).

De esta manera:

C1	C2	C3	C4	C5	C6	C7	C8	C9	C10	C11	C12
I	IV (I)	I	I	IV	IV	I	I	V	IV	I	I (V)

El ***blues*** es un tipo de canción de carácter melancólico. La comunidad negra lo cantaba para expresar sus problemas. El uso de las *blue notes* es una de las características principales de este estilo.

John Lee Hooker (1917-2001), uno de los grandes protagonistas de la historia del *blues*.

Los instrumentos que solían acompañar al blues en sus inicios eran rudimentarios: guitarras, armónicas, algún viejo piano...

La introducción y el uso de las *blue notes* representó un cambio en el desarrollo de la música moderna. Las *blue notes* bajan un semitono algunas notas de la escala.

Observa este ejemplo:

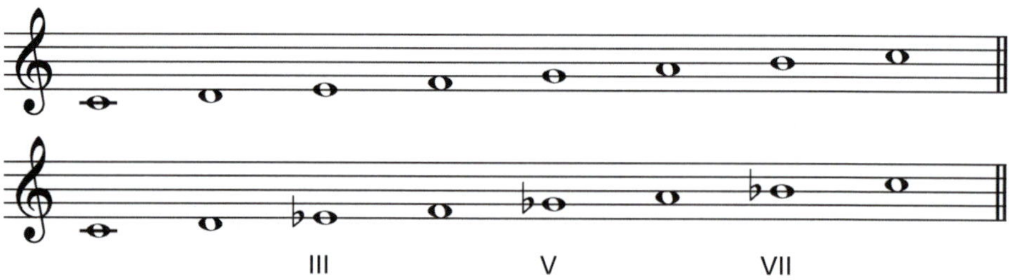

actividades

audio

3. Escucha un fragmento del *blues So Many Roads, so Many Trains* de Otis Rush y responde a estas preguntas:

a ¿Cómo es el *tempo*, *lento* o rápido?

b Los *breaks* son pausas del texto en las que un instrumento toca un solo. ¿Qué instrumento hace los solos?

c ¿Los solos están escritos en la partitura o son improvisados?

d A menudo, el *blues* tiene varias estrofas con la misma melodía. ¿Cuántas hay en el ejemplo que has escuchado?

1.4 El estilo Nueva Orleans

audio
Escucha un ejemplo del estilo Nueva Orleans.

El estilo Nueva Orleans o *dixieland* surgió a principios del siglo XX y se mantuvo hasta la década de 1930.

La formación musical del *dixieland* es bastante estable. Hay tres instrumentos que destacan: la trompeta, el clarinete y el trombón. El contrabajo, la batería, el banjo y el piano sostienen el ritmo y la base armónica, y a veces improvisan solos.

vídeo

Actuación de una banda de *dixieland* en Nueva Orleans.

Es un tipo de música que a menudo se toca en la calle o desfilando. Los instrumentos más pesados y difíciles de llevar a la calle, como el piano, el contrabajo o la batería, se sustituyen por la tuba y instrumentos de percusión, como la caja o los platos.

El **estilo Nueva Orleans** surge a principios del siglo XX. Lo solían tocar al aire libre bandas con un número reducido de instrumentos fáciles de cargar.

actividades

audio

4. Escucha una muestra del estilo Nueva Orleans con una canción muy conocida, *When the Saints Go Marching In*, y responde:

a ¿Qué instrumentos has reconocido?

- ☐ trompeta
- ☐ violín
- ☐ clarinete
- ☐ trombón
- ☐ piano
- ☐ flauta travesera
- ☐ contrabajo

b ¿Es de métrica ternaria o cuaternaria?

c A lo largo del tema hay fragmentos improvisados. Di qué instrumentos los interpretan en los momentos que te indicamos:

0'37''	1'10''	1'44''

El *jazz* se originó en el sur y se extendió hacia otras ciudades del norte siguiendo el río Mississippi.

2. Las décadas de 1920, 1930 y 1940

2.1 La *big band*

Hasta la década de 1920, los músicos de *blues* y *jazz* procedían del sur de los Estados Unidos. La evolución industrial de las ciudades del norte, las plagas y malas cosechas de los campos del sur y las nuevas expectativas del continente americano, llevaron a la población afroamericana a emigrar hacia el norte. Entonces, ciudades como Chicago o Nueva York se convirtieron en los nuevos centros de creación musical.

Las pequeñas bandas de música aumentaron el número de componentes hasta constituir las *big bands*, formadas por quince intérpretes o más. La cantidad de músicos hizo necesario que hubiera un arreglista. La orquesta tocaba la partitura escrita y los instrumentos solistas intercalaban los solos.

El *swing* es un tipo de música que se relacionaba con el baile y que se mantuvo durante las décadas de 1930 y 1940. Las grandes bandas de *swing* tocaban en salas a las que la gente iba a bailar y a escuchar música. Uno de los clubs más famosos de la época fue el Cotton Club de Nueva York («Club del algodón», en referencia a los campos de algodón, que fueron el origen de este estilo musical).

audio

Escucha un fragmento interpretado por una *big band* de aquella época.

Las grandes orquestas eran dirigidas por intérpretes sobresalientes, como Glenn Miller (trombón), Duke Ellington (piano), Benny Goodman (clarinete), Tommy Dorsey (trombón) o Count Basie, pianista y compositor.

vídeo

Este tipo de música tiene unas características diferentes al resto:

- Ritmo binario continuo, muy bailable, que crea un efecto de balanceo llamado *swing*.
- Uso del *riff*. Los *riffs* son pequeñas frases melódicas que surgieron con el *blues* y que un instrumentista repite insistentemente mientras otro hace una improvisación.
- Complejidad en la armonía. Usa acordes nuevos muy abiertos.
- Riqueza tímbrica de la formación orquestal. La forman tres secciones: la sección rítmica, la de metal y la de madera.

clip

Las bandas de música de principios del siglo XX se amplían y forman las ***big bands***. Estas formaciones tienen su período de esplendor, la época del *swing*, entre las décadas de 1930 y 1940. Aparece la figura del arreglista, que escribe las partituras para toda la orquesta. Los solos siguen siendo improvisados.

Fotograma de la película *Rebeldes del swing* (1993), que explica cómo unos jóvenes alemanes se evaden del nazismo con la nueva música procedente de Estados Unidos.

actividades

audio

5. Escucha un fragmento de la canción *One O'clock Jump* interpretada por Count Basie y su *big band* y responde:

a Count Basie toca una introducción con su instrumento. ¿Qué instrumento es?

b Después de la introducción se oye la sección rítmica, que está formada por varios instrumentos. Escribe los que faltan.

guitarra	contrabajo		

c La sección de metal está integrada por trompetas y trombones; y la de madera, por clarinetes, saxos altos y tenores. Indica el orden en que aparecen los solos de estos instrumentos: saxo alto, saxo tenor, piano, trompeta y trombón. Fíjate en que cada uno de los instrumentos hace dos vueltas.

0'07''	0'36''	1'05''	1'35''	2'05''

d Escucha los dibujos melódicos de fondo que tocan los instrumentos que no improvisan el solo. ¿Cómo se llaman estos dibujos?

Jam With Sam, de Duke Ellington

Obra

Durante la época del *swing*, los músicos de las orquestas se reunían en locales pequeños para tocar libremente, después de haber actuado en las salas de baile, bien vestidos y conducidos por el director de orquesta. Estas reuniones ocasionales, muchas veces sin público, recibían el nombre de *jam sessions*.

En una *jam session*, los músicos no tenían que seguir una partitura, y llevaban ropa informal. Escogían algún tema conocido como base para improvisar y alternar solos.

Actualmente, las *jam session* forman parte de las programaciones musicales de muchos clubs de *jazz*. Escucha *Jam With Sam*, un tema que Duke Ellington compuso para ser interpretado como una *jam session*.

Compositor

Se llamaba **Edward Kennedy Ellington** (1899-1974), pero todos le llamaban Duke ('duque') por su elegancia, tanto en la manera de vestir como en la de comportarse.

Ya desde muy joven, dirigió pequeñas bandas que tocaban en fiestas y bailes. Cuando tenía veintiocho años, consiguió que su orquesta fuese titular en el Cotton Club, el local de *jazz* más prestigioso de Nueva York. Además de ser pianista, director y de haber compuesto temas memorables, como *Mood Indigo* o *Sophisticated Lady*, Duke fue un arreglista excepcional. Conocía perfectamente las posibilidades de cada músico de su grupo y sabía aprovecharlas.

Su orquesta tenía fama de ser poco disciplinada, pero esto nunca le preocupó; decía que si los músicos eran demasiado obedientes, las actuaciones perdían energía y vitalidad.

Lee *El tablón* para saber cómo solía trabajar.

actividades audio

1. Escucha la interpretación de *Jam With Sam* y rellena los recuadros con «O» (fragmentos de orquesta), «TR» (trompeta), «SA» (saxo alto), «ST» (saxo tenor) y «TB» (trombón).

Si te parece demasiado difícil, fíjate en el nombre de los solistas y Duke te dará las pistas que necesites.

Intérpretes solistas

Trompeta: Sonny Baker
Saxo tenor: Paul Gonsalves
Saxo alto: Russell Procope
Trombón: Britt Woodman

0'02'	0'10''	0'34''	0'40''	0'59''	1'05''	1'24''	1'29''	1'49''

2. Vuelve a escuchar la pieza y fíjate en el acompañamiento de los cuatro solos. Haz una cruz en los recuadros correspondientes. Debes tener en cuenta que un solo también puede tener acompañamiento de percusión, orquesta o bien ambos.

solos	**Núm. 1**	**Núm. 2**	**Núm. 3**	**Núm. 4**
percusión				
riff				

3. Escucha uno de los fragmentos de la orquesta y el solo que le sigue. Relaciona las columnas según el número de compases que Ellington destinó a cada parte. Para tener una referencia de tiempo, antes de cada fragmento hay cuatro tiempos de metrónomo que corresponden a un compás.

orquesta	2 compases
solo	4 compases
	6 compases
	8 compases
	10 compases
	12 compases

4. ¿Cuál de estas palabras está relacionada con la audición? Señala la respuesta correcta marcándola con una cruz.

☐ *ragtime* ☐ *swing* ☐ *blues*

El tablón

opiniones, curiosidades

«[...] la sesión tenía que durar tres horas. Durante las dos primeras, el ingeniero de sonido y yo estábamos sentados en la sala de control mientras veíamos cómo iban llegando los miembros de la banda, uno a uno. Cuando todos estuvieron en su sitio, Duke entró en la sala. Hablaba tranquilamente con todo el mundo y daba besos a sus admiradoras. Entonces se dirigió a la sala de control y, haciendo una reverencia, preguntó:

–¿Llego tarde? ¡Dios mío! ¿Pero qué hora es?

Duke nunca llevaba reloj...»

I. Towsend (delegado de la compañía de discos Columbia)

Primer movimiento de «La primavera», de *Las cuatro estaciones*, de A. Vivaldi

Uno de los recursos que se usan tanto en la música del barroco como en la actual es la alternancia entre los solos y el *tutti*, es decir, la combinación de fragmentos en que destaca el solista con otros en que toca toda la orquesta.

Hasta ahora lo has visto en el *jazz*, ahora podrás compararlo con una obra antigua.

actividades

vídeo

1. A lo largo de la obra hay fragmentos de solo y fragmentos de *tutti*. Escoge la opción correcta cada vez que aparezcan y rellena el siguiente cuadro:

tutti	solo				

2. Otra característica de la música barroca es el contraste de dinámicas: fuerte (*f*) y *piano* (*p*). En ocasiones, es una repetición en *piano* del tema *forte* anterior. Otras veces, escuchamos en *piano* un tema nuevo. Completa el cuadro diciendo sí o no según si escuchamos el mismo tema o no.

sí		no	

3. Para componer la obra, Vivaldi se inspira en la primavera y en todo lo que pasa en esta estación. Hemos marcado con tres símbolos tres situaciones diferentes. Relaciónalas:

el rumor de las fuentes

la tormenta

el canto de los pájaros

4. Contesta a las siguientes preguntas:

   a ¿Qué familia de instrumentos interviene en *La primavera*, de Vivaldi: cordófonos, membranófonos, idiófonos, aerófonos, electrófonos?

   b En el concierto, además de dar la entrada, ¿qué instrumento característico del barroco toca el director: violín, clavicémbalo, violoncelo o trompeta?

   c ¿Qué movimiento es: *allegro*, *largo* o *moderato*?

   d ¿Quién crees que es el solista, Herbert von Karajan o Anne-Sophie Mutter?

5. Los solos de *Jam With Sam* y de *La primavera* contrastan con los *tutti* de la orquesta. ¿En cuál de las dos obras crees que los solos se improvisan y en cuál están escritos?

interpreta

When the Saints Go Marching In (popular americana)

El canto espiritual negro, entre otros estilos musicales, fue el origen de la música moderna actual. Interpreta uno de los espirituales más conocidos.

Obstinado rítmico

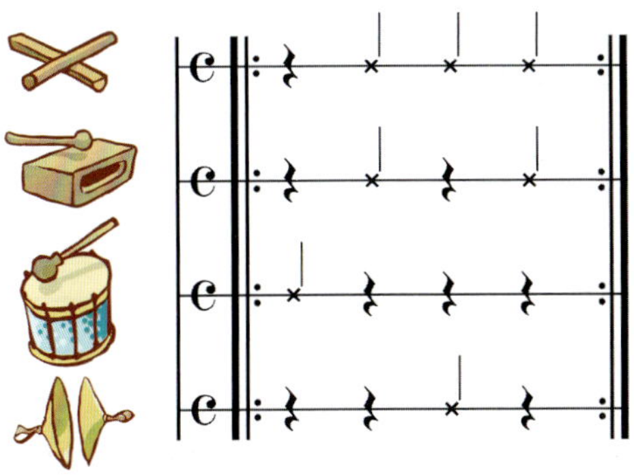

actividad

1. Interpretad esta propuesta en grupo. Formad un grupo de tres miembros como mínimo y añadid la percusión. Tocad el obstinado rítmico sobre la canción anterior o la melodía sobre la grabación.

manipula

Escucha el archivo del programa MuseScore que te proporcionamos, correspondiente a un fragmento de *So Many Roads, so Many Trains*, de Otis Rush. Como puedes apreciar, algunos compases tienen un acompañamiento con acordes de los grados I, IV y V. Completa los compases vacíos con el acorde correspondiente a la versión original que has escuchado en esta unidad.

El origen de la música moderna: el final del siglo XIX y la década de 1910

audio

El **espiritual negro** es el canto religioso de los esclavos africanos de las plantaciones norteamericanas.

audio

El ***ragtime*** es una obra para piano.

Sus melodías tienen:

- ritmo irregular,
- acompañamiento de un bajo que marca la pulsación.

Scott Joplin es uno de sus máximos representantes.

audio

El ***blues*** es una canción melancólica.
Usa la escala mayor y baja un semitono los grados III, V y VII.
Las notas modificadas son las ***blue notes***.

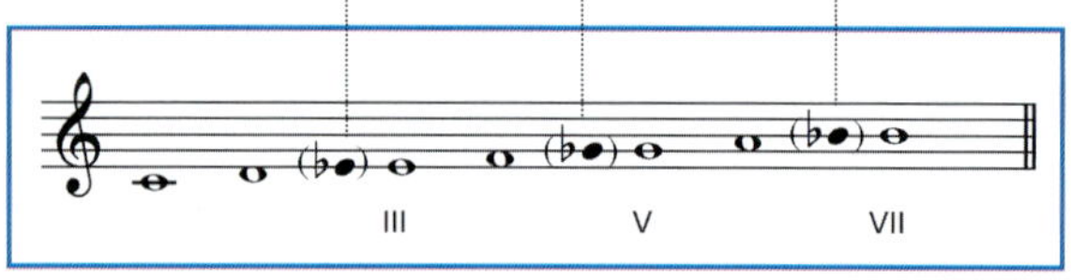

audio

El estilo **Nueva Orleans** procede de las primeras bandas de *jazz*: formaciones con **pocos músicos** que improvisan a partir de un patrón rítmico y armónico.

Las décadas de 1920, 1930 y 1940

audio

La ***big band*** es una agrupación instrumental que nació hacia la década de 1920. La forman un gran número de músicos que necesitan un **arreglista** que escriba la partitura para todo el grupo.

El ***swing*** es el estilo propio de las grandes bandas de *jazz* de las décadas de 1930 y 1940. Se caracteriza por el uso del *riff*, una pequeña frase que la orquesta repite para acompañar el solo de un instrumentista.

Ejemplos: Glenn Miller, Count Basie, Benny Goodman, Duke Ellington.

		C	F
1	El espiritual negro es un canto de alabanza a Dios.		
2	El espiritual negro aparece a principios de siglo XX.		
3	Las *worksongs* son canciones que se pueden escuchar mientras trabajas.		
4	El *ragtime* va generalmente asociado al piano.		
5	Compositores como Debussy, Ravel o Stravinsky se interesaron por el *ragtime*.		
6	La pulsación en el *ragtime* es bastante regular.		
7	El *blues* aparece a mediados del siglo XX.		
8	Generalmente, en el *blues* se usan pocos acordes.		
9	Las *blue notes* que aparecen en el blues son notas que se pueden improvisar.		
10	El *blues* tiene un ritmo trepidante, y la comunidad afroamericana lo usaba para expresar sus preocupaciones.		
11	Algunas letras de *blues* se improvisaban cuando se cantaba.		
12	En el estilo Nueva Orleans predominan los instrumentos de cuerda.		
13	La trompeta, el trombón y el clarinete suelen ser los instrumentos solistas de una banda *dixieland*.		
14	Los instrumentos de una banda *dixieland* varían si se toca al aire libre o en un local cerrado.		
15	Las *big bands* aparecen en las iglesias protestantes.		
16	Las *big bands* tienen una sección rítmica de viento-madera.		
17	Las partituras para *big band* suelen ser improvisadas.		
18	El uso del *riff* es una característica de la música para *big band*.		
19	Las secciones de una *big band* son la rítmica, el metal y la madera.		
20	Las *big bands* tocaban generalmente en salones de baile.		
21	Antonio Vivaldi fue el compositor barroco que compuso *Las cuatro estaciones*.		
22	Vivaldi compuso centenares de conciertos.		
23	La familia de instrumentos que escuchamos en *La primavera* es la cuerda.		
24	Antonio Vivaldi era de nacionalidad española.		
25	Las actuaciones de las *jam sessions* se llevaban a cabo en grandes salas de baile.		
26	El número de *jam sessions* de un tema viene marcado por los solistas que lo interpretan.		
27	A Duke Ellington le llamaban Duke en reconocimiento a su aportación al mundo del *jazz*.		
28	La orquesta de Duke Ellington se caracterizaba por su disciplina.		
29	La orquesta de Duke Ellington fue titular en el Cotton Club.		
30	Como instrumentista, Duke Ellington destacó en el piano.		
31	Duke Ellington fue el compositor de *Sophisticated Lady*.		
32	Una de las facetas más destacadas de Duke Ellington es la de arreglista.		

audio *La fundición de acero*, de A. Mossolov.

El acero es una aleación de hierro y carbono indispensable en la construcción. Dentro de la tendencia de muchos compositores de la primera mitad del siglo XX de imitar los sonidos de las máquinas, el ruso Alexander Mossolov describió musicalmente el proceso de la elaboración del acero, y consiguió unos efectos realmente espectaculares.

audio **1.** Lee cómo se elabora el acero y escucha los efectos orquestales con que Mossolov describe el proceso.

Se carga el horno con el combustible necesario para que llegue a la temperatura máxima. *Motivo lento, fuerte y grave de trombones y tubas.*

Se lleva el mineral de hierro al horno para fundirlo. *Tresillo de corcheas interpretado por trompetas.*

Se insufla aire comprimido a la masa de hierro para provocar una reacción química y convertirlo en acero. *Motivo rápido y agudo con instrumentos de cuerda.*

El acero líquido se vierte en moldes y se deja enfriar. *Redoble de timbales.*

clip **2.** Escucha *La fundición de acero* y sigue el musicograma. Los números de la parte superior indican los compases.

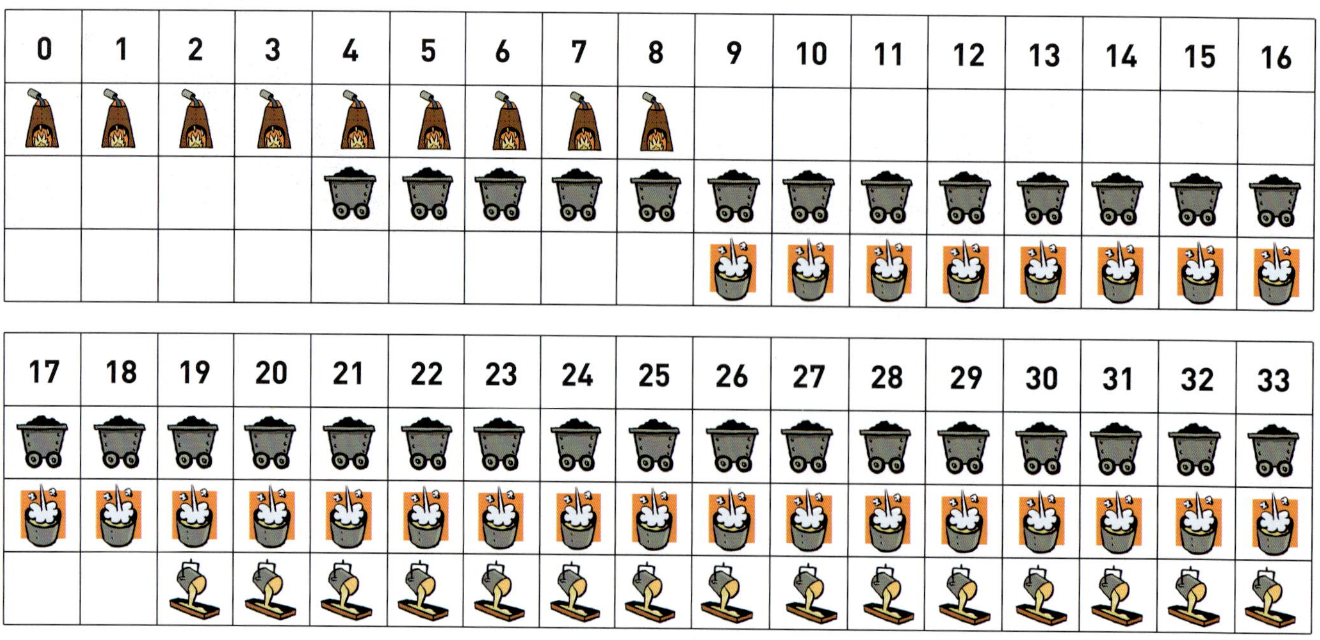

3. En la obra de Mossolov hay, además de un breve motivo para interpretar cada ruido, una melodía que simboliza la fundición entera. ¿En qué compás comienza esta melodía?

{17}

Robbie Williams en concierto. El antiguo miembro del grupo Take That es uno de los cantantes más premiados de la década 2000-2010.

ESCUCHARÁS ENTRE OTROS...

Viva la vida, de Coldplay

Fragmento de la ópera *La Bohème*, de G. Puccini

Funkytown, de Lipps Inc.

ORQUESTA TUS COMPETENCIAS...

Cultural y artística: evolución de la música moderna desde la década de 1950 hasta la actualidad.

Social y ciudadana: ejemplos de obras que han tenido una función social a través de la historia.

Competencia digital: importancia de los medios electrónicos y los efectos de estudio en la música de las últimas décadas.

Coldplay
Lipps Inc.
G. Puccini

1. Las décadas de 1950 y 1960

1.1 El *rock-and-roll*

Durante la década de 1950, aparece el *rock-and-roll*, fruto de la mezcla de la música negra y la música blanca. Su máximo exponente es Elvis Presley.

El *folk rock*, el *pop rock*, la música *mod* y el *soul* son movimientos musicales de la década de 1960.

La música folk transmite un mensaje reivindicativo con la canción protesta y el movimiento *hippy*.

Hasta mediados del siglo XX, en Estados Unidos había dos corrientes musicales diferentes: la propia de la raza negra –el *blues*, el espiritual negro y el *rhythm and blues*–, y la tradición blanca anglosajona venida de Europa –las baladas *country*–. En el año 1954 alguien tuvo la idea de combinar ambas tradiciones, y así nació el *rock-and-roll*.

A partir de este momento, el *rock* se convirtió en un movimiento musical y en un fenómeno social y cultural que evolucionó a lo largo del siglo XX.

Cuando el director de cine Richard Brooks incluyó «Rock Around the Clock» en la banda sonora de la película *Blackboard Jungle* (1955), el *rock-and-roll* se convirtió en el símbolo de una generación rebelde.

Hablar de la figura más importante de los inicios del *rock-and-roll* es hablar de Elvis Presley. En sus actuaciones, Elvis supo combinar la música negra, las baladas y pequeñas dosis de locura.

Esta combinación de factores y todas las películas que protagonizó, como *Jailhouse Rock*, le llevaron a ser un fenómeno mediático. Millones de adolescentes se convirtieron en sus fans.

vídeo

vídeo

Blackboard Jungle (1955), de Richard Brooks. *Jailhouse Rock* (1957), de Richard Thorpe, protagonizada por Elvis Presley.

1.2 El *folk rock*

La década de 1960 vio nacer una corriente musical con connotaciones sociales que se difundió por Estados Unidos. El movimiento *hippy*, contrario a la guerra de Vietnam y a la sociedad americana de la época, tuvo mucha influencia en los músicos, que daban importancia al mensaje de las canciones y se mezclaban con la cultura *rock* de estos años.

Éste es, sin duda, el caso de Bob Dylan. Otros músicos de la corriente *folk rock* son Joan Baez, Peter, Paul and Mary, The Mamas and the Papas o, más adelante, el dúo Simon and Garfunkel. El mensaje era claro: paz, no-violencia, amor y no a la guerra.

Durante estos años se comenzaron a organizar macroconciertos. El más multitudinario fue el de Woodstock, que duró tres días y alcanzó la cifra de medio millón de asistentes.

vídeo

El festival de música y arte de Woodstock se celebró los días 15, 16 y 17 de agosto de 1969 en Bethel (Nueva York).

1.3 El *pop rock*

Si la década de 1950 se caracterizó por el triunfo del *rock-and-roll* de Estados Unidos, la de 1960, en cambio, vio la eclosión de la música moderna de Europa con el *pop rock*. Sus máximos representantes fueron los grupos ingleses The Beatles y The Rolling Stones.

El grupo The Beatles supo combinar melodías de calidad, arreglos exquisitos, voces impecables, una estética rebelde y el sonido *rock* que tanto éxito tenía entonces. Durante esta década de éxitos, experimentan una clara evolución hacia las canciones con mensaje social (*All You Need is Love*), los experimentos con orquesta sinfónica o instrumentos clásicos (*Yesterday*) y el *rock* psicodélico influenciado por el consumo de sustancias alucinógenas (*Strawberry Fields Forever*). El grupo The Rolling Stones, liderado por Mick Jagger, se inspiró en el *rhythm and blues* americano para generar un sonido más violento y duro, mucho menos nítido que el de The Beatles. Sus actuaciones y el texto de sus canciones contenían elementos evidentes de provocación.

The Beatles y The Rolling Stones.

1.4 La música *mod*

Durante la época de The Beatles y The Rolling Stones, en el Reino Unido nació la música *mod* (modernista). Los *mods* eran jóvenes de origen modesto (obreros o parados) que vivían en los suburbios de las grandes ciudades inglesas. Este estilo es poco comercial y expresa una crítica radical y falta de esperanza por el futuro.

La música es estrepitosa, el sonido de las guitarras eléctricas se amplifica al máximo, las baterías, además de mantener el *tempo*, adquieren mucha importancia, y los *riffs* se repiten hasta la saciedad. El grupo inglés The Who es el más representativo de este estilo. Para llamar la atención, destruían los instrumentos musicales en el escenario al final de cada actuación. La canción *My Generation* es uno de sus himnos.

The Who y The Supremes con Diana Ross.

1.5 El *soul*

La música *soul* nace durante los tiempos de lucha por los derechos civiles y, al principio, se presentó como una protesta contra la sociedad segregacionista norteamericana. La técnica vocal del *soul* es heredera del *gospel*, propio de la música negra que se cantaba en las iglesias.

A partir de la supuesta integración social de la década de 1970, el *soul* y sus raíces negras triunfaron por las melodías y los arreglos, la dulzura de la música y la calidad vocal y coral de sus piezas.

Sam Cooke, Stevie Wonder, Otis Redding, Ray Charles, James Brown o Aretha Franklin destacan como solistas. Entre los grupos más relevantes destacan The Platters, The Drifters, The Temptations o The Supremes con Diana Ross.

El ***pop rock*** surgió en Europa con dos grupos ingleses: The Beatles y The Rolling Stones.

La protesta inglesa se evidencia con la música ***mod***. The Who es el grupo más representativo de este estilo.

La música *soul* aparece en los Estados Unidos como protesta de los afroamericanos contra su situación social.

actividades

1. Lee estas afirmaciones y escribe las letras en los recuadros correspondientes.

a La melodía es muy pulida, no hay estridencias y destacan los arreglos vocales.
b Ritmo sencillo, melodía fácil de memorizar y voces escrupulosas.
c Estridencia instrumental, importancia de la batería y la guitarra eléctrica.
d Procede del *rhythm and blues*, de ritmo marcado y forma idéntica a la del *blues*.
e El texto y el mensaje son lo más importante. No hay muchos instrumentos.

rock-and-roll *folk rock* *pop rock* *mod* *soul*

2. Escucha fragmentos de canciones de las décadas de 1950 y 1960, fíjate en las características de la actividad anterior e indica debajo el estilo correspondiente.

audio: *Nowhere Man*, de The Beatles ....
audio: *I Say a Little Prayer*, de Aretha Franklin ....
audio: *My Generation*, de The Who ....
audio: *Tutti Frutti*, de Little Richard ....
audio: *Blowin' in the Wind*, de Bob Dylan ....

2. La década de 1970

2.1 El *rock* duro

Durante la década de 1970 aparece el *hard rock*, o *rock* duro, siguiendo los pasos de la música *mod*. Se caracteriza por la extravagancia, el estruendo, la distorsión de las guitarras y la insistencia de los *riffs*.

La mayor parte de los grupos que se incluyeron en este estilo evolucionó o se acabó mezclando con estilos posteriores. Destacaron Deep Purple, Led Zeppelin, Iron Maiden o AC/DC.

AC/DC.

2.2 La música *punk*

La música *punk* duró pocos años, pero su estética se ha mantenido hasta la actualidad. La falta de imaginación musical de la década de 1970, después de la revolución de las de 1950 y 1960, comportó la aparición de la música *punk*.

La melodía inexistente, los gritos agudos, la crítica social, el ruido y el *tempo* vertiginoso caracterizan esta música. Su lema es «no hay futuro», y están a favor de la anarquía.

Dentro de este estilo destacaron The Sex Pistols, The Clash y la cantante alemana Nina Hagen.

Nina Hagen y Pink Floyd.

2.3 El *rock* progresivo

Este estilo es una reacción contra la sencillez de la música moderna. El *rock* progresivo modificó las estructuras del *rock* y las hizo más complejas; también buscó la calidad en las interpretaciones. Se distanció del *rock* duro –que se basaba en la distorsión de las guitarras– por el uso de los teclados electrónicos. Los ingleses Pink Floyd, Genesis y Yes representan este estilo.

2.4 El *reggae*

La música *reggae* se origina en Jamaica rodeada del compromiso con la paz y el Tercer Mundo.

La guitarra toca a contratiempo, la línea melódica del bajo cobra protagonismo, el tempo es lento, quizá algo monótono, pero las polirritmias de la raza negra enriquecen esta música.

El intérprete más relevante de *reggae* fue Bob Marley, y más adelante, el grupo multirracial UB40.

Bob Marley y Elton John.

2.5 El *glam rock*

Cuando el *rock* agotó su estética y sus mensajes, apareció una nueva tendencia que unía la buena música y la teatralidad escénica. Muchos grupos surgieron y desaparecieron casi con la misma facilidad, hecho que puede indicar falta de calidad musical. No obstante, todavía se mantienen los que habrían triunfado con espectáculo o sin él. Hablamos de David Bowie, Elton John, Queen o Roxy Music.

La **música de la década de 1970**, con el *punk* y el *rock* duro, es una protesta contra los estilos anteriores. Aparece un *rock* progresivo que se fusiona con otros estilos, incluye música étnica, como el *reggae*, y promueve el espectáculo, como el *glam rock*.

3. La década de 1980

The Police y ABBA.

3.1 La *new wave*

El *new wave* (nueva ola) vuelve a la sencillez de la década de 1960, pero con nuevas propuestas sonoras. Se retoma la melodía cantada –bastante aguda–, las guitarras se escuchan con claridad y se introducen nuevos efectos sonoros. Aparecen los sintetizadores, y las cajas de ritmos programadas se encargan de la percusión. Entre muchos otros, destacan The Cure, U2, Blondie, Simple Minds o The Police.

3.2 La música disco

En la década de 1980 triunfó la música de baile. Se puede decir que cualquier música de compás binario era susceptible de ser incluida en la música disco, pero sobre todo se nutría de *soul*, *funk* y *electrofunk*, estilos que habían aparecido recientemente. Muchos artistas decidieron dedicarse a la música disco porque aportaba muchos beneficios. Destacaron Donna Summer, Diana Ross o ABBA.

3.3 El *funk*, el *rap* y la música *house*

Todos estos estilos pertenecen a la música de baile. El *funky*, con la ayuda posterior de los medios electrónicos, como sintetizadores y cajas de ritmos, se caracteriza por el ritmo constante del bajo y las guitarras, como los *riffs* obstinados. Muchos de los cantantes de este estilo son de raza negra. Como representantes destacan Michael Jackson y Prince.

El *rap* nace en el Bronx y en Harlem, dos barrios pobres de Nueva York. El *disc-jockey* (DJ) recita con un ritmo trepidante y una acentuación peculiar. Son moda los efectos sonoros hechos con los discos de vinilo, como el *repeat* (repetir) o el *scratch* (rascar). Los grupos de *rap* también imponen una manera de vestir: gorra de béisbol, zapatillas deportivas…

El *house* es una evolución del *rap*, pero más técnica y no tan musical. Los ordenadores y los sintetizadores toman muestras de cualquier tipo de sonido y lo incorporan a una base de ritmo constante. Se puede crear en un laboratorio casero, por lo que recibe el nombre de *house*.

clip

Casi toda la música de la década de 1980 está destinada al baile: disco, *funk*, *rap* o *house*.

Aparece la *new wave*, que propone volver a 1960 aprovechando las nuevas tecnologías. La década de 1990 aporta el *bakalao* o la música *mákina*.

4. La década de 1990

4.1 El *bakalao*

La música de la década de 1990 también es fruto de la evolución de otros estilos: el *bakalao* o la música *mákina*. Procede de la música disco y el *tecno*, y también es música de baile. Los *disc-jockeys* son unos artistas de la mezcla. En esta época, no se dejan de escuchar los estilos de las décadas anteriores. De hecho, la mayoría de estilos ha ido derivando de la música que revolucionó la historia musical del siglo XX: el *rock*.

5. La década de los años 2000

La última década ha estado marcada por el *rock* alternativo, el *indie rock* (o rock independiente), el *rock* progresivo, la música electrónica, etc., en que destacan grupos como The Strokes, Radiohead, The Libertines o los Yeah, Yeah Yeahs.

También aparecen grupos y cantantes con estilos que recuerdan a épocas anteriores y que tienen tanto o más éxito que los originales.

Y sobre todo, la primera década del siglo XXI es la época de los cantantes y grupos mediáticos, capaces de llenar estadios y vender miles de copias de sus canciones. Britney Spears, Beyoncé, Norah Jones, Robbie Williams, Eminem, Shakira, Coldplay, Amy Winehouse o Red Hot Chili Peppers son ejemplo de ello.

Últimamente, iconos como Lady Gaga pueden marcar las tendencias de la música pop de los próximos años.

Norah Jones.

actividades

3. Estas características pertenecen a estilos diferentes. Relaciónalas con los nombres de los estilos: *rock* duro, *reggae*, disco, *new wave*.

- **a** Riqueza polirrítmica, contratiempo con la guitarra e importancia del bajo.
- **b** Música para ser bailada, compás binario.
- **c** Melodía muy definida, guitarras claras, sintetizadores y nuevas percusiones programadas con cajas de ritmos.
- **d** Estrépito, *riffs* insistentes y reiterativos, distorsión.

4. Escucha unos ejemplos y asócialos con el estilo que correspondiente, según las características anteriores: *rock* duro, *reggae*, disco, *new wave*.

a audio **b** audio **c** audio **d** audio

5. Relaciona las características que te proponemos con los estilos musicales correspondientes: *rap*, *glam rock*, *punk*, *funk*.

- **a** La calidad musical del *rock* se acompaña de una puesta en escena espectacular.
- **b** Textos de crítica social, melodía casi inexistente, ruidos, gritos y velocidad.
- **c** El text es hablado pero con un ritmo especial.
- **d** Ritmo constante del bajo, bailable con *riffs* obstinados.

6. Escucha los ejemplos siguientes y relaciónalos con el estilo correspondiente: *rap*, *glam rock*, *punk*, *funk*.

a audio **b** audio **c** audio **d** audio

Viva la vida, de Coldplay

El famoso cuadro de la portada del disco es *La libertad guiando al pueblo* de Delacroix. Está ambientado en la revolución francesa. Algunos creen que es una clara referencia al rey Luis XVI, guillotinado durante la Revolución, el posible protagonista de la canción. Otros opinan que en la canción no se hace referencia alguna a un personaje determinado y que tan solo se realiza una reflexión sobre lo que supone perder el poder a un gobernante. EL grupo Coldplay no ha confirmado ni negado estas hipótesis.

De izquierda a derecha, Will Champion, John Auckland, Chris Martin y Guy Berryman.

Obra

En el año 2008, el grupo inglés Coldplay presentó *Viva la vida*, una canción que habla sobre un rey que después de tener un poder absoluto se ve derrocado y perseguido por el pueblo. El tema, que fue escogido como mejor canción del año, cautivó a todo el mundo, pero también planteó algunas incógnitas: ¿por qué un título en castellano si la canción es en inglés? ¿Por qué la portada del disco es un cuadro francés?

Con el enigma del título tenemos más suerte. El año 2007, durante una gira por Latinoamérica, Coldplay visitó el museo de la historia de la pintora mexicana Frida Kahlo... y quedó profundamente impresionado. En *El tablón* te explicamos el porqué.

Compositor

En el año 1996 cuatro jóvenes llegan a la Universidad de Londres para iniciar diferentes estudios. A pesar de que no se conocían, compartían una idea: los cuatro querían encontrar compañeros para formar un grupo de rock. Un año después, nació Coldplay.

Inicialmente el estilo de Coldplay seguía la línea del *brit-pop*, un movimiento de la época influenciado por grupos de las décadas de 1960 y 1970 como The Beatles, que creaba sus canciones a partir de unos acordes, en lugar de realizarlo a partir de patrones rítmicos, como hacían los seguidores de otro movimiento de gran repercusión en Inglaterra, el *house*. Sus tres primeros discos, con éxitos como *Clocks* o *The Scientists* seguían estos modelos.

En el año 2006, comenzaron a trabajar en su cuarto álbum, *Viva la vida or Death and All his Friends*. Este trabajo marca un punto de inflexión en su trayectoria. La influencia de Eno, uno de los compositores de música electrónica más creativos de su generación, hará que Coldplay experimente con el sonido sintetizado y consiga acompañamientos más ricos.

actividades audio

1. Escucha el *riff* de cuatro compases de *Viva la vida* y fíjate en la partitura. ¿El ritmo es diferente en todos los compases o hay alguna repetición?

2. Aunque el *riff* anterior suene todo el rato, los Coldplay hacen muchas variaciones. Escucha el comienzo del tema A en cuatro momentos diferentes de la canción y adivina en cuál de ellos puedes escuchar esta melodía. No te despistes con la voz de Chris Martin.

3. Escucha el tema B completo y di cuántos compases tiene. Para que puedas contarlos mejor, hemos puesto un compás de metrónomo antes.

- ☐ 16 compases
- ☐ 18 compases
- ☐ 17 compases

4. Ahora que ya conoces los dos temas de *Viva la vida*, escucha toda la canción y rellena los recuadros del musicograma con A, A' o I (fragmento instrumental).

I					B				B

5. Completa las siguientes frases con alguna de las opciones.

a La pulsación de *Viva la vida* es ... .

- ☐ constante
- ☐ variable
- ☐ *crescendo*

b El tema B de *Viva la vida* está cantado por un...

- ☐ coro
- ☐ *disc-jockey*
- ☐ solista

c La canción *Viva la vida* utiliza... sintetizados.

- ☐ ritmos
- ☐ sonidos
- ☐ valores

El tablón

opiniones, curiosidades...

La vida de Frida Kahlo estuvo marcada por una dolorosa enfermedad que sufría desde la infancia. Ocho días antes de morir, sin poder levantarse de la cama, pidió que le trajeran uno de sus lienzos y pintó *Viva la vida*.

«Pasó sus últimos días con un gran sufrimiento, y entonces pintó *Viva la vida*. Me encanta su coraje.»

C. Martin

«Es increíble que después de hacer una canción dedicada a esta pintora, el Museo Frida Kahlo haya aumentado el número de visitantes.»

C. Martin

Fragmento de la ópera *La Bohème*, de G. Puccini

La música a menudo está relacionada con el texto; el caso de Coldplay es un buen ejemplo de ello. Sus canciones transmiten un mensaje mediante las letras, lo cual las hace muy especiales. También en las óperas el texto tiene mucha importancia. Los libretos literarios que inspiran la ópera son una parte tan importante que, aunque están escritos por lo general en italiano o alemán, desde hace tiempo se traducen simultáneamente en pantallas grandes para que el público pueda seguir el texto.

actividades

vídeo

1. En el vídeo te damos el nombre de los personajes. Completa el cuadro con la voz y el registro de cada uno. Hay tres barítonos, un tenor y un bajo, pero no hay ninguna contralto.

Personaje	Voz	Registro
Mimi	Femenina	
Rodolfo		
Marcello		
Musetta		

Personaje	Voz	Registro
Schaunard	Masculina	Barítono
Colline	Masculina	
Alcindoro		Barítono

2. Hemos marcado cuatro escenas del 1 al 4. Numéralas en el cuadro según el argumento.

- Musetta quiere llamar la atención de Marcello.
- Musetta se inventa un dolor en el pie y envía a su acompañante al zapatero para quedarse con Marcello.
- Rodolfo explica que Musetta y Marcello habían estado enamorados. Los amigos hacen comentarios.
- Mientras Musetta explica sus artes de conquista, Mimi pide a Rodolfo que le explique qué pasa.

3. Ahora marca el nombre de los personajes que cantan en cada ocasión, siguiendo el ejemplo.

Número	Personajes		
1	Mimi	Musetta	Alcindoro
2	Musetta y Mimi	Marcello y Colline	Musetta y Rodolfo
3	Nadie	Schaunard, Mimi y Colline	Rodolfo y los demás amigos
4	Musetta	Todos	Marcello

4. Relaciona los símbolos que aparecen en el DVD con las siguientes afirmaciones:

a Musetta canta la melodía principal.

b Musetta canta con Mimi haciendo un contracanto.

c Marcello repite la melodía principal que antes había hecho Musetta.

5. ¿Cuántos personajes cantan en la escena final: cinco hombres, dos hombres o los siete?

6. ¿Qué género común tienen las dos audiciones de esta unidad: vocal, instrumental o vocal-instrumental?

interpreta

Blowin' in the Wind, de B. Dylan

La canción de protesta es propia del *folk rock*. Bob Dylan fue uno de sus principales representantes. Esta es una de las canciones de Dylan más conocidas y se convirtió en el emblema de este estilo musical.

Obstinado rítmico

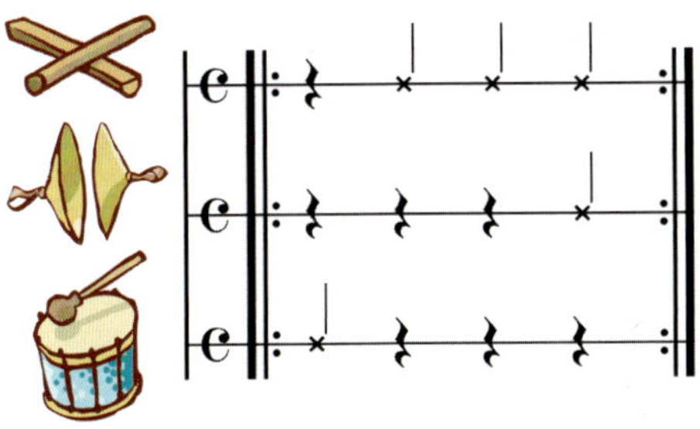

actividad

1. Interpreta esta partitura en grupo. El profesor o la profesora os dirá cuál es la mejor combinación instrumental. Tocad el obstinado rítmico sobre la canción o sobre la grabación.

manipula

Escucha el archivo del programa MuseScore que te proporcionamos; corresponde a un fragmento de *Satisfaction*, de The Rolling Stones. Están la melodía y el acompañamiento armónico, sólo falta el acompañamiento rítmico. Sigue las pautas que te daremos y escribe la parte de la batería.

Les décadas de 1950 y 1960

El ***rock-and-roll*** es una mezcla del ***rhythm and blues*** y de la música ***country***.

Jailhouse Rock

El ***folk rock*** proclama la no violencia.

Woodstock

El ***pop rock*** nació en la década de los sesenta en **Europa**.

The Rolling Stones

La música ***mod*** tiene una sonoridad estrepitosa y textos críticos.

The Who

El ***soul*** es la canción de protesta de la raza negra.

The Supremes

La década de 1970

El **rock duro** utiliza el sonido **distorsionado** de las guitarras.

AC/DC

La música ***punk*** fue un movimiento de **protesta social**.

Nina Hagen

El **rock progresivo** se basa en el uso de los **teclados**.

El ***reggae*** es una música pacifista de origen **étnico**.

Bob Marley

El ***glam* rock** destacó por su **teatralidad** escénica.

Elton John

La década de 1980

La ***new wave*** vuelve a la **sencillez melódica** de la música de la década de 1960.

The Police

ABBA

La **música disco** es la música de discoteca que proviene del *soul*.

El ***funk***, el ***rap*** y la **música *house*** son estilos bailables.

La década de 1990

El ***bakalao*** es la música de discoteca de los noventa. Un **DJ** superpone y **mezcla** discos.

DJ en acción

La década de los años 2000

Norah Jones

Está marcada por el ***rock* alternativo**, el ***rock* independiente,** el ***rock* progresivo** y la **música electrónica.** También aparecen grupos y cantantes con estilos que recuerdan a épocas anteriores, y cantantes y grupos mediáticos capaces de llenar estadios y vender miles de copias de sus canciones.

		C	F
1	El *rock-and-roll* aparece en la década de 1950.		
2	Michael Jackson fue una de las figuras del *rock-and-roll* de la década de 1960.		
3	El *rock-and-roll* nace de la fusión de diferentes estilos, uno de los cuales es el *rhythm and blues*.		
4	La música *folk* estuvo relacionada, en sus inicios, con el movimiento *hippy*.		
5	El *pop rock* tiene en el grupo inglés The Beatles a su máximo exponente.		
6	The Rolling Stones es una banda inglesa de *rock*.		
7	En la década de 1980 aparece la música *mod* (del inglés 'modernista').		
8	La herencia de la música góspel en las décadas de 1960 y 1970 es el *soul*, sobre todo por la calidad de su música vocal.		
9	En la música *folk rock* no intervienen muchos instrumentos.		
10	En la década de 1970 surge el *hard rock*.		
11	El grupo Deep Purple es un ejemplo de música *soul*.		
12	El uso de los *riff* es exclusivo del *rock* duro.		
13	En la música *punk* destacan grupos como The Sex Pistols o The Clash.		
14	El *rock* progresivo surge como reacción a la sencillez de la música pop.		
15	Una de las características del *rock* progresivo es el sonido de los teclados electrónicos.		
16	Bob Marley es conocido por su estilo *glam rock*.		
17	En la música *reggae*, la guitarra marca todos los tiempos.		
18	La *new wave* (nueva ola) usa estructuras sencillas pero sonoridades nuevas de la década de 1980.		
19	La década de 1980 es la década del *rock-and-roll*.		
20	Los músicos de estilos como el *funk* o el *rap* son mayoritariamente de raza afroamericana.		
21	En el *rap*, la melodía tiene mucha importancia.		
22	Desde finales del siglo XX, los DJ tienen mucha importancia.		
23	*La Bohème* es una ópera de Verdi de finales del siglo XIX.		
24	Otras óperas de Puccini son *Il Trovatore* y *Madame Butterfly*.		
25	La canción *Viva la vida* se presentó en el año 2008.		
26	El título de la canción *Viva la vida* fue escogido como mejor título del año.		
27	La portada del cuarto álbum de Coldplay es un cuadro de Frida Kahlo.		
28	El grupo Coldplay está formado por cuatro integrantes.		
29	La canción *Clocks* pertenece al cuarto álbum de Coldplay.		
30	Entre las influencias de Coldplay está el movimiento *brit-pop*.		
31	El cuarto álbum de Coldplay significó un cambio en su estilo.		
32	Chris Martin sustituyó a Brian Eno como vocalista de Coldplay.		

¿Alguna vez te has preguntado por qué son tan diferentes entre sí las ciudades, cuando están formadas por los mismos elementos (calles, plazas, edificios, tiendas...)? Una ciudad es mucho más que una suma de habitantes. De la misma manera que cada ser humano es único, a pesar de tener las mismas partes del cuerpo que el resto, cada ciudad es un organismo con personalidad propia.

audio *Funkytown*, de Lipps Inc.

El año 1980, el grupo Lipps Inc. sacó al mercado el tema *Funkytown* ('La ciudad del *funk*'). La canción, que incorporaba una gran cantidad de medios electrónicos y efectos de estudio, tuvo un éxito inmediato y actualmente es un auténtico clásico de la música disco.

audio

1. Escucha, en este orden, los siguientes *riffs* de *Funkytown*: *riff* de caja de ritmos y bajo, *riff* de sintetizador, *riff* de guitarra y *riff* de guitarra y bajo. Cada uno sonará cuatro veces.

2. Escucha la canción siguiendo el musicograma.

clip

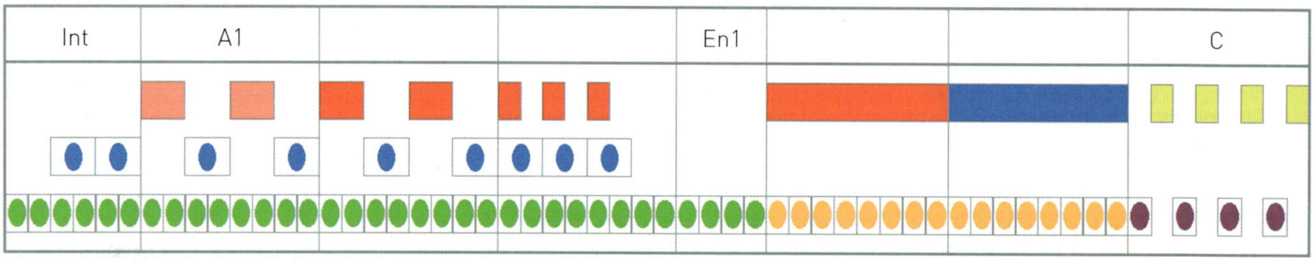

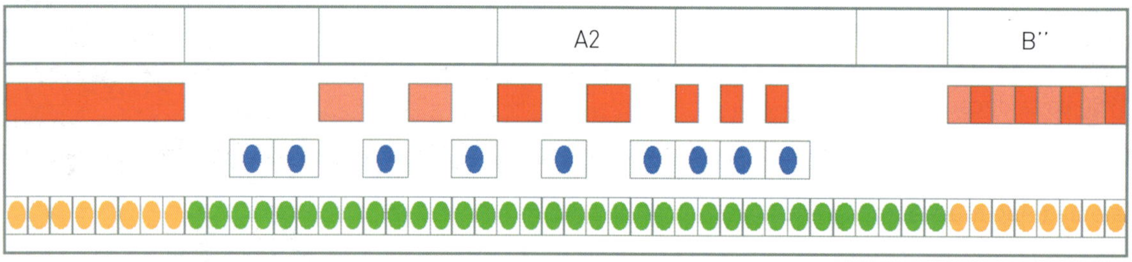

3. Indica al lado de cada icono el número que le corresponde: (1) *riff* de guitarra, (2) *riff* con caja de ritmos, (3) *riff* de guitarra y bajo, (4) *riff* de sintetizador, (5) voz, (6) voz distorsionada, (7) melodía de saxo, (8) melodía de sintetizador con sonido de cuerdas.

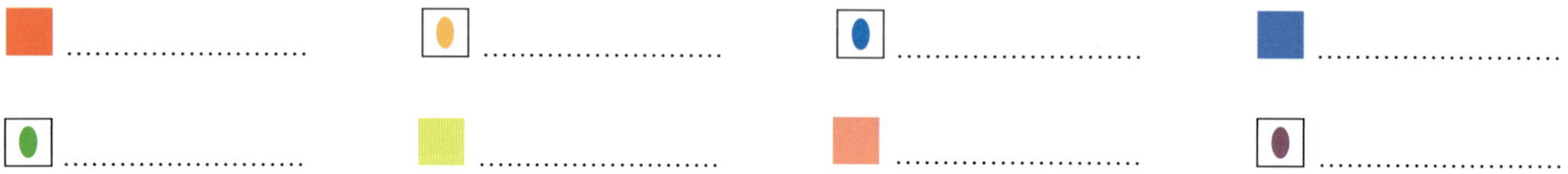

4. En la parte superior del musicograma aparecen indicadas las partes de la canción. Completa los recuadros con Int (introducción), En (enlace), A1, A2, A3, A3, B, B y B'.

{18}

ESCUCHARÁS ENTRE OTROS...

Music for Pieces of Wood, de S. Reich

Song to John, de S. Clarke

Música de la noche, de B. Bartók

ORQUESTA TUS COMPETENCIAS...

Autonomía e iniciativa personal: composición e interpretación de una pieza musical.

Social y ciudadana: expresión individual y colectiva de ideas, emociones y sentimientos mediante la música.

Interacción con el mundo físico: inspiración en los ruidos nocturnos del bosque para hacer una composición.

S. Clarke
B. Bartók
Steve Reich

1. La creatividad

En esta unidad te proponemos lo mismo que en la unidad 9. Una vez has interiorizado los contenidos musicales y te has inspirado gracias a todas las audiciones y vídeos del DVD, puedes aplicar lo que sabes y lo que sientes para convertirte otra vez en compositor e intérprete de tu propia música. ¿Lo intentamos?

Forma un grupo de cinco o seis compañeros y compañeras. Seguid las siguientes reglas para hacer vuestra composición:

1 Pensad qué elementos usaréis para la composición: instrumentos, voces y forma.
2 Preparad los ingredientes (melodía, fórmulas rítmicas, etc.) y pensad en qué orden intervendrán en la composición.
3 Experimentad diferentes características (indicadores de dinámica, carácter, etc.) y decidid cuándo y cómo se añadirán a la obra.

Podrás recordar todos los conceptos que has trabajado hasta ahora y que pueden formar parte de tu composición. Te ofreceremos diferentes opciones y ejemplos, pero al final tendrás que hacer tu propia elección.

1.1 Agrupaciones vocales e instrumentales

Puedes escoger una de las agrupaciones vocales siguientes: masa coral o grupo de cámara. Entre los grupos de cámara puedes optar, según el número de los componentes, por el dueto, el trío, el cuarteto o el coro de cámara. Si escoges una masa coral, deberás constituir un gran coro.

De todas las **agrupaciones orquestales** puedes seleccionar la orquesta de cuerda, la orquesta sinfónica o la banda; pero si prefieres los **grupos de cámara**, puedes escoger desde un dueto hasta un noneto.

También puedes optar por la interpretación de música vocal, instrumental o vocal- instrumental. Además, recuerda que la voz también es un instrumento. Puedes escoger voces masculinas (bajo, barítono y tenor), femeninas o blancas (contralto, *mezzosoprano* y soprano).

Agrupaciones vocales e instrumentales. Nosotros escogemos:

- Coro de cámara con pocos intérpretes.
- Agrupación instrumental de cámara con instrumentos idiófonos y membranófonos.
- Música vocal-instrumental, porque habrá voces e instrumentos.

actividad

1. Ahora es el momento de hacer la primera elección. Escribe en la libreta las características que prefieras.

1.2 Textura y forma musicales

Selecciona alguna de las texturas que hemos estudiado:

Homofónica	Las figuraciones rítmicas suenan simultáneamente.
Contrapuntística	Los diferentes elementos rítmicos y melódicos son independientes.
De polaridad melodía-bajo	Interviene el bajo, un instrumento de teclado para la parte central y la melodía.
Melodía acompañada	La melodía es la protagonista y los acordes forman la armonía.

En cuanto a la forma, puedes utilizar las formas simple **binaria** o **ternaria**, o bien las últimas que hemos aprendido:

Rondó	Se alterna un tema principal A (estribillo) con otro o más. Pueden ser de cinco o siete secciones.
Tema con variaciones	Una melodía corta (tema) y repeticiones modificadas (variaciones).
Fuga	Obra contrapuntística imitativa, casi siempre instrumental.
Sonata	Obra bitemática (A y B) con tonalidad de tónica para el tema A y de dominante para el tema B en la exposición.

Textura y forma musicales. Nosotros escogemos:

- Textura de melodía acompañada.
- Forma rondó (A-B-A-B-A).

actividad

2. Escribe en la libreta las características seleccionadas. Escoge opciones diferentes de las nuestras en los apartados en los que sea posible.

1.3 Ingredientes

a La **escala** o los **intervalos** que forman las notas de la escala.

b La formación de **acordes tríadas** (tres notas) y **cuatríadas** (cuatro notas).

c Las alteraciones: el **sostenido** y el **bemol**, para subir o bajar la nota un semitono; el **becuadro**, para anular el efecto de la alteración anterior o de la armadura.

d Los **compases simples**: binario (2/4), ternario (3/4) o cuaternario (4/4); o **compuestos**: binario (6/8), ternario (9/8) o cuaternario (12/8).

e La **síncopa** y el **contratiempo** como figuraciones rítmicas nuevas.

f Los indicadores de dinámica *pp*, *p*, *mf*, *f* y *ff*, y los reguladores < y >.

g Los términos italianos que se refieren al movimiento: *lento*, *moderato*, *allegro*, etc.; y al carácter: **patético**, **solemne**, **brillante**, **amable**, etc.

Ingredientes. Nosotros escogemos:

- El compás o métrica ternaria 3/4.
- Las notas musicales de la melodía formando intervalos de segunda a octava.
- Una serie basada en la escala cromática.
- Las fórmulas rítmicas con blancas, negras, corcheas y semicorcheas; síncopas y contratiempos; pausas o silencios, etc.
- Los indicadores de dinámica *pp*, *p*, *mf*, *f* y *ff*. Los reguladores de <y>.
- Acordes tríadas y cuatríadas.
- Movimiento *allegro* y carácter solemne.

actividad

3. Escoge las características que prefieras. Intenta seleccionar opciones diferentes a las nuestras.

Para escoger los conceptos del apartado anterior, adoptaremos un método serial que usaban algunos compositores del siglo XX de la escuela de Viena.

Para comenzar, estableceremos un orden para las notas y otro para las fórmulas rítmicas: las series. Haremos una serie para las doce notas musicales de la escala cromática y otra para las figuras rítmicas.

1.3.1 Serie de notas musicales

La serie de notas musicales tiene doce notas: las siete de la escala –de do a si– y las cinco cromáticas. El orden de las notas es del todo libre. La serie que nosotros hemos escogido es ésta:

DO	LA b	SI b	MI	FA	Mi b	SI	RE	SOL b	LA	SOL	RE b

1.3.2 Serie de figuras rítmicas

Para crear la serie de figuras rítmicas hemos escogido los ritmos más comunes. El orden también es libre. El último recuadro es para una figura rítmica de libre elección y que hará de comodín. Esta es nuestra serie:

La base del sistema que usaremos será un tablero de ajedrez con doce cuadros por lado, en lugar de ocho. En cada uno de los ciento cuarenta y cuatro cuadros habrá una nota de la serie. El orden lo determinará el movimiento del caballo. En la imagen de la izquierda, están todos los movimientos y cambios de dirección que puede hacer el caballo. Veamos un ejemplo con todas las notas de las casillas de este tablero.

	A	B	C	D	E	F	G	H	I	J	K	L
12	Re b	Do	La b	Si b	Mi	Fa	Mi b	Si	Re	Sol b	La	Sol
11	Sol	Re b	Do	La b	Si b	Mi	Fa	Mi b	Si	Re	Sol b	La
10	La	Sol	Re b	Do	La b	Si b	Mi	Fa	Mi b	Si	Re	Sol b
9	Sol b	La	Sol	Re b	Do	La b	Si b	Mi	Fa	Mi b	Si	Re
8	Re	Sol b	La	Sol	Re b	Do	La b	Si b	Mi	Fa	Mi b	Si
7	Si	Re	Sol b	La	Sol	Re b	Do	La b	Si b	Mi	Fa	Mi b
6	Mi b	Si	Re	Sol b	La	Sol	Re b	Do	La b	Si b	Mi	Fa
5	Fa	Mi b	Si	Re	Sol b	La	Sol	Re b	Do	La b	Si b	Mi
4	Mi	Fa	Mi b	Si	Re	Sol b	La	Sol	Re b	Do	La b	Si b
3	Si b	Mi	Fa	Mi b	Si	Re	Sol b	La	Sol	Re b	Do	La b
2	La b	Si b	Mi	Fa	Mi b	Si	Re	Sol b	La	Sol	Re b	Do
1	Do	La b	Si b	Mi	Fa	Mi b	Si	Re	Sol b	La	Sol	Re b

Fíjate en que la serie está en la columna A y en la fila 1. En cada una de las filas y columnas siguientes, la serie comienza con la primera nota siguiendo el orden del original. Así se crean las mismas series en todas las filas y columnas pero comenzando por notas distintas de la serie original.

Os enseñamos un ejemplo de composición con el método del salto de caballo. Comenzamos en la coordenada G7 del tablero.

	A	B	C	D	E	F	G	H	I	J	K	L
12	Re b	Do	La b	Si b	Mi	Fa	Mi b	Si	Re	Sol b	La	Sol
11	Sol	Re b	Do	La b	Si b	Mi	Fa	Mi b	Si	Re	Sol b	La
10	La	Sol	Re b	Do	La b	Si b	Mi	Fa	Mi b	Si	Re	Sol b
9	Sol b	La	Sol	Re b	Do	La b	Si b	Mi	Fa	Mi b	Si	Re
8	Re	Sol b	La	Sol	Re b	Do	La b	Si b	Mi	Fa	Mi b	Si
7	Si	Re	Sol b	La	Sol	Re b	Do	La b	Si b	Mi	Fa	Mi b
6	Mi b	Si	Re	Sol b	La	Sol	Re b	Do	La b	Si b	Mi	Fa
5	Fa	Mi b	Si	Re	Sol b	La	Sol	Re b	Do	La b	Si b	Mi
4	Mi	Fa	Mi b	Si	Re	Sol b	La	Sol	Re b	Do	La b	Si b
3	Si b	Mi	Fa	Mi b	Si	Re	Sol b	La	Sol	Re b	Do	La b
2	La b	Si b	Mi	Fa	Mi b	Si	Re	Sol b	La	Sol	Re b	Do
1	Do	La b	Si b	Mi	Fa	Mi b	Si	Re	Sol b	La	Sol	Re b

G7/Do H9/Mi F10/Si b E8/Re b F6/Sol

Para escoger los acordes usamos el mismo sistema. El orden de las notas de los acordes lo seleccionaremos libremente teniendo en cuenta el instrumento que deba interpretarlas.

Según lo que nos convenga, usamos acordes tríadas o cuatríadas. Utilizaremos los valores de los acordes que sean más adecuados; recomendamos que uséis valores de blancas y negras para no complicar la interpretación.

	A	B	C	D	E	F	G	H
7	Si	Re	Sol b	La	Sol	Re b	Do	La b
6	Mi b	Si	Re	Sol b	La	Sol	Re b	Do
5	Fa	Mi b	Si	Re	Sol b	La	Sol	Re b
4	Mi	Fa	Mi b	Si	Re	Sol b	La	Sol
3	Si b	Mi	Fa	Mi b	Si	Re	Sol b	La
2	La b	Si b	Mi	Fa	Mi b	Si	Re	Sol b

1.er acorde G7/Do F5/La D4/Si C2/Mi

	A	B	C	D	E	F	G	H
6	Mi b	Si	Re	Sol b	La	Sol	Re b	Do
5	Fa	Mi b	Si	Re	Sol b	La	Sol	Re b
4	Mi	Fa	Mi b	Si	Re	Sol b	La	Sol
3	Si b	Mi	Fa	Mi b	Si	Re	Sol b	La
2	La b	Si b	Mi	Fa	Mi b	Si	Re	Sol b
1	Do	La b	Si b	Mi	Fa	Mi b	Si	Re

2.º acorde E1/Fa D3/Mi b B2/Si b C4/Mi b

Aplicaremos el mismo sistema en la serie de figuras rítmicas. Así obtendremos los valores de las notas que ya hemos escogido antes. Puede que en algunos casos tengamos que hacer alguna modificación, para que coincida el número de notas con el de figuras rítmicas.

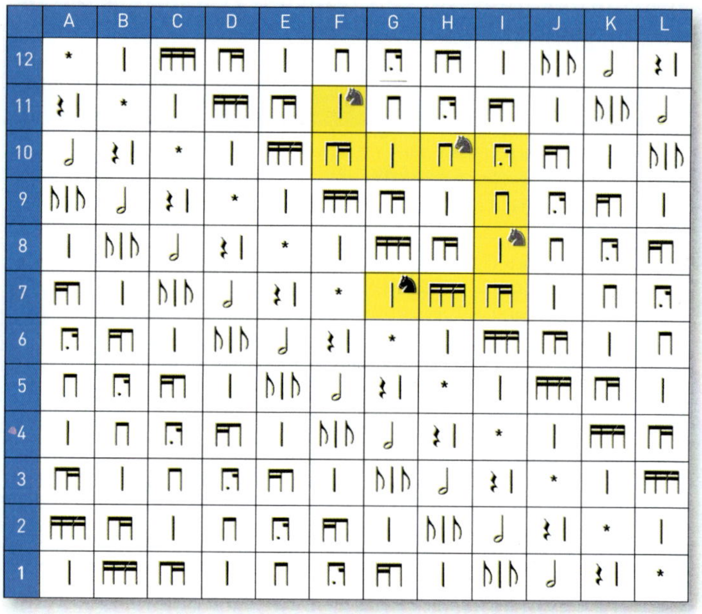

G7/I I8/I H10/⊓ F11/I

Para los signos de dinámica no usaremos la serie, los escogeremos libremente según nuestro criterio. Las combinaciones del caballo que hemos usado para la frase melódica A son estas:

Las combinaciones del caballo que hemos usado para la frase rítmica A son estas:

Componemos un obstinado para el acompañamiento rítmico de la frase A. Hemos escogido estas combinaciones:

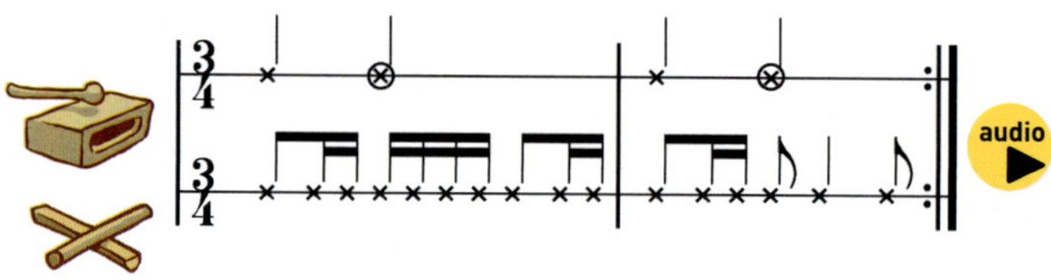

Las combinaciones del caballo para los acordes son estas:

Esta ficha técnica resume nuestra composición:

- **Género:** música culta, profana, pura y vocal-instrumental.
- **Instrumentos:** voz, membranófonos e idiófonos.
- **Forma:** rondó A-B-A-B-A (de ocho a doce compases en cada frase).
- **Compás o métrica:** ternaria simple 3/4.
- **Melodía:** combinación de notas y figuras rítmicas según las series correspondientes.
- **Textura:** melodía acompañada.
- **Intensidad:** *pp*, *p*, *mf*, *f* y *ff*, y los reguladores que seleccionemos libremente.
- **Armonía:** acordes tríadas y cuatríadas extraídos de la serie propuesta con los valores recomendados de blancas y negras.
- **Movimiento:** *Allegro.*
- **Carácter:** solemne.

La partitura con las notas musicales, las figuras rítmicas, los acordes y los instrumentos es ésta:

Las combinaciones del caballo que hemos usado para la frase melódica B son éstas:

Las combinaciones del caballo que hemos usado para la frase melódica B son éstas:

Componemos un obstinado para el acompañamiento rítmico de la frase B. Hemos escogido estas combinaciones:

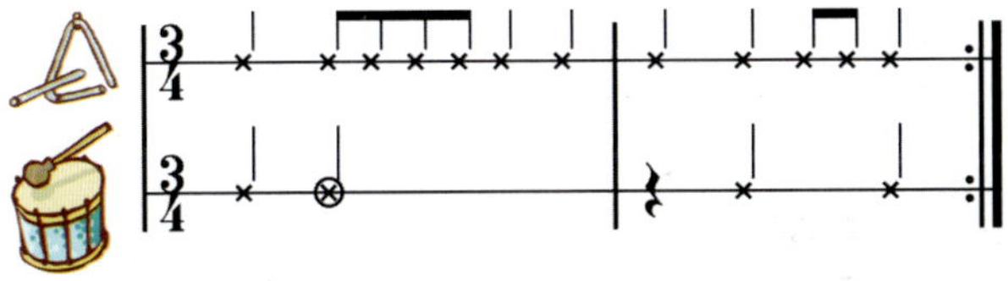

Las combinaciones del caballo para los acordes son:

La partitura con las notas musicales, las figuras rítmicas y los acordes figura a continuación. Escribe toda la partitura seguida en la libreta con la forma A-B-A-B-A e interprétala. Después, escríbela en el MuseScore y escúchala.

actividad

4. Escribe en la libreta las series que utilizarás. Siempre que sea posible, busca alternativas diferentes a las nuestras. Escoge un título para tu composición, escríbelo al principio e interprétala.

Music for Pieces of Wood, de Steve Reich

Obra

Music for Pieces of Wood (1973) es muy representativa de la segunda época de las composiciones *phase* de Steve Reich. Este tipo de composiciones están basadas en la repetición.

La obra tiene tres partes, la primera va del compás 1 al 28, la segunda, del 29 al 46, y la tercera del 47 al 59. Está escrita para cinco claves, y cada uno emite un sonido diferente. En cada compás hay indicado el número aproximado de repeticiones que los intérpretes deberán tocar. Durante toda la obra, el primer instrumentista toca siempre corcheas con su pausa, a modo de metrónomo.

El segundo instrumentista en la primera sección toca 8 ataques de corcheas con sus pausas. Esta será la fase o patrón que regirá para los otros instrumentistas. El número de ataques sucesivos siguen siempre la serie de 3-2-1-2-3 separados por una pausa de corchea. El tercer, cuarto y quinto instrumentistas comienzan con una corchea y por cada compás añaden un ataque hasta que llegan a 8. Cada uno comienza en un lugar diferente del patrón original. Las otras dos secciones tienen una forma de desarrollarse parecida a la primera pero la segunda sección está en compás 4/4, y la tercera en compás 3/4. Es evidente que son más cortas, porque hay menos ataques.

Compositor

Steve Reich (1936),compositor e intérprete norteamericano, es uno de los principales representantes del minimalismo. A finales de la década de 1960, desarrolla la técnica conocida como «de fases». Durante la década de 1970 evolucionó este estilo usando frases rítmicas con formas canónicas. De esta manera, partiendo de un material sencillo consigue una textura compleja.

actividades audio

1. Escucha el comienzo de la obra. Cada uno de los tres primeros instrumentistas entra de forma escalonada, repitiendo el ritmo del primer compás un número diferente de veces. Cuenta cuántas veces repite cada instrumentista el mismo ritmo antes de entrar el siguiente instrumento. Señala con una cruz la opción correcta.

	5 veces	7 veces	3 veces	4 veces
1.er compás				
2.º compás				
3.er compás				

2. Escucha la primera sección de la obra y fíjate en los siguientes patrones rítmicos. Di cuál crees que corresponde a cada uno de los tres primeros instrumentistas. El cuarto instrumentista está en fase con el tercero, y el quinto instrumentista lo está con el segundo.

3. Escucha la obra y ordena de agudo a grave los tres primeros claves que intervienen.

- el primero
- el segundo
- el tercero

4. La segunda y la tercera sección comienzan tocando los dos primeros instrumentistas. ¿En qué minuto crees que comienzan las otras secciones?

- 2'15''
- 3'10''
- 4'18''
- 5'12''
- 6'08''
- 7'04''

El tablón

opiniones, curiosidades...

The Guardian describió a Reich como uno de los pocos compositores que «alteró la dirección de la historia de la música»; *The New York Times* le sitúa «entre los mayores compositores del siglo».

En el año 2006 Steve Reich fue distinguido con el prestigioso Praemium Imperiale, y en el año 2007 con el premio Polar Music Prize, que se considera un premio Nobel de la música.

Los principios musicales de Reich fueron difíciles. Para ganarse la vida conducía un taxi en San Francisco. Entonces Reich comenzó a experimentar con los sonidos y los ruidos ambientales llevando un micrófono bajo el asiento del conductor. Con las grabaciones que hacía mientras conducía, compuso una pieza collage de tres minutos de duración. Cortó y unió la cinta a mano. El material sonoro era de puertas que se abrían y cerraban, y discusiones de los clientes sobre el precio del viaje. Llamó a esta obra *Livelihood* (subsistencia).

Song to John, de Stanley Clarke

En julio de 1994, el violinista Jean-Luc Ponty, el guitarrista Al Di Meola y el contrabajista Stanley Clarke actuaron en el Festival de Jazz de Montreux. El concierto, que se inició con el tema *Song to John*, proporcionó una noche mágica a los asistentes. Al acabar la actuación, los aplausos hicieron que salieran a tocar un bis. Ante la sorpresa del público, el trío de intérpretes hizo salir al escenario a un cuarto músico: el pianista Monty Alexander, y entre todos volvieron a tocar *Song to John*, pero en una versión radicalmente distinta. Una lección magistral de creatividad.

actividades

vídeo **1.** Escucha *Song to John* y di cuáles de las siguientes afirmaciones son ciertas y cuáles son falsas:

- ☐ La ronda 2 es un solo de violín.
- ☐ En la ronda 5 Al Di Meola acompaña el solo de Stanley Clarke.
- ☐ Las rondas 9 y 10 no corresponden al solo de un único intérprete.
- ☐ En la ronda 13 el piano toca un acompañamiento rítmico con acordes.
- ☐ En la ronda 16 Jean-Luc Ponty golpea las cuerdas con el arco.

2. Relaciona cada una de las siguientes afirmaciones con la ronda adecuada (3, 18, 13, 20):

- **a** Al Di Meola usa un sonido de flauta en su guitarra. ☐
- **b** Monty Alexander repite muchas veces un *riff* agudo y rápido. ☐
- **c** Jean-Luc Ponty toca una nota muy larga y aguda. ☐
- **d** Los intérpretes tocan el mismo motivo. ☐

3. Normalmente, los solos ocupan más de una ronda. Sólo hay una vez en que un instrumento ocupa sólo una. ¿Cuál es?

☐ la guitarra en la ronda ☐ el piano en la ronda 15 ☐ el violín en la ronda 20

4. Ahora que ya conoces la obra, escúchala marcando la pulsación e intenta prever los cambios de ronda que aparecen en pantalla. Para ayudarte, hemos acompañado la primera ronda con un contador de los ocho compases y un metrónomo.

5. ¿Qué tienen en común *Músic for Pieces of Wood* y *Song to John*?

- **a** El intérprete que hace el solo tiene que improvisar el ritmo.
- **b** Ambas pertenecen a la música del siglo XX.
- **c** La melodía principal es la misma.

interpreta

audio

Mi composición

En este apartado de la unidad 9, reproducimos la partitura resultante de nuestro proceso de creación. Ahora seguro que puedes interpretar tu propia composición. Ya ves que en lugar de una partitura sólo hemos reproducido un pentagrama, la pauta para que escribas tu obra.

actividad

1. Interpreta tu composición.

manipula

doc

En esta unidad has creado una nueva obra. Ahora, con la ayuda del programa MuseScore, escríbela en el archivo, asigna los instrumentos que corresponden a cada parte y escucha el resultado.

La creatividad

- Las **agrupaciones** orquestales se clasifican en:
  - orquestales
    - orquesta sinfónica
    - orquesta de cuerda
    - banda de música
  - grupos de cámara
    - dueto
    - trío
    - cuarteto
    - quinteto
    - septeto
    - ...
- La **textura musical** es la organización de las voces de una obra. Puede ser:
  - homofónica
  - contrapuntística
  - polaridad melodía-bajo
  - melodía acompañada
- La **forma musical** es la estructura de una composición. Las más importantes son:
  - rondó
  - tema con variaciones
  - fuga
  - sonata
- El **compás** puede ser:
  - simple – cada pulsación se puede dividir en dos subdivisiones iguales
  - compuesto – se pueden hacer tres subdivisiones
- **Síncopa** – una nota que no coincide con la pulsación se alarga hasta la siguiente

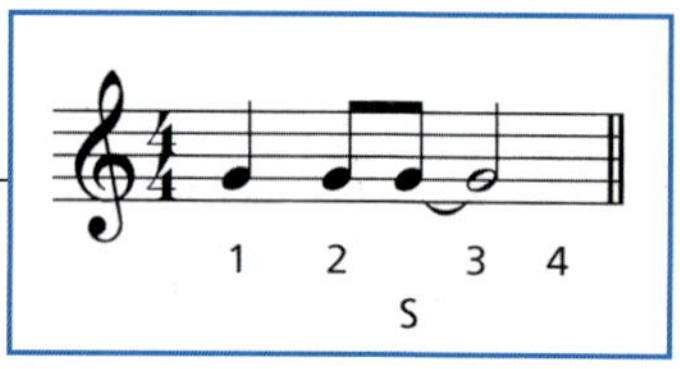

- **Contratiempo** – la nota va precedida de un silencio

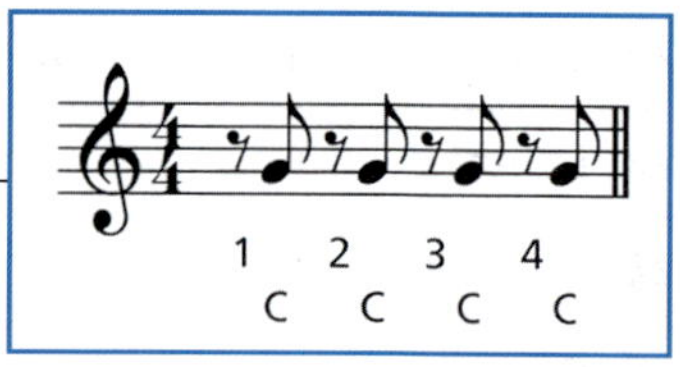

- Los **acordes** son tres notas o más que suenan simultáneamente. Pueden ser, según el intervalo de tercera que presenten:
  - mayores

  - menores

- La escala principal de una obra determina la **tonalidad**. En la partitura se indica mediante: la **armadura**

		C	F
1	Las agrupaciones musicales se pueden clasificar en orquestales y bandas de música.		
2	Las orquestas pueden ser sinfónicas y de cuerda.		
3	Todas las obras que tienen texto se llaman de *textura musical*.		
4	Se llama *melodía acompañada* al hecho de que un instrumento polifónico y otro melódico toquen juntos.		
5	La textura musical homofónica se produce cuando todas las voces hacen más o menos el mismo ritmo.		
6	La forma musical está directamente relacionada con la duración de la obra.		
7	Los valores musicales que entran en una obra influyen en la forma que tiene.		
8	Los temas con variaciones son unas pequeñas piezas con un tema muy conocido en que el compositor hace pequeñas variaciones.		
9	Hay primeros movimientos de sinfonías que tienen forma de sonata.		
10	La forma sonata está basada en la repetición.		
11	Todos los acordes son de tres notas.		
12	En la melodía acompañada la melodía es la protagonista y los acordes forman la armonía.		
13	La banda es una agrupación de cámara.		
14	Un acorde es la superposición de un mínimo de tres notas, que suenan simultáneamente.		
15	En los acordes mayores entre la primera y la segunda nota hay un tono y medio.		
16	Los compases pueden ser compuestos y ordinarios.		
17	En los compases simples, cada pulsación se puede dividir en dos iguales.		
18	Si la nota no coincide con la pulsación y se alarga a la siguiente, se trata de una síncopa.		
19	Se llama *síncopa* a un error en la interpretación.		
20	Un obstinado es una repetición de los elementos rítmicos o melódicos, un número indeterminado de veces.		
21	El compositor escoge todos los elementos que quiere hacer intervenir en la obra.		
22	La escala principal de una obra va muy unida con la tonalidad.		
23	La armadura indica la tonalidad principal de la obra.		
24	El sistema serial es el principio usado para componer vuestra obra.		
25	Steve Reich es un compositor norteamericano.		
26	Steve Reich es un compositor minimalista.		
27	La técnica de *phase* consiste en que dos o más instrumentistas interpreten lo mismo, pero desfasados en una o más notas.		
28	Steve Reich compuso una obra con los ruidos de las personas que subían al taxi que conducía.		
29	Jean-Luc Ponty es un famoso violinista norteamericano.		
30	En la ciudad de Montreux se celebra un festival de *jazz*.		
31	*Song to John* es un tema original de Monty Alexander.		
32	Al Di Meola combina la guitarra con la composición de bandas sonoras.		

Si has paseado alguna vez por un bosque bajo la luz de la luna, has podido contemplar el cielo estrellado o has escuchado los ruidos de los animales nocturnos, entenderás por qué la noche es una fuente inagotable de leyendas. Aunque la luz artificial ha hecho desaparecer parte de este encanto, la noche no ha perdido nunca su magia inspiradora. Una prueba de esto es la gran cantidad de obras que artistas de todos los campos le han dedicado.

audio *Música de la noche*, de B. Bartók

En el 1926, el compositor húngaro Béla Bartók compuso un conjunto de cinco piezas para piano llamado *Al aire libre*. La cuarta de estas piezas es *Música de la noche*, una composición inspirada en los ruidos que se oyen de noche en el bosque.

1. Escucha cinco motivos de la obra, lee las descripciones de ruidos nocturnos, y relaciónalas con los motivos, numerándolas del 1 al 5.

- [ ] El canto de un búho.
- [ ] Un gota de rocío que cae de una hoja.
- [1] El agua que brota de un manantial. (3 veces)
- [ ] Un ratón que se mueve entre las hojas secas.
- [ ] Un jabalí que se esconde entre los matorrales. (2 veces)

clip **2.** Escucha *Música de la noche* y sigue el musicograma.

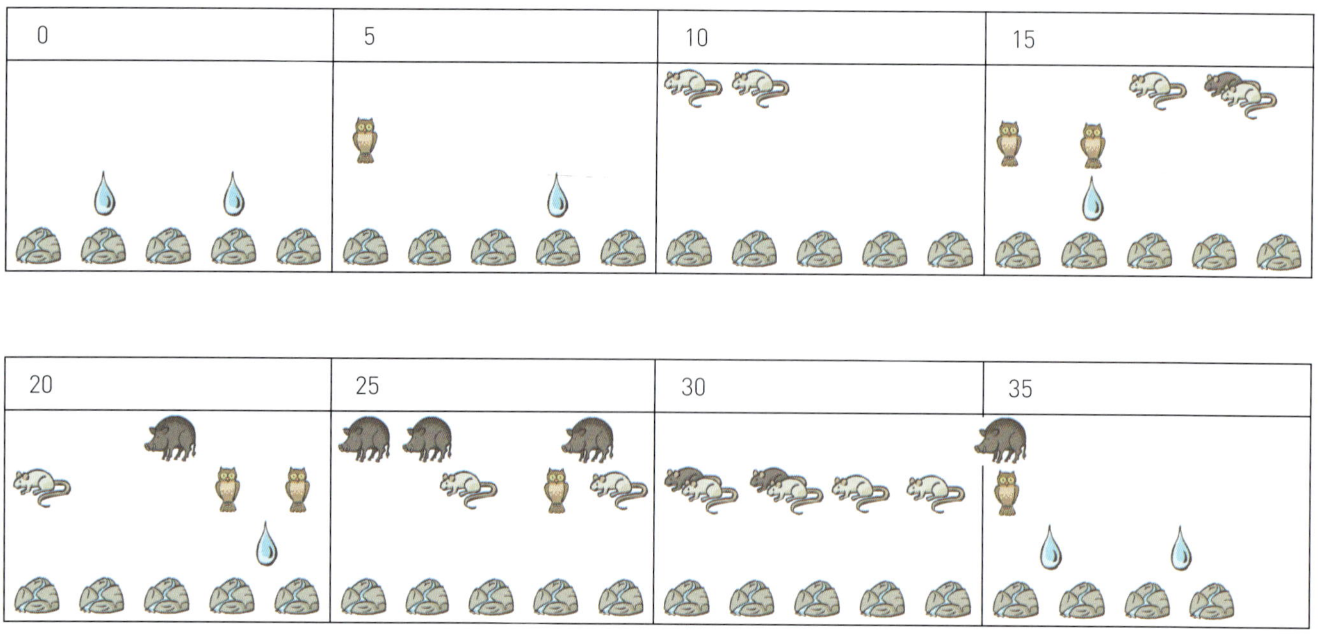

3. Vuelve a escuchar la obra y adivina por qué en el musicograma hay dos ratones distintos.

{anexo}

Apartados CD, Interpreta y Música y...

1. «Trashin' the Camp» de *Tarzan*, de P. Collins.
2. «Trashin' the Camp» de *Tarzan*, de P. Collins (adaptación).
3. *Sinfonía alpina*, de R. Strauss.
4. «Coral» de la *Cantata núm. 147*, de J. S. Bach.
5. Tema de la película *Titanic*, de J. Horner (adaptación).
6. *Panis angelicus*, de C. Franck.
7. Tema de la película *Carros de fuego*, de Vangelis.
8. Tema de la película *Carros de fuego*, de Vangelis (adaptación).
9. Andante de la *Sinfonía núm. 101*, «El reloj», de F. J. Haydn.
10. *Así habló Zaratustra*, de R. Strauss.
11. Tema de la película *El rey león*, de H. Zimmer y E. John (adaptación).
12. *El aprendiz de brujo*, de P. Dukas.
13. Preludio de la ópera *Carmen*, de G. Bizet.
14. Fragmentos del preludio de la ópera *Carmen*, de G. Bizet (adaptación).
15. *O trenzinho da Caipira*, de H. Villa-Lobos.
16. *In the Mood* (En forma), de G. Miller.
17. Fragmentos del tema de la película *La guerra de las galaxias*, de J. Williams (adaptación).
18. «La danza del fuego», de *El amor brujo*, de M. de Falla.
19. *Johnny B. Goode*, de C. Berry.
20. Tema de la película *Memorias de África*, de J. Barry (adaptación).
21. *We Are the Robots*, de Kraftwerk.
22. *La camisa negra*, de Juanes.
23. Música étnica.
24. *Rumores de la caleta*, de I. Albéniz.
25. «Danza del furor, para las siete trompetas», de *Cuarteto para el fin de los tiempos*, de O. Messiaen.
26. Interpretación de la partitura creada: *Ring-ring-ring*.
27. *Fantasía para un gentilhombre*, de J. Rodrigo.
28. «On the trail», de *Grand Canyon Suite*, de F. Grofé.
29. *¡Oh, Susana!*, popular norteamericana.
30. *Obertura 1812*, de P. I. Chaikovsky.
31. «Scherzo» del *Quinteto op. 30*, de L. Farrenc.
32. *Yellow Submarine*, de The Beatles (adaptación).
33. *Sentimentale*, de C. Bolling.
34. «La danza de Zorba», de la película *Zorba el griego*, de M. Theodorakis.
35. *Koko leo ko*, popular del Senegal.
36. *We Are the World*, de M. Jackson y L. Richie.
37. Selección de temas de *El señor de los anillos*, de H. Shore.
38. *Rondó chino*, de F. Vila.
39. *Río Ancho*, de P. de Lucía.
40. *Sinfonía núm. 5*, de L. V. Beethoven.
41. *Come Softly to Me*, de A. Franklin.
42. *Primavera porteña*, de A. Piazzolla.
43. «Coro de gitanos» de la ópera *Il Trovatore*, de G. Verdi.
44. «Va pensiero», de la ópera *Nabucco*, de G. Verdi.
45. Preludio de *La verbena de la Paloma*, de T. Bretón.
46. *Jam with Sam*, de D. Ellington.
47. *When the Saints go Marching in*, popular americana.
48. *La fundición de acero*, de A. Mossolov.
49. *Viva la vida*, de Coldplay.
50. *Blowin' in the Wind*, de B. Bylan.
51. *Funkytown*, de Lipps Inc.
52. *Music for Pieces of Wood*, de Steve Reich.
53. *Música de la noche*, de B. Bartók.

Apartado Manipula

Se incluyen los materiales necesarios para este apartado: audios, PDF y archivos de los programas MuseScore y Audacity.

Descárgate de la página www.ecasals.net los programas Audacity y MuseScore.

Apartado DVD

1. Edgar Varèse.
2. *Ionisation*, de E. Varèse.
3. The Manhattan Transfer.
4. *Rambo*, de C. Basie, interpretado por The Manhattan Transfer.
5. Pablo de Sarasate.
6. *Fantasía Carmen*, de Pablo de Sarasate.
7. Queen.
8. *Bohemian Rhapsody*, de Queen.
9. Andrew Lloyd Webber.
10. *El fantasma de la ópera*, de A. L. Webber.
11. Modest Mussorgski.
12. «Promenade» de *Cuadros de una exposición*, de M. Mussorgski.
13. Narciso Yepes.
14. *Muntanyes del Canigó*, de N. Yepes.
15. Manuel de Falla.
16. «Jota», de *Siete canciones populares españolas*, de M. de Falla.
17. Miles Davis.
18. *I Fall in Love Too Easily*, de M. Davis.
19. Klaus Badelt.
20. Tema de la película *Piratas del Caribe. La maldición de la Perla Negra*, de K. Badelt.
21. The Beatles.
22. *Eleanor Rigby* y *Help*, de The Beatles.
23. Johann Sebastian Bach.
24. «Gavota I y II» de la *Suite núm. 3 en Re Mayor BWV 1068*, de J. S. Bach.
25. Wolfgang Amadeus Mozart.
26. *Rondó en Re Mayor para piano y orquesta K 382*, de W. A. Mozart.
27. Chicago Transit Authority.
28. *If You Leave Me Now*, de Chicago Transit Authority.
29. Andrew Lloyd Webber.
30. «Jellicle Songs for Jellicle Cats» del musical *Cats*, de A. L. Webber.
31. Antonio Vivaldi.
32. Primer movimiento de «La primavera», de *Las cuatro estaciones*, de A. Vivaldi.
33. Giacomo Puccini.
34. Fragmento de la ópera *La Bohème*, de G. Puccini.
35. Stanley Clarke.
36. *Song to John*, de Stanley Clarke.

A continuación te presentamos las digitaciones más comunes de la flauta, para que puedas consultarlas siempre que lo necesites.

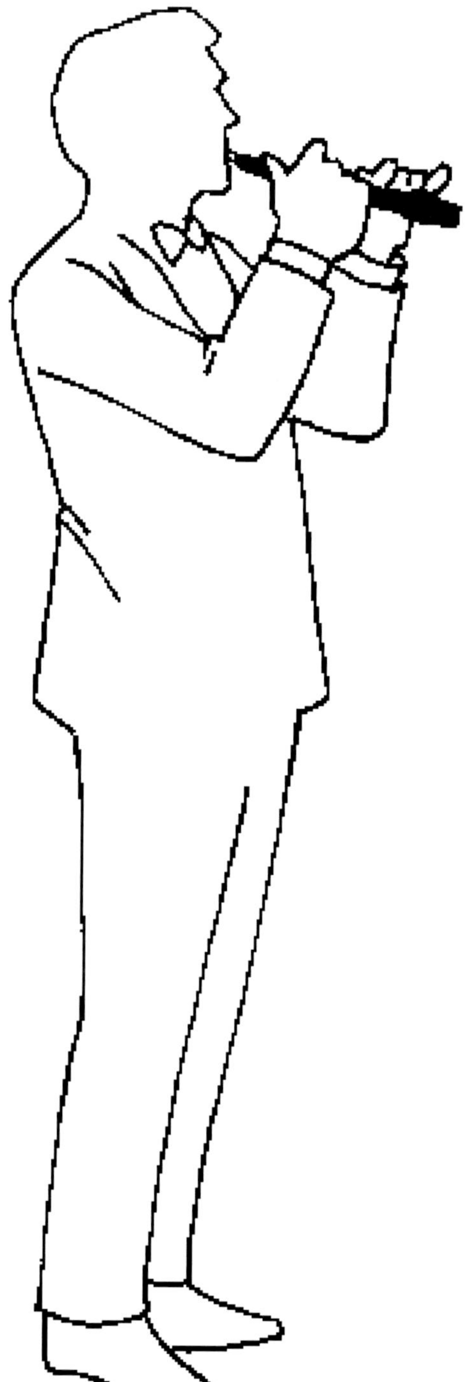

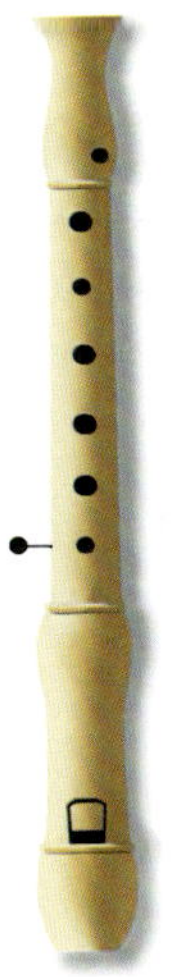
do 3

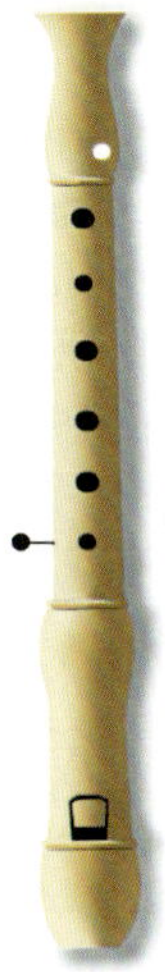
re 3

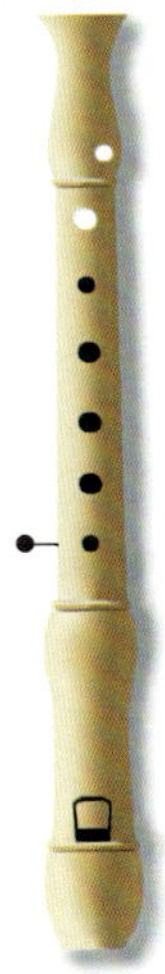
mi 3

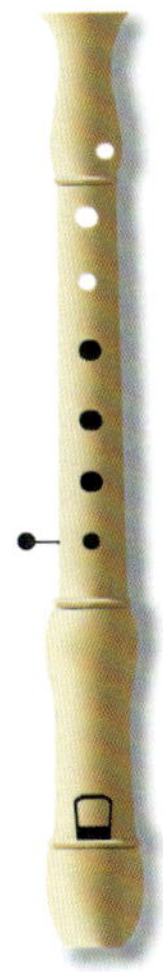
fa 3

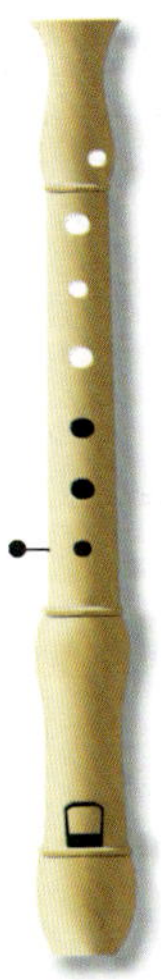
sol 3

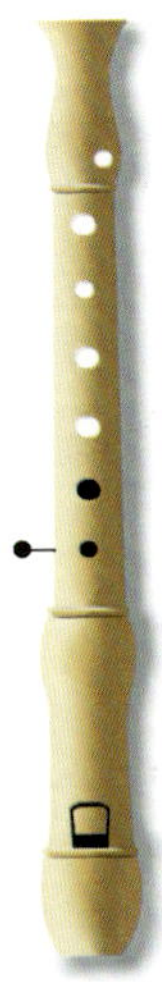
la 3

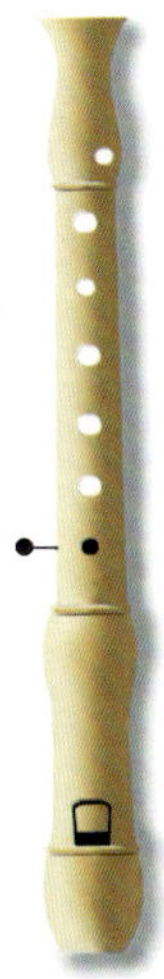
si 3

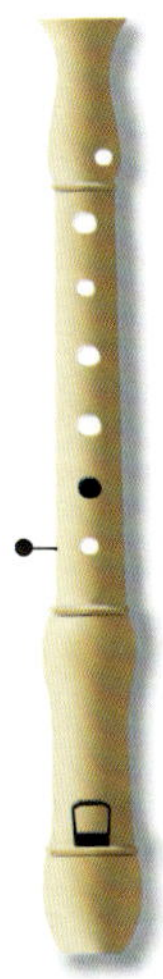
do 4

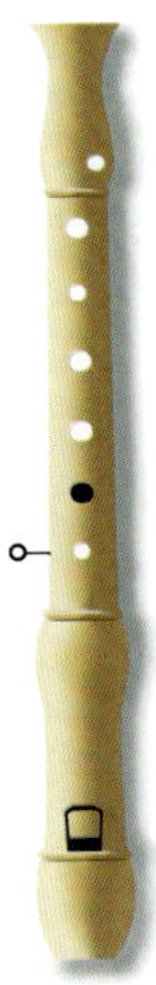
re 4

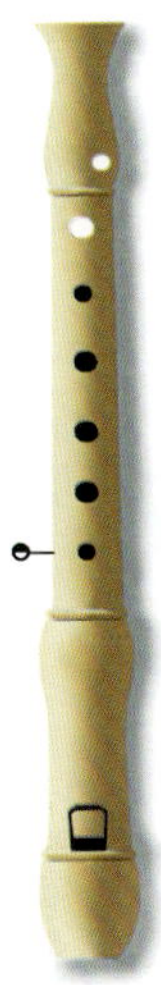
mi 4

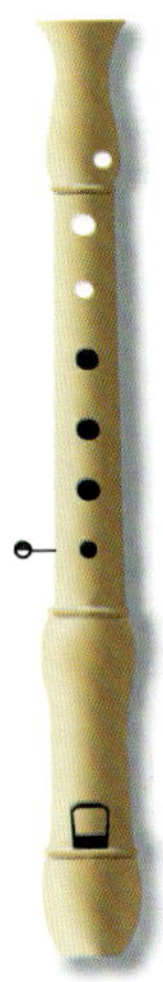
fa 4

A continuación te presentamos los acordes más comunes de la guitarra, para que puedas consultarlos siempre que lo necesites.

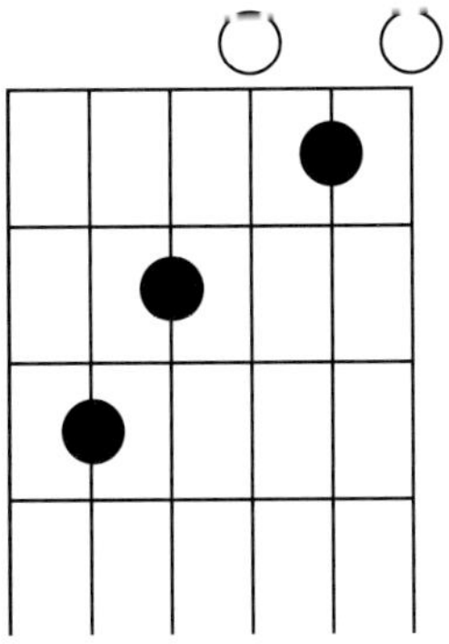

Do M

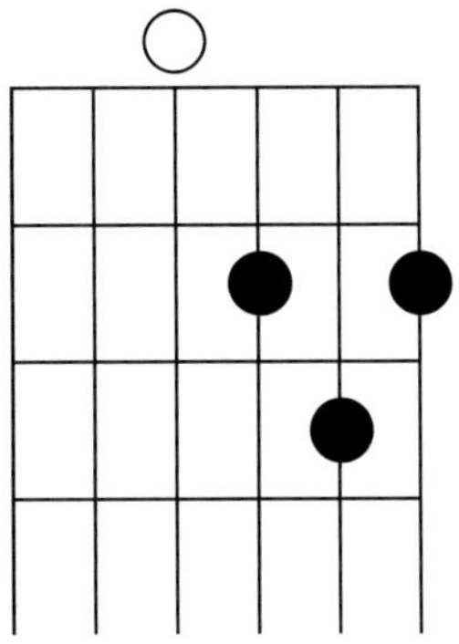

Re M

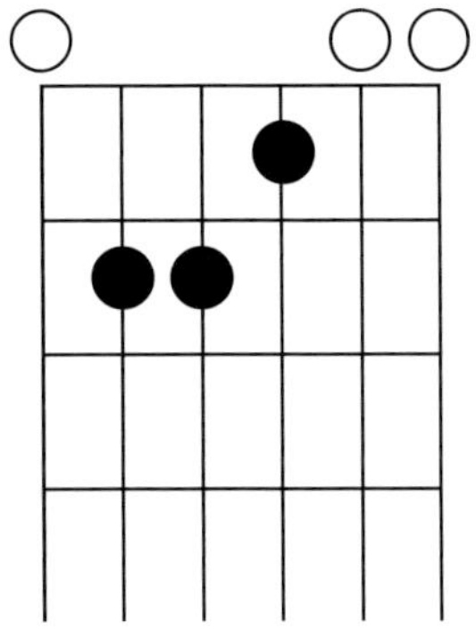

Mi M

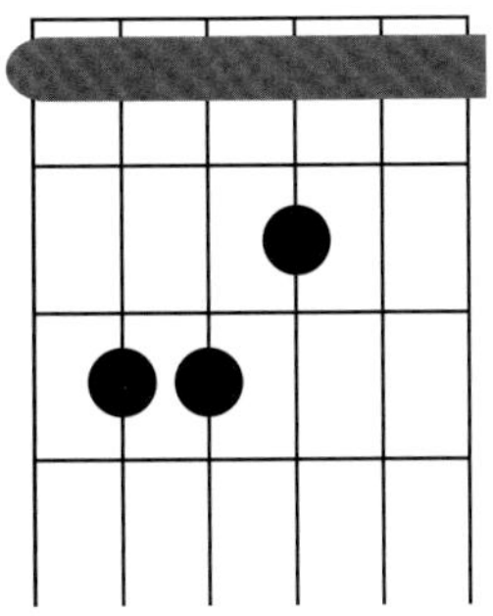

Fa M

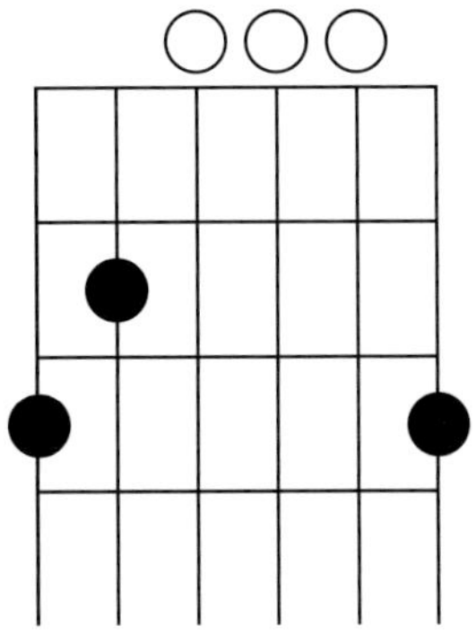

Sol M

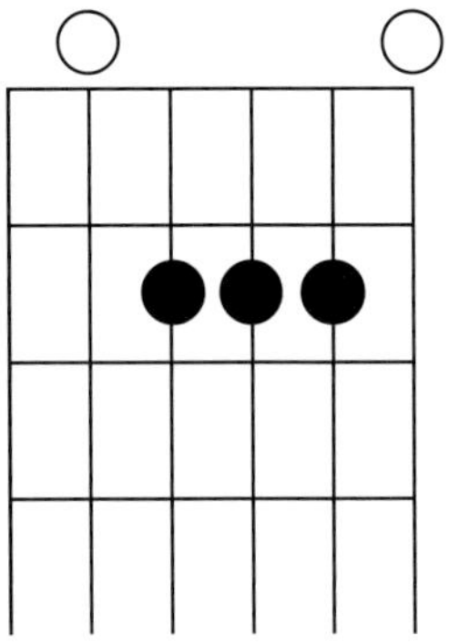

La M

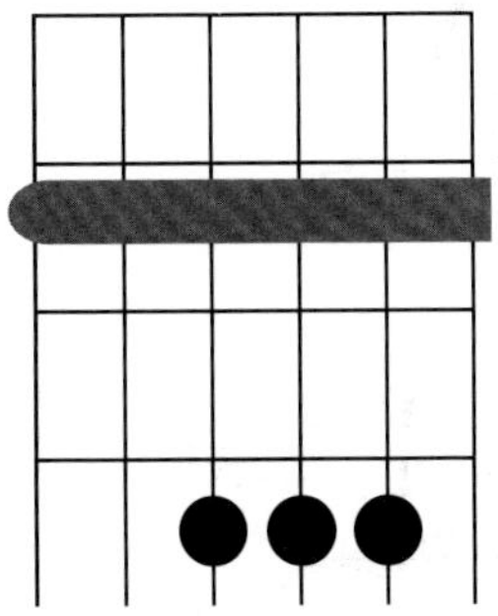

Si M

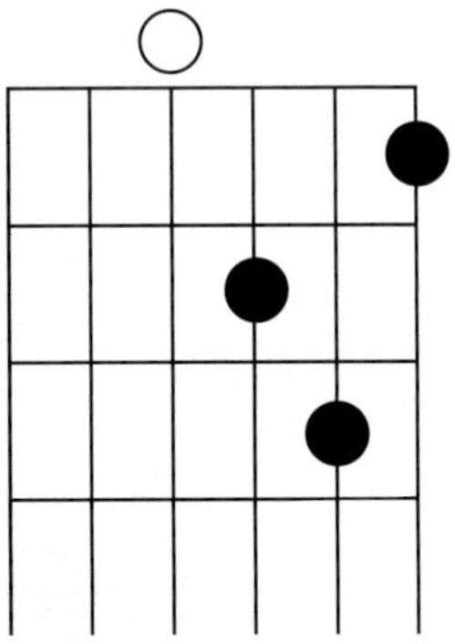

Re m

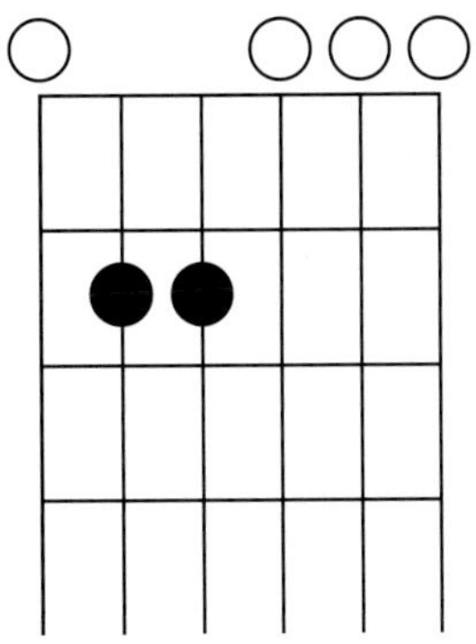

Mi m

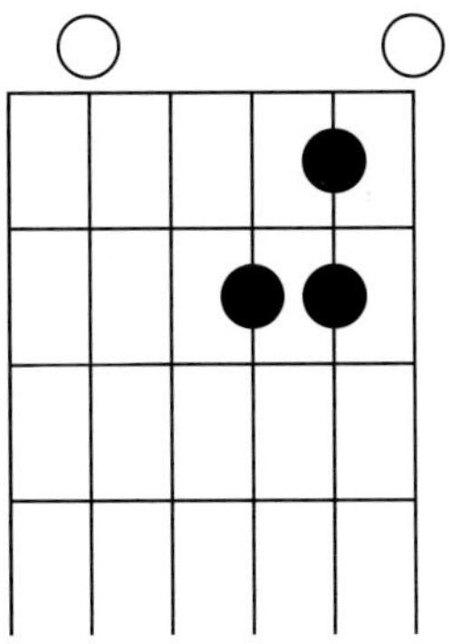

La m

Editorial Casals, fundada en 1870

Libro adaptado a los contenidos que prescribe la Ley Orgánica 2/2006, de 3 de mayo, por la que se establecen las enseñanzas mínimas correspondientes a la Educación Secundaria Obligatoria.

Las actividades de este libro se proponen como modelos de ejercicios que cada alumno/a debe resolver en su libreta o cuaderno. En ningún caso debe realizarlas en el propio libro.

Este libro posee una versión digital en www.ecasals.net, cuyo ISBN es 978-84-218-4688-9. Incluye los recursos digitales referenciados en la presente edición.

Coordinación editorial: Pedro Gimeno y Fina Palomares
Diseño de cubierta: BPMO Edigrup
Diseño interior y maquetación: Bassa & Trias
Fotografía: ACI, ALBUM, Getty Images

Casp, 79 – 08013 Barcelona
Tel.: 902 107 007 Fax: 93 265 68 95
http://www.editorialcasals.com
http://www.ecasals.net

Primera edición: marzo de 2011
ISBN: 978-84-218-4346-8
Depósito legal: B-264-2011
Printed in Spain
Impreso en Índice, S. L.